U0910750

## 作者简介

**龚　芸**（1968-），女，汉族，九三社员。娄底职业技术学院教育心理学副教授，教育学硕士，中国心理学会会员，湖南省心理学会理事，主要从事高职学生心理健康教育和社会心理学的研究，出版专著《高职学生学习倦怠问题研究》《高职学生社会心理研究》，主编《旅游心理学》，主持省厅级课题4项，参与省部级课题7项，主持院级课题4项，公开发表文章40余篇。

**辜　桃**（1982-），女，汉族，中南大学教育学专业硕士毕业，讲师，现任娄底职业技术学院思政课教学部教师。先后主持省级课题2项，院级课题2项，参与省级及以上课题10项，在省级以上刊物公开发表论文5篇，获省级教学竞赛奖励4项，院级教学竞赛奖励4项。

本书为湖南省教育科研项目15C1167研究成果

当代人文经典书库

# 大学生职业取向与职业规划

DaXueSheng ZhiYe QuXiang Yu ZhiYe GuiHua

龚芸　辜桃◎著

中国社会出版社
国家一级出版社·全国百佳图书出版单位

**图书在版编目（CIP）数据**

大学生职业取向与职业规划 / 龚芸，辜桃著．-- 北京：中国社会出版社，2017.10

ISBN 978-7-5087-5794-0

Ⅰ.①大… Ⅱ.①龚…②辜… Ⅲ.①大学生—职业选择 Ⅳ.①G647.38

中国版本图书馆 CIP 数据核字（2017）第 236179 号

---

**书　　名：** 大学生职业取向与职业规划

**著　　者：** 龚 芸　辜 桃

---

**出 版 人：** 浦善新

**终 审 人：** 张铁纲

**责任编辑：** 陈贵红　　**责任校对：** 路　广

---

**出版发行：** 中国社会出版社　　**邮政编码：** 100032

**通联方法：** 北京市西城区二龙路甲 33 号

**电　　话：** 编辑部：（010） 58124828

邮购部：（010） 58124848

销售部：（010） 58124845

传　真：（010） 58124856

**网　　址：** www. shcbs. com. cm

shcbs. mca. gov. cn

**经　　销：** 各地新华书店

中国社会出版社天猫旗舰店

---

**印刷装订：** 三河市华东印刷有限公司

**开　　本：** 170mm×240mm　1/16

**印　　张：** 14.5

**字　　数：** 262 千字

**版　　次：** 2018 年 1 月第 1 版

**印　　次：** 2018 年 1 月第 1 次印刷

**定　　价：** 68.00 元

中国社会出版社微信公众号

# 前　言

2008 年 1 月，外甥女提前进入社会实习。远在农村的姐姐早就把外甥女找工作的事托付于我。我只是一个默默无闻的高职院校教师，但毕竟上过大学，还是有一些可以利用的同学资源。跟几位关系好的同学一说，还真有同学一口应承下来。晓丽是我大学同寝室同学，研究生毕业后一直在湖南日报社工作。我想她在省城，而且又是党报媒体人士，人脉广，找个工作应该不在话下。外甥女一到我家，我就带着她来到湖南日报社找晓丽，她从办公室下来跟我寒暄几句就问我外甥女要找什么样的工作，没想到我外甥女说"随便"。晓丽笑了，我也不好意思起来。外甥女学的是商务英语专业，我也从来没问过她想做什么工作。最后晓丽联络了一位朋友，要我们到百花人才市场去找赵经理，赵经理接待了我们，提供了几个岗位要外甥女选择。外甥女选了两个岗位，一个是前台接待，一个是文秘，跟企业联系好第二天上午面试。当晚住下来后，我跟外甥女促膝谈心，这两个岗位的具体工作是什么？你适合做吗？你能做吗？外甥女一片茫然，不知道自己想从事什么工作，也不知道自己适合从事什么工作。最后，我们放弃了去面试的机会。回来后我们又进行了认真的讨论，根据外甥女所学的专业及她主客观条件的分析，认为找一份幼儿园老师的工作比较适合。寒假指导她看了些幼儿教学视频，学些幼儿歌曲。3 月份，外甥女成功应聘到娄底铂金幼儿园，教幼儿英语。外甥女在铂金幼儿园一直干了四年，期间通过努力拿到了学前教育本科文凭，担任园长助理。结婚后她去了湘潭，评了职称，不到十年，现在是湘潭童之园幼儿园的教学主任，工作干得有声有色。

2009 年我调岗到娄底职业技术学院思政课部，专职任教大一学生的“大学生心理健康教育”和“职业生涯规划”等课程，每学期任教的班级在 10 个以上，多则 35 个班级。接触的学生多了，发现一个非常严重的问题：有一部分学生很纠结自己所学的专业，甚至到了大二还想换专业。以至于有学生先一年听过我的课，来年又来听我的课，一问才知道，原来是专业没换成功，干脆留级一年。我给大二学生上心理学专业课时，当时几乎全班同学都在忙考证的事。有个女生主动找我谈心，告诉我其实她自己喜欢的是园林设计专业，可家里逼着她学现在的专业。她不打算考证。有两个学生国庆期间做了几天销售，回来后告诉我，他们组这次是销售冠军，觉得以后去做销售也挺不错的。回想外甥女的求职经历与学生的职业选择矛盾，我越来越关注大学生的职业取向和职业生涯规划问题，先后成功申报省、院级课题各一项。教学实践中，我特别强调大一新生一定要着手职业生涯的探索，弄清楚自己“喜欢什么”“适合什么”“能做什么”，并要求学生做一份适合自己的职业生涯规划书。同时鼓励学生抓住寒暑假、节假日的机会主动参与社会实践，锻炼自己的工作能力，尝试自己的职业探索，把“喜欢什么”“适合什么”“能做什么”的心理测试结果在工作实践中不断检验，为自己提供相应的职业发展建议。

因某种需要，我和同事辜桃把近十年教学实践中对大学生职业取向与职业生涯规划的教学和研究成果汇集整理，写成《大学生职业取向与职业规划》。全书共六章，分别为：职业取向研究概述；大学生职业取向的研究意义；大学生职业取向的现状分析；大学生职业取向影响因素分析；大学生职业生涯规划；大学生职业发展与基本素质培养。

在人生发展历程中，我们无时不在做选择，其中最重要的莫过于“职业选择”的问题。因为职业，不只是一个人所从事的一项工作，也不仅是一种生活来源的保证，更为重要的是关系到人生事业的发展以及社会人力、物力资源的合理使用和社会生产力的发展，乃至整个社会的和谐稳定。所以，职业选择是每个成年人最为关心的一个问题，也是家庭、社会广泛关注的问题。大学时期是青年完成社会化的重要阶段，职业选择不仅仅是选择谋生的手段，更是大学生融入社会、实现自我价值的中介。我们期望大学生珍惜大学的美好时光，不只是学会知识和技能，更要掌握解决生活中、工作中、学习中各种各样问题的思维方式与方法。大学教育是促使学生能够适应不断变化的世界的一种教育。无论你是一本、二本、三本，还是高职院校的大学生，专业不会限制你的职业选择，学历也不能决定未来成功与否。每个人都有无限发展的可能，早点认知自我，了解社会，做好职业生涯规划，具备职业发展的基本素养，就会少走弯路，顺利实现人生目标，享受人生乐趣。

本书在写作过程中参阅了大量的文献资料，借鉴了国内外许多研究成果，我们尽可能详细地在参考文献中列出。感谢为我们提供参考资料的所有专家和学者！感谢龙伟、朱君教授的指导！感谢同事幸桃与我合作！感谢儿子贺熹在工作之余帮我校对稿子，感谢家人、朋友在百忙之中提供的关怀和帮助！感谢出版社工作人员的通力合作！

龚　芸

2017 年 6 月

# 目　录

## CONTENTS

# 第一章　职业取向研究概述

## 第一节　职业取向的界定

职业取向（Occupational Orientation）研究在西方国家起步较早，帕尔默（Palmer）在1941年发表了题为《职业取向》的文章，直接指向学校的职业教育。虽然早期研究者没有对职业取向本身做清晰明确的定义，但他们认为通过职业取向和职业选择研究可以更好地开展学校的职业指导工作（Palmer，1941；Baumgardner，1956），从而翻开了职业取向研究的扉页。之后，学者把眼光从学校职业教育移向职业取向与社会变量之间的关系，进一步探讨职业取向的形成过程。比如，如何受到个人因素（如职业兴趣、人格、能力、价值取向等）、社会因素（如父母职业、父母受教育程度、家庭经济状况、家庭所在地、家庭结构等）以及学校教育、职业地位、声望等因素的影响。在我国，职业取向的研究是在21世纪前后才逐渐受到关注。

### 一、职业及其分类

#### （一）何谓职业

《现代劳动关系辞典》中提出职业是指相对固定地要求劳动者具备一定的专业知识与劳动能力，并能使劳动者在社会中依此而获得生活来源的工作或劳动活动。我们教科书上对职业的普遍定义是参与社会分工，利用专门的知识和技能，为社会创造物质财富和精神财富，获取合理报酬，作为物质生活来源，并满足精神需求的工作。职业具有社会性、规范性、经济性、技术性和时代性、多样性和连续性的特征。

### （二）职业分类

1. 按脑力劳动和体力劳动的性质、层次进行分类

美国人习惯把从事各种职业的人，以衣领的颜色分类命名，衣服领子的颜色已成为区分不同阶层、不同职业的象征物，出现了蓝领、白领、粉领、灰领、金领和红领等不同的称呼。

（1）“蓝领”（blue collar worker）作为与白领相对一族，主要是指工人。他们大都从事体力劳动，靠支付自己的体力来获取报酬。常穿蓝色工作服，他们的工资水平不高。

（2）“白领”（white collar worker）指以从事脑力劳动为主。他们大都从事办公室工作，工作条件较好，常穿白衬衣，干净整齐。他们大多受过良好的教育，因一技之长而被老板聘用，懂得把自己打扮得体，工作上能独当一面。按美国标准，白领是指年薪在 8 万美元、从事纯粹脑力劳动的人。

（3）“粉领”指的是那些在家工作的自由职业者。他们可以睡个懒觉，中午吃饭不必太讲究。家既是他们的栖息地又是他们的工作场所，他们凭借电脑、电话和传真与外界联系，对白领工作环境中很多令人紧张的人情世故知之甚少。

（4）“灰领”（new collar worker）又称指“新领工人”，年龄在 20 至 40 之间的中青年工人。他们年轻力壮，但由于资历浅，工资、待遇不高。

（5）“金领”（golden collar worker）指进入信息时代的那些同知识打交道的一代新型工人，包括工程师、律师、预测家和分析家、编辑、计划制定人员等。拥有“金领”这个称谓，不仅让人羡慕，也令人敬畏。金领是伴随网络时代新兴的一个群体，是社会对这些人的知识结构、公关能力、团队协调能力、管理经营能力、社会关系资源等综合素质的认可。一般认为，金领，不仅是顶尖的技术高手，而且拥有决定白领命运的经营权。他们的年龄一般在 30 岁以上，凭借自己精深的专业知识、良好的职业素质和对生活的感悟力赢得了别人的尊重和认可。金领是脚踏实地的实干家，善于独立解决问题，富于冒险和挑战未来，渴望有一个更大的发展空间，渴望有一个属于自己的事业领域。金领的收入较之白领和粉领要高出许多，拥有属于自己的房、车。他们购衣并不十分追求潮

流，但比较讲究质量、品牌和档次，可以到高档的俱乐部享受各种休闲服务。

（6）“红领”，随着金融危机的出现，一直被看好的白领、金领职业，开始渐渐被“红领”代替。所谓“红领”是指公务员阶层，那些有头有脸、旱涝保收、衣食无忧的人群。

除此之外，还有“铁领”（iron collar worker）、“钢领”（steel collar worker）等，指在喷漆、采矿、冶炼等领域中代替工人劳动的机器人（robot）。

2. 依据各个职业的主要职责或“从事的工作”进行分类

这种分类方法较为普遍，以两种代表示例。

其一，国际标准职业分类体系（ISCO）。

在国际上得到普遍认可并被各国广泛采纳。随着全球经济的一体化趋势，世界各国在制定本国职业分类标准时对 ISCO 的采纳程度提高了很多。到目前为止，国际劳工统计大会通过了四个系统的国际职业分类标准供各国参考。

ISCO－58 包括 11 个大类、73 个中类、201 个小类，并被细分为 1345 个职业。

ISCO－68 有 8 个主要类别，83 个中类，284 个小类，1506 个职业类别。

ISCO－88 包括 10 个大类，28 个中类，116 个小类，390 个细类。

目前最新的是 ISCO－08，根据承担相应的任务或职责所需的“技能水平”和“技能的专业程度”，把职业分为 8 个大类、83 个小类、284 个细类、1506 个职业项目，总共列出职业 1881 个。这种分类方法便于提高国际间职业统计资料的可比性和国际交流。

其二，中国职业标准分类。

1986 年我国正式批准颁布第一个《职业分类与代码》国家标准，大类为 8 个，中类为 63 个，小类为 303 个。

1999 年参照 ISCO－88，我国的职业划分为 8 个大类、66 个中类、413 个小类、1838 个职业。

最新版的是 2015 年版《中华人民共和国职业分类大典》，把我国职业划分为 8 个大类、75 个中类、434 个小类、1481 个职业。

第一大类：党的机关、国家机关、群众团体和社会组织、企事业单位负责人，其中包括 6 个中类、15 个小类、23 个职业。

第二大类专业技术人员，包括 11 个中类、120 个小类、451 个职业。

第三大类办事人员和有关人员，包括 3 个中类、9 个小类、25 个职业。

第四大类社会生产服务和生活服务人员，包括 15 个中类、93 个小类、278 个职业。

第五大类农、林、牧、渔业生产及辅助人员，包括 6 个中类、24 个小类、52 个职业。

第六大类生产制造及有关人员，包括 32 个中类、171 个小类、650 个职业。

第七大类军人，其中包括 1 个中类、1 个小类、1 个细类。

第八大类不便分类的其他从业人员，其中包括 1 个中类、1 个小类、1 个细类。

**表 1－1 ISCO－08 与中国职业分类大类职业对比**

| | ISCO－08 | 中国职业分类 |
|---|---|---|
| 大类名称 | 1 管理者<br>2 专业人员<br>3 技术和辅助专业人员<br>4 社会生产服务和生活服务人员<br>5 农、林、牧、渔业生产人员及辅助人员<br>6 生产制造及有关人员<br>7 工艺与相关行业工<br>8 工厂、机械操作与装配工<br>9 初级职业<br>0 武装军人职业 | 1 国家机关、党群组织、企业、事业单位负责人<br>2 专业技术人员<br>3 办事人员和有关人员<br>4 社会生产服务和生活服务人员<br>5 农、林、牧、渔业生产人员及辅助人员<br>6 生产制造及有关人员<br>7 军人<br>8 不便分类的其他从业人员 |

## 二、职业取向的界定

### （一）职业取向的定义

职业取向与职业意向、职业期望等概念相近，是职业选择之前的一个抉择过程。张小建等人（1999）认为职业取向是人们希望从事某种职业的态度倾向，是人们在社会实践过程中形成的，对选择某种社会职业所持的比较稳定的认识、评价、态度、方法、心理倾向，是人们以什么样的态度对待职业、追求职业及其所达到什么水平、程度的主观向往。潘锦堂（1991）认为职业取向是劳动者希望从事某项职业的态度倾向，是人们将自身的兴趣、能力、价值观念等与社会就业机会、就业环境等客观因素不断协调的结果。邓大胜等人（2009）在研究中指出，职业取向是社会成员对从事某种职业的倾向性态度和观念，它最终决定个人的职业选择行为。

我们认为职业取向是指人们希望从事某种职业的态度倾向，它是人们在社会实践过程中形成的，对选择某种社会职业所持的比较稳定的心理倾向。既是人们职业理想的直接体现，也是人生观、价值观的最直观表达，最终决定个体的职业选择。

### （二）职业取向的界定

目前学术界对职业取向还未有一个统一的定义，但普遍认为职业取向与职业期望、职业意向一样，是人们对某项职业的向往和主观的态度倾向。但仍有其他类似但不同的概念混淆着大家的理解，暂简单梳理一下。

#### 1. 职业取向与职业期望

职业期望（Job Expectancy），又称职业意向，是劳动者对某项职业的向往，也就是希望自己从事某项职业的态度倾向。职业期望直接影响人对职业的选择，并进而影响人的整个生活。职业期望来自劳动者个体方面的行为；职业期望也不是空想、幻想，而是劳动者的一种主动追求，是劳动者将自身的兴趣、价值观、能力等与社会需要、社会就业机会不断协调，力求实现的个人目标。职业期望实质上属于个性倾向性的范畴，是职业价值观的外化，也是个体人生观、世界观的折射。每种职业有各自特性，不同人对职业特性可能有不同的评价和取向，这就是所谓的职业价值观。萨柏曾经将职业价值观概括为 15 种类型：助人、美学、创造、智力刺激、独立、成就感、声望、管理、经济报酬、安全、环境优美、与上级的关系、社交、多样化、生活方式。

#### 2. 职业取向与职业兴趣

《心理咨询大百科全书》将职业兴趣定义为职业观的意向成分和情感成分，它是人们对某种职业活动所具有的比较稳定而持久的心理倾向，并伴随着浓厚的情感状态。职业兴趣以人对某种职业特性的深入理解和喜爱、并被其活动本身所吸引为前提，是人的个性倾向的重要组成部分。对比可见，职业取向是人们对某种社会职业的积极态度和主观的向往；而职业兴趣则是一个人力求认识和掌握某种职业进而表现出来的对该职业的积极的心理倾向。简而言之，职业兴趣比职业取向更接地气，职业取向中的“职业”是淡化了自己的能力与努力程度而向往的职业；而职业兴趣中的“职业”，是完全基于个人兴趣和能力，并且可以现实选择的职业。

3. 职业取向与职业选择

《现代劳动关系辞典》对职业取向的定义是劳动者对职业和用人单位对劳动者的双向挑选。劳动者按照自己的文化知识水平和技能、身体素质和适应的程度、兴趣爱好，选择适合发挥自己专长并能为今后进一步发展和提高创造条件的职业；用人单位根据职业特点、技术、职务等对劳动者的要求选用劳动者。对比可见，职业取向是职业选择前的一个心理过程；而职业选择是个人基于自己的职业取向、结合自己的实际能力和社会现实就业状况而进行的实际行动。总而言之，职业取向只是一种暂未实现的主观向往，是对未来职业的一种理想或想法，而职业选择就是选定一门职业。但职业取向也必将最终影响甚至决定个人的职业选择。

## 三、职业取向分类

### （一）按照职业兴趣划分

根据《中国职业规划师（CCDM）认证培训教程》指出，按照霍兰德兴趣量表维度，可以把职业取向分为如下六个方向：

1. 社会型（S）

共同特征：喜欢与人交往、不断结交新的朋友，善言谈、愿意教导别人。关心社会问题，渴望发挥自己的社会作用。寻求广泛的人际关系，比较看重社会义务和社会道德

典型职业：喜欢要求与人打交道的工作，能够不断结交新的朋友，从事提供信息、启迪、帮助、培训、开发或治疗等事务，并具备相应能力。如：教育工作者（教师、教育行政人员），社会工作者（咨询人员、公关人员）。

2. 企业型（E）

共同特征：追求权力、权威和物质财富，具有领导才能。喜欢竞争、敢冒风险，有野心、抱负。为人务实，习惯以利益得失、权利、地位、金钱等来衡

量做事的价值，做事有较强的目的性。

典型职业：喜欢要求具备经营、管理、劝服、监督和领导才能，以实现机构、政治、社会及经济目标的工作，并具备相应的能力。如项目经理、销售人员、营销管理人员、政府官员、企业领导、法官、律师。

3. 常规型（C）

共同特征：尊重权威和规章制度，喜欢按计划办事，细心、有条理，习惯接受他人的指挥和领导，自己不谋求领导职务。喜欢关注实际和细节情况，通常较为谨慎和保守，缺乏创造性，不喜欢冒险和竞争，富有自我牺牲精神。

典型职业：喜欢要求注意细节、精确度、有系统有条理，具有记录、归档、据特定要求或程序组织数据和文字信息的职业，并具备相应能力。如：秘书、办公室人员、记事员、会计、行政助理、图书馆管理员、出纳员、打字员、投资分析员。

4. 实际型（R）

共同特征：愿意使用工具从事操作性工作，动手能力强，做事手脚灵活，动作协调。偏好于具体任务，不善言辞，做事保守，较为谦虚。缺乏社交能力，通常喜欢独立做事。

典型职业：喜欢使用工具、机器，需要基本操作技能的工作。对要求具备机械方面才能、体力或从事与物件、机器、工具、运动器材、植物、动物相关的职业有兴趣，并具备相应能力。如：技术性职业（计算机硬件人员、摄影师、制图员、机械装配工），技能性职业（木匠、厨师、技工、修理工、农民、一般劳动）。

5. 调研型（I）

共同特征：思想家而非实干家，抽象思维能力强，求知欲强，肯动脑，善思考，不愿动手。喜欢独立的和富有创造性的工作，知识渊博，有学识才能，不善于领导他人。考虑问题理性，做事喜欢精确，喜欢逻辑分析和推理，不断探讨未知的领域。

典型职业：喜欢智力的、抽象的、分析的、独立的定向任务，要求具备智力或分析才能，并将其用于观察、估测、衡量、形成理论、最终解决问题的工作，并具备相应的能力。如科学研究人员、教师、工程师、电脑编程人员、医生、系统分析员。

6. 艺术型（A）

共同特征：有创造力，乐于创造新颖、与众不同的成果，渴望表现自己的个性、实现自身的价值。做事理想化，追求完美，不重实际。具有一定的艺术才能和个性，善于表达、怀旧，心态较为复杂。

典型职业：喜欢的工作要求具备艺术修养、创造力、表达能力和直觉，并将其用于语言、行为、声音、颜色和形式的审美、思索和感受，具备相应的能力。不善于事务性工作。如：艺术工作者（演员、导演、艺术设计师、雕刻家、建筑师、摄影家、广告制作人）、音乐家、文学家。

### （二）按照择业模式划分

1. 自我中心模式

大学生以个人的价值观、兴趣、个性、才能或能力为中心，寻找适合于自我的组织、职业或岗位，表现的是真实的自我，不考虑（或不过多考虑）自己是否符合企业的需要。这种模式的优点是一旦如愿，有利于自我价值的发挥与实现。但该模式的灵活性比较差，难以找到完全符合个人特点的组织、职业或岗位。一般说来，名牌大学的大学生更容易采用这一模式。

可以进一步划分为以下三种模式：

（1）价值观中心模式

大学生基于自我的价值观选择职业、岗位、组织。在现实中，比较自信、有主见的、理想化的大学生更可能采取该择业模式。

（2）兴趣/个性中心模式

大学生在职业探索时首选是岗位、职业、组织是否符合个人兴趣/个性。这类大学生一是可以根据自己的生活、学习甚至实践经历判断自己对于职业、岗位或组织等方面的喜爱程度（可能全面也可能片面）；二是可以进行相关的职业性专业测试全面评估自己的兴趣和个性爱好（这对个人特点反映得比较全面，但需要经济支持）。在现实中个性强的大学生更有可能采取该模式。

（3）能力中心模式

大学生根据自己的能力特点选择那些提供更大机会以发挥能力或锻炼能力的岗位、职业或组织。能力强的大学生也能够较多地为组织所认可，易于找到合适的工作。这需要大学生对于自己的能力有正确的认识。而大学生实际上很难全面充分地认识自我能力，容易陷入盲目乐观估计或悲观估计的怪圈。在现实中能力较强的大学生更可能采取这样的择业模式。

2. 环境中心模式

大学生不考虑（或不过多考虑）自己的价值观、兴趣、个性和能力，而是适应环境的需求，调整、改变甚至伪装自己以求获得职位。由于大学生正处于职业探索过程中，一定程度改变自己的兴趣、价值观、个性是可能的，而能力则可以在今后的工作中不断锻炼、提高、改进。一般说来，这种模式的灵活性强，采用此模式的大学生更易找到工作。但是，在组织社会化过程中由于与自己兴趣、价值观等方面发生冲突的可能性大，就业质量可能受到影响，重新择业的可能性也更大。我国一般院校的大学生更可能采用这一模式。

可以进一步细分为以下四种模式：

（1）职业/岗位中心模式

某些热门职业/岗位往往成为很多大学生的向往，甚至放弃自己的专业而不顾。但是，很容易产生价值观与企业文化的抵触等问题。在现实中比较注重实际的大学生更有可能选择该择业模式。

（2）组织中心模式

由于看重组织的某类优点，在接受面试时大学生充分表现出符合其需要的个性和能力等（可能是真实的，也可能是虚假的）。这往往集中竞争于待遇效益好的组织、声望高的组织或老板开明的组织。一旦被录用，发展机会很多，前景看好。大学生以在这样的企业工作为光荣。

（3）家庭中心模式

该种模式考虑的是能照顾家庭或为家庭所照顾，符合家庭生活方式的需要，以取得工作生活的平衡，是工作生命周期、家庭生命周期和生物生命周期的一种结合。家庭或者自己有特殊需要的大学生可能选择这一模式。

（4）地域中心模式

在择业时考虑单位所在地，以此为前提再考虑职业、岗位或组织等方面。由于我国地区经济发展的不平衡，尤其东西部差距突出，城乡差别仍然很大，所以，对于地域的选择是很多大学生择业时考虑的基本点。选择地域的大学生，有两种类型：一种实际上是自我为中心的，注意一个地区的气候（是否有阳光等等）、人文环境、饮食、个人的发展前景等。另一种以国家或社会发展为中心，一般具有比较强的国家使命感和社会责任感，选择到那些经济条件、环境条件比较差的地方去。如每年各省区市党委组织部门有计划地从高等院校选调品学兼优的应届大学本科及其以上的毕业生、选拔具有 2 年以上基层工作经历的大学生“村官”到基层工作，作为党政领导干部后备人选和县级以上党政机关高素质的工作人员人选进行重点培养。

3. 混合型模式

在现实的选择中，采用单一的自我中心或者环境中心择业模式的大学生各占一定比重。但是，还有既以自我为中心又以环境为中心的。比较典型的如自我中心和地域中心的交叉，自我中心和职业/岗位中心的交叉等。这种交叉的结果必然会增加就业的难度。我国当前的大学生就业问题中，最应该注意的就是这部分大学生。这些大学生本来具备比较优秀的自我素质。如果他们愿意放弃环境中心模式，接受入门人才应该追求适度薪酬和在不同地区和行业之间流动的理念，他们的就业成功率应该是很高的，但是，他们如果既以自我为中心，又以环境为中心，就会产生精英心态，择业的态度就会变得比较狭隘，择业的自主性和多样化就会受到局限。因此，产生不切实际的对薪酬和地域的预期，会放弃许多可能的选择。这样形成的择业失败对社会和对大学生来说都是很大的损失。这也是形成我国当前大学生就业难的一个比较重要的原因。在就业指导和公共政策的安排上应该以这部分大学生为重点。

## 第二节　职业取向研究的理论依据

个体在形成职业取向并最终作出职业选择的过程中的心理是非常复杂的，因为有很多因素会影响其作出选择。以往众多学者从不同的角度对职业取向的形成进行了探讨和研究，突出体现在以下四种职业理论。

### 一、人职匹配理论

人职匹配理论认为人的人格类型、兴趣与职业密切相关，每个人都有自己独特的能力模式和人格特征，不同人格特征的人都可以找到适合自己的职业。

当个人的人格特征、兴趣与职业相符时，可以调动员工的工作热情和激发其潜力，并能提高员工的工作满意度。

人职匹配理论是关于人的心理特征与职业性质相一致的理论。其典型代表主要有美国的帕森斯的特质因素理论、霍兰德的人格类型理论。

### （一）帕森斯的特质因素理论（Trait – Factor Theory）

又称为人职匹配理论，是美国职业指导专家帕森斯（Frank Parsons）提出的。1908 年帕森斯在波士顿创办职业指导局，这可以说是职业指导的起点。1909 年帕森斯在其《选择一个职业》的著作中提出了人与职业相匹配是职业选择的焦点的观点，第一次系统阐述了科学的职业指导理论。这是最早的职业辅导理论，也是用于职业选择与职业指导的经典性理论之一。

1. 职业指导的三要素模式

其一，清楚地了解自己，包括性格、能力、兴趣、自身局限和其他特质等。

其二，了解各种职业必备的条件及所需的知识，在不同工作岗位上所占有的优势、不足和补偿、机会、前途。

其三，人与职业的平衡（即匹配），这是特质因素理论的核心。其理论前提是：每个人都有一系列独特的特性，并且可以客观而有效地进行测量；为了取得成功，不同职业需要配备不同特性的人员；选择一种职业是一个相当易行的过程，而且人职匹配是可能的；个人特性与工作要求之间配合得愈紧密，职业成功的可能性越大。

2. 人职匹配的类型

（1）因素匹配（活找人）。例如需要有专门技术和专业知识的职业与掌握该种技能和专业知识的择业者相匹配；或脏、累、苦劳动条件很差的职业，需要有吃苦耐劳、体格健壮的劳动者与之匹配。

（2）特质匹配（人找活）。例如，具有敏感、易动感情、不守常规、个性强、理想主义等人格特性的人，宜于从事审美性、自我情感表达的艺术创作类型的职业。

3. 三步范式

帕森斯特质因素理论有比较强的可操作性，使之被人们广为采用。其具体步骤如下：

第一步“了解自己”。即评价求职者的生理和心理特点（特质）。通过心理测量及其他测评手段，获得有关求职者的身体状况、能力倾向、兴趣爱好、气质与性格等方面的个人资料。这些测验包括：

①成就测验：用来了解一个人究竟学会了多少东西，又有哪些是对工作有价值的。

②能力测验：测试个人的最佳状态，并展现他在多大程度上能胜任某项工作。

③人格测验：测试个人的兴趣爱好、气质与性格等，以此确定个人未来最适合担任哪类工作，并可能实现多大的发展程度。

然后，通过会谈、调查等方法深入了解个体的家庭背景、学业成绩、工作经历等情况，并对这些资料进行评价。

第二步“了解职业”。分析各种职业对人的要求（因素），并向求职者提供有关的职业信息，如职业描述、工作条件、薪水等。它包括：

①职业的性质、工资待遇、工作条件以及晋升的可能性；

②求职的最低条件，诸如学历要求、所需的专业训练、身体要求、年龄、各种能力以及其他心理特点的要求；

③为准备就业而设置的教育课程计划，以及提供这种训练的教育机构、学习年限、入学资格和费用等；

④就业机会，社会对人才和职业的需求有多大。

第三步“人－职匹配”。即整合个人和工作领域的信息，选择一项既适合自己特点、又有可能获得的职业，寻求职位和个人特质之间的合理匹配点。个体在职业选择时往往出现四个问题：①没有选择：不知道如何选择职业。②不确定的选择：有向往的职业，不知是否适合自己。③不明智的选择。④职业与个人性格不符合，如兴趣与能力相矛盾：对所选职业有兴趣但无能力。

4. 对特质因素理论的评价

特质因素理论主要以个性心理学和差异心理学为基础，承认人的个性结构存在客观差异，强调心理因素在职业选择中的匹配作用，重视心理测量技术的运用和问题的诊断，认为职业选择就是使职业兴趣、职业能力与职业所需要的素质相匹配。

特质因素理论产生一百多年来经久不衰，其中，三要素模式被认为是职业设计的至理名言。但该理论也有其局限性：其一，按照帕森斯特质因素理论的观点，社会上不同的职业都具有不同的因素，它们要求工作人员都具有一定的个人特质。在长期的实践中，人们发现尽管一些职业的录用标准得以确定，心理测量的工具日臻完善，技术水平不断提高，但因职业种类繁多，并且职业发展演化迅速，难以确定各种职业所需要的个人特质。其二，心理测量工具的信度和效度也不尽如人意，受多种因素的影响，以此为基准的人职匹配过于客观化，而对人本身的诸如态度、期望、人格、价值观等择业主体的主观因素重视不够。这样的人职匹配是粗疏的，尤其是个体在择业环节上完全实现人职匹配更是难以实现。其三，理论中的静态观点和现代社会的职业变动规律不相吻合，它只是强调了什么样的个人特质适合做什么工作，却忽视了社会因素对职业设计的影响和制约作用。而且我国的广大学生群体由于受应试教育及统一培养模式的影响，个人特质不明显、个性不突出，同时社会发展也还未达到人职匹配的要求。

尽管该理论存在着一些局限性，但该理论强调个人所具有的特质与职业所需要的素质与技能（因素）之间的协调和匹配，奠定了人才测评理论的理论基础，推动了人才测评在职业选拔与指导中的运用和发展。这就为人们的职业设计提供了最基本的原则，具有较强的可操作性。我们在职业选择过程中，要在全面了解自我、了解职业的情况下努力做到人职匹配，只是不能过于机械。

### （二）霍兰德的人格类型与职业类型匹配理论

20 世纪 60 年代，著名的职业指导专家约翰·霍兰德（John Holland）在帕森斯的观点的基础上，结合自己的职业咨询经验和当时的人格心理学概念，提出了人格类型与职业类型模式，对人才测评的发展产生了重要的影响。霍兰德认为职业选择是个人人格在工作世界的表露和延伸，人格（包括兴趣、价值观、动机和需要等）是决定一个人选择何种职业的重要因素，个人的遗传因素和生活经历等形成了个人独特的人格，而个体所选择的生涯发展方向必须符合这种人格，才能最好地发挥潜能。

1. 理论假设

在人格和职业的关系方面，霍兰德提出了一系列假设：

（1）在现实的文化中，可以将人的人格分为六种类型：实际型、研究型、艺术型、社会型、企业型与传统型。每一特定类型人格的人，便会对相应职业类型中的工作或学习感兴趣。

（2）环境也可区分为上述六种类型。

（3）人们寻求能充分施展其能力与价值观的职业环境。

（4）个人的行为取决于个体的人格和所处的环境特征之间的相互作用。

2. 人格类型与职业类型模式

在上述理论假设的基础上，提出了人格类型与职业类型模式。不同类型人格的人需要不同的生活或工作环境，因为这种环境或职业才能给予其所需要的机会与奖励；如果类型与环境不和谐，则该环境或职业无法提供个人的能力与兴趣所需的机会与奖励。在霍兰德所著《职业决策》中描述了六种人格类型的相应职业。

实际型（Realistic）——R 型

喜欢有规则的具体劳动和需要基本操作技能的工作，缺乏社交能力，不适应社会性质的职业。具有这种类型人格的人其典型的职业包括技能性职业（如一般劳工、技工、修理工、农民等）和技术性职业（如制图员、机械装配工等）。

研究型（Investigative）——I 型

具有聪明、理性、好奇、精确、批评等人格特征，喜欢智力的、抽象的、分析的、独立的定向任务这类研究性质的职业，但缺乏领导才能。其典型的职业包括科学研究人员、教师、工程师等。

艺术型（Artistic）——A 型

具有想象、冲动、直觉、无秩序、情绪化、理想化、有创意、不重实际等人格特征，喜欢艺术性质的职业和环境，不善于事务工作。其典型的职业包括艺术方面的（如演员、导演、艺术设计师、雕刻家等）、音乐方面的（如歌唱家、作曲家、乐队指挥等）与文学方面的（如诗人、小说家、剧作家等）。

社会型（Social）——S 型

具有合作、友善、助人、负责、圆滑、善社交、善言谈、洞察力强等人格特征，喜欢社会交往、关心社会问题，有教导别人的能力。其典型的职业包括教育工作者（如教师、教育行政工作人员）与社会工作者（如咨询人员、公关人员等）。

企业型（Enterprising）——E 型

具有冒险、野心人格特征。喜欢从事领导及企业性质的职业，独断、自信、精力充沛、善社交等，其典型的职业包括政府官员、企业领导、销售人员等。

传统型（Conventional）—— C 型

具有顺从、谨慎、保守、实际、稳重、有效率等人格特征，喜欢有系统有条理的工作任务。其典型的职业包括秘书、办公室人员、记事员、会计、行政助理、图书馆员、出纳员、打字员、税务员、统计员、交通管理员等。

霍兰德的理论实质在于工作者的人格类型与职业类型相适应。他认为，人格类型与职业环境的匹配是形成职业满意度、成就感的基础。然而上述的人格类型与职业关系也并非绝对的一一对应。霍兰德在研究中发现，尽管大多数人的人格类型可以主要地划分为某一类型，但个人又有着广泛的适应能力，其人格类型在某种程度上相近于另外两种人格类型，则也能适应另两种职业类型的工作。也就是说，某些类型之间存在着较多的相关性，同时每一类型又有种极为相斥的职业环境类型。霍兰德用一个六边形简明地描述了六种类型之间的关系。

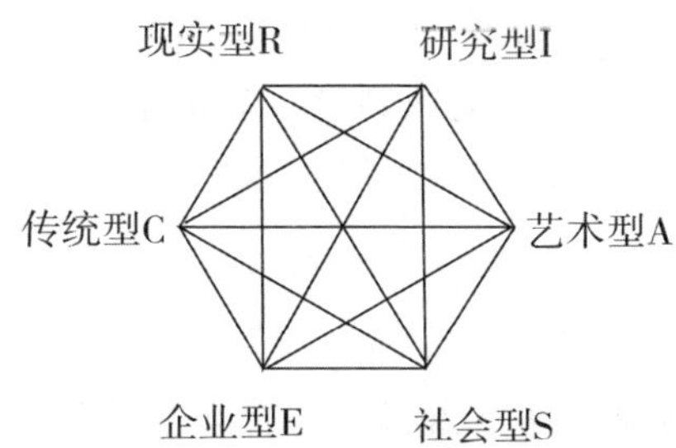


**图 1－1　霍兰德人格与职业六大类型关系**

3. 最理想的职业特点

在霍兰德理论中，最理想的职业应该符合以下几个特点：

（1）一致性。即人格的代码在六边形中距离越近越好。指类型之间在心理上一致的程度。如，现实型（R）和研究型（I）存在某些有共通的地方，表现为不善交际、喜欢做事而不善与人接触等，我们称这两种类型的一致性高。反之，事务型（C）与艺术型（A）的一致性偏低，因为两者所具有的特点完全不同，如前者顺从性大，后者独创性强。各类型的一致性程度可以用它们在六边形上的距离表示：一致性高的，它们在六边形模型上的位置是相邻的，如R－I、R－C等；一致性中等的，它们在六边形模型上是相间的，如R－E、R－A等；一致性低的，它们在六边形模型上的位置是相对的，如R－S等。

（2）区分性。即某人在六种类型上的表现大致相同。某些人或某些职业环境的界定较为清晰，较为接近某一类型，而与其他类型相似甚少，这种情况表示区分性良好；若某些人与多种类型相近，则表示他们区分性较低。

（3）适配性。即对自己的兴趣、目标以及天分具有明确而稳定的概念。指人格类型与职业类型的匹配程度。适配性的高低，可以预测个人的职业满意程度、稳定性及职业成就。如研究型的人需要有研究型的职业环境，只有这种职业环境才能给他所需要的机会与奖励。适配性是霍兰德三个辅助假设理论中最为重要的一个假设。

根据霍兰德的人格类型理论，在职业决策中最理想的是个体能够找到与其人格类型重合的职业环境。一个人在与其人格类型相一致的环境中工作，容易得到乐趣和内在满足，最有可能充分发挥自己的才能。因此在职业选拔与职业指导中，首先就要通过一定的测评手段与方法来确定个体的人格类型，然后寻找到与之相匹配的职业种类。为了确定个体的人格类型，就需要大量运用人才测评的手段与方法。霍兰德本人也编制了一套职业适应性测验（The Self－Directed Search，简称SDS）来配合其理论的应用。

我们不难发现，人－职匹配理论忽视社会、经济因素如性别、家庭社会经济地位、婚姻家庭、经济就业状况等的制约作用；对心理与社会、经济因素的冲突，缺乏考虑；对于职业心理属性间的内在联系缺乏统一认识、整合。

## 二、职业发展阶段理论

职业发展阶段是指一个人职业生涯中具有各种不同特征的不同时期。这些不同的特征主要体现为具有不同的职业类型、工作单位、工资报酬及工作活动方式等。主要有以下职业生涯发展阶段理论流派。

### （一）萨柏的职业生涯发展阶段理论

萨柏（Donald E. Super）以美国白人作为自己的研究对象，把人的职业生涯划分为五个主要阶段：

1. 成长阶段（0—14 岁）

该阶段孩童开始发展自我概念，开始以各种不同的方式来表达自己的需要，且经过对现实世界不断地尝试，修饰自己的角色。

这个阶段发展的主要任务是：发展自我形象，发展对工作世界的正确态度，并了解工作的意义。

具体分为 3 个成长期：

（1）幻想期（10 岁之前）：儿童以“需要”为主要考虑因素，从外界感知到许多职业，对于自己觉得好玩和喜爱的职业充满幻想和进行模仿。

（2）兴趣期（11—12 岁）：儿童以“喜好”为主要考虑因素，理解、评价职业，开始做职业选择。

（3）能力期（13—14 岁）：儿童以“能力”为主要考虑因素，开始考虑自身条件与喜爱的职业相符合否，有意识地进行能力培养。

2. 探索阶段（15—24 岁）

该阶段的青少年，通过学校的活动、社团休闲活动、打零工等机会，对自我能力及角色、职业做了一番探索，因此选择职业时有较大弹性。

这个阶段发展的主要任务是：主要通过学校学习进行自我考察、角色鉴定和职业探索，使职业偏好逐渐具体化、特定化，完成择业及初步就业。

可分为 3 个时期：

（1）试验期（15—17 岁）：考虑自己需要、兴趣、能力与职业社会价值、就业机会，做暂时的决定，并在幻想、讨论、课业及工作中加以尝试。

（2）过渡期（18—21 岁）：正式进入就业市场，或者进行专门的职业培训，更重视现实，并力图实现自我观念，明确某种职业倾向。

（3）尝试期（22—24 岁）：选定工作领域，开始从事某种职业，并试验其成为长期职业生活的可能性，若不适合则可能要重新尝试其他职业方向。如工作后有人又考研或考公务员，等等。

3. 建立阶段（25—44 岁）

经过上一阶段的尝试，不少合适者会谋求变迁或做其他探索，因此该阶段较能确定在整个职业生涯中属于自己的“位子”，并在 31 岁至 40 岁开始考虑如何保住这个“位子”，并固定下来。这一阶段是大多数人职业生涯周期中的核心部分。

这个阶段发展的主要任务：统整、稳固并求上进。获取一个合适的工作领域，并谋求发展。

分为两个时期：

（1）尝试期（25—30 岁）：个人在所选的职业中安顿下来。重点是寻求职业及生活上的稳定。

（2）稳定期（31—44 岁）：致力于工作上的稳固，大部分人处于最具创意的时期，由于资深往往业绩优良。

这个阶段可能会出现职业中期危机，可能会发现自己偏离职业目标或发现新的目标，此时需重新评价自己的需求，处于转折期。

4. 维持阶段（45—64 岁）

个体仍希望继续维持属于他的工作“位子”，同时会面对新的人员的挑战。这一阶段发展的主要任务：这一段长时间内开发新的技能，注重发展新的角色，维护已获得的成就和社会地位，维持家庭和工作两者间的和谐关系，往往寻求不同方式以替代和满足需求。

5. 衰退阶段（65 岁以上）

由于生理及心理机能日渐衰退，个体不得不面对现实，从积极参与到隐退。这一阶段主要任务：逐步退出职业和结束职业，开发新的社会角色，减少权利和责任，适应退休后的生活。

萨柏以年龄为依据，对职业生涯阶段进行划分，但现实中职业生涯是个持续的过程，各阶段的时间并没有明确的界限，其经历时间的长短常因个人条件的差异及外在环境的不同而有所不同，有长有短、有快有慢，有时还可能出现阶段性反复。萨柏的职业生涯发展阶段理论是一种纵向职业指导理论，重在对个人的职业倾向和职业选择过程本身进行研究。萨柏等编制了相应的测量工具——成人生涯关注问卷 ACCI，以对该职业阶段理论提供测量学依据。

### （二）舒伯的职业生涯发展理论

1. 生涯发展阶段

舒伯（donald super）的生涯发展阶段理论包含了人一生的完整发展过程。他将生涯发展分为五个阶段。

（1）成长期（出生—14 岁）。这个阶段的特征是，人开始考虑自己的将来，逐渐具备一定的生活控制能力，获得胜任工作的基础，并且在该阶段末期，越来越意识和关心长远的未来。个人所要做的，是通过学校学习、社会活动来认识自我，理解世界以及工作的意义，初步建立起良好的人生态度。

（2）探索期（15—24 岁）。这个阶段是职业认同阶段，个人在这一时期里有了初步的职业选择范围，并且为之准备教育或者实践。该阶段的任务是，深化对职业和工作的人事，将学习成果和实践经验沉淀结晶，具体化自己的职业偏向，并初步实施。

（3）建立期（25—44 岁）。个体在这个阶段开始确定自己在整个生涯中应有的位置，并开始增加作为家庭照顾者的角色。这个阶段的任务主要是在不断的挑战中稳定工作，并学会在家庭和事业之间合理均衡。

2. 生涯层面理论

舒伯认为，人的一生是一个角色扮演和角色变换的过程，而角色的扮演和变化主要受生涯发展阶段的影响。他形象地将这种关系通过一个综合图形来描绘——“生涯彩虹图”（Life - career rainbow）。

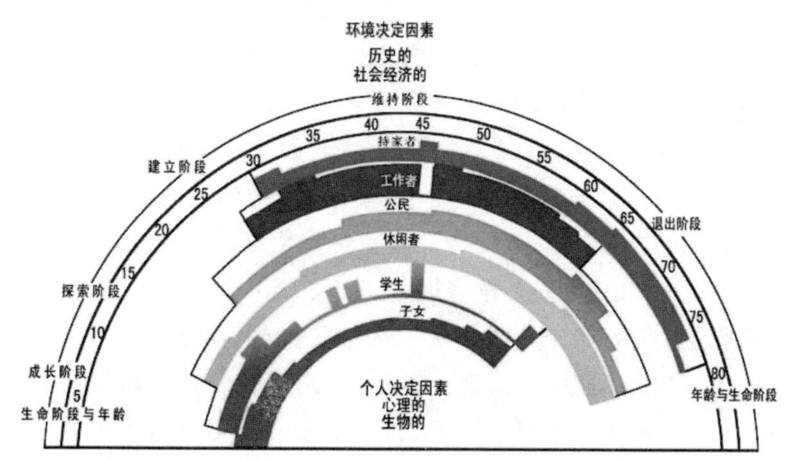


图 1-1　生涯彩虹图

（1）对生涯彩虹图的解读

图中最外面的那层代表横跨一生的“生活广度”，即生涯发展的各阶段。内部各层由一系列生涯最基本的角色组成，代表纵贯上下的“生活空间”。阴影代表在各个阶段对角色的投入程度，阴影越厚代表角色投入越多。该图简单精确地告诉我们各阶段该如何调配角色安排，十分有利于帮助大家独立设计自己的生涯。

通过这个形象的图片，我们可以发现舒伯把人生分为三个层面：第一是时间层面，就是一个人的生命历程；第二是广度层面，就是一个人终其一生所扮演的各种不同角色；三是深度层面，就是扮演每个角色时所投入的程度。这三者的结合，就是舒伯所理解的生涯。

（2）生涯彩虹图的应用

①不同角色的交互影响交织出个人独特的生涯类型。

②角色活跃于四种主要的人生舞台：家庭、社区、学校和工作场所。

③各种角色先后或同时在人生的舞台上层现迭出，直至退休。退休之后仍有几种角色延续至终。

④角色之间是交互作用的，某一个角色上的成功，可能带动其他角色的成功；反之，某一角色的失败，可能导致其他角色的失败。为了某一角色的成功付出太大的代价，也可能导致其他角色的失败。

⑤彩虹图中的阴影部分表示角色的互相替换、盛衰消长，它除了受到年龄增长和社会对个人发展任务期待的影响外，往往跟个人在各个角色上所花的时间和感情投入的程度有关。

⑥各个时期有一个或若干个“显著角色”。如：成长阶段最显著的角色是儿童；探索阶段（15—20 岁）则是学生；建立阶段（30 岁左右）是家长和工作者；维持阶段（45 岁左右）工作者的角色突然中断，又恢复学生角色（再学习），同时公民与休闲的角色逐渐增加。

舒伯的职业生涯发展论是建立在一种生涯整合观念之上的，强调的是主客观的互相作用，突出了职业价值观、能力、兴趣等的作用，抓住了本质的职业心理属性，对组织和个人的职业生涯规划和设计仍然具有很大的启发作用。但该理论似乎过于全面、宏观，缺乏较强的操作性。

### （三）金斯伯格的职业生涯发展阶段理论

金斯伯格（Eli Ginzberg）将职业生涯分为三个阶段。

1. 幻想期（0—11 岁）

11 岁以前的儿童时期，儿童对所接触到的职业充满好奇，幻想着自己长大从事什么职业，并极力效仿。此时期职业需求的特点是：单纯凭自己的兴趣爱好，不考虑自身的条件、能力水平和社会需要与机遇，完全处于幻想之中。

2. 尝试期（11—17 岁）

从少年向青年过渡的时期，个体的生理和心理在迅速成长、发育和变化，有独立的意识，价值观念开始形成，知识和能力显著增长和增强，初步懂得社会生活和生活经验。在职业需求上呈现出的特点是：有职业兴趣，并能客观地审视自身各方面的条件和能力；开始注意职业角色的社会地位、社会意义，以及社会对该职业的需要。但此时，由于长期处于学校学习阶段，对社会、对职业的理解还不全面，对职业主要考虑的还是个人的兴趣，具有理想主义色彩。

尝试期阶段分为兴趣阶段、能力阶段、价值观阶段和综合阶段四个子阶段。

（1）兴趣子阶段：开始注意并培养其对某些职业的兴趣，期盼着将来从事某些职业。

（2）能力子阶段：不仅仅考虑个人的兴趣，同时也注意到个人能力与职业的关系，注重衡量自己的能力，并积极参加各种相关的职业活动，以检验自己的能力。

（3）价值观子阶段：个人的职业价值观逐步形成，能兼顾个人与社会的需要，以职业的价值性选择职业。

（4）综合子阶段：将上述三个阶段的职业相关资料综合考虑，以正确判定未来的职业生涯发展方向。

3. 现实期（17 岁以后）

17 岁以后的青年期和成年期，即将步入社会劳动，能够客观地把自己的职业愿望或要求同自己的主观条件、能力以及社会现实的职业需要紧密协调起来，寻找合适于自己的职业角色。此期所希求的职业不再模糊不清，已经有具体的、现实的职业目标，表现出的最大特点是客观性、现实性，讲求实际。

现实期阶段分为试探阶段、具体化阶段和专业化阶段三个子阶段。

（1）试探子阶段：根据尝试期的结果，进行各种试探活动，试探各种职业机会和进一步的选择。

（2）具体化子阶段：根据试探阶段的经历，做进一步的选择，具体化职业目标。

（3）专业化子阶段：依据自我选择的目标，做具体的就业准备。

金斯伯格的职业发展论，事实上是前期职业生涯发展的不同阶段，揭示了初次就业前人们职业意识或职业追求的发展变化过程。金斯伯格的职业生涯理论对实践活动曾产生过广泛的影响。

### （四）格林豪斯的职业生涯发展阶段理论

格林豪斯（J. H. Greenhaus）从人生不同年龄段职业生涯发展所面临的主要任务的角度对职业生涯发展进行研究，并以此为依据将职业生涯发展划分为五个阶段。

1. 职业准备阶段（0—18 岁）

主要任务是发展职业想象力、培养职业兴趣、选择职业，接受必要的职业教育和培训。

2. 组织阶段（18—25 岁）

主要任务是通过求职了解更多的信息，在一个理想的组织中获得一份工作，尽量选择一种合适的、较为满意的职业。

3. 职业生涯初期（25—40 岁）

主要任务是学习职业技术，提高工作能力；了解和学习组织纪律和规范，逐步适应职业工作，适应和融入组织；为未来的职业成功做好准备。

4. 职业生涯中期（40—55 岁）

主要任务是学习新知识、努力工作，争取有成就的同时，对早期的职业生涯进行重新评估，决定是否需要重新择业。

5. 职业生涯后期（55 岁—退休）

主要任务是保持已有的成就，维护尊严，引导他人，准备引退。

根据对自己的认识和对职业的了解，合理设计职业生涯，选择最适合自己的职业。根据发展目标，规划发展阶段中的具体目标和任务，预测可能出现的问题和解决办法，并定期检查目标实现情况，及时解决所遇到的问题。这样才能保证对自己所选择的职业满意。

### （五）施恩的职业生涯发展阶段理论

施恩（EdgarH. Schein）根据人的生命周期的特点及不同年龄段所面临的问

题和职业工作的主要任务，将职业生涯分为九个阶段。

1. 成长、幻想、探索阶段（0—21 岁）

充当的角色是学生、职业工作的候选人和申请者。主要任务是：

（1）发展和发现自己的需要和兴趣，发展和发现自己的能力和才干，为进行实际的职业选择打好基础。

（2）学习职业方面的知识，寻找现实的角色模式，获得丰富信息，发展和发现自己的价值观、动机和抱负，做出合理的受教育决策，将幼年的职业幻想变为可操作的现实。

（3）接受教育和培训，开发工作世界中所需要的基本习惯和技能。

2. 进入工作世界（16—25 岁）

充当应聘者、新学员的角色。首先，进入劳动力市场，谋取可能成为一种职业基础的第一项工作；其次，个人和雇主之间达成正式可行的契约，个人成为一个组织或一种职业的成员。

3. 基础培训（16—25 岁）

充当实习生、新手的角色。也就是说，已经迈进职业或组织的大门。此时的主要任务是了解、熟悉组织，接受组织文化，克服不安全感；学会与人相处，融入工作群体；适应独立工作，成为一名有效的成员。

4. 早期职业的正式成员资格（17—30 岁）

面临的主要任务：

（1）取得组织正式成员资格，承担责任，成功地履行与第一次工作分配有关的任务；

（2）发展和展示自己的技能和专长，为提升或进入其他领域的横向职业成长打基础；

（3）根据自身才干和价值观，根据组织中的机会和约束，重估当初追求的职业，决定是否留在这个组织或职业中；或者在自己的需要、组织约束和机会之间寻找良师和保护人，寻求一种更好的配合。

5. 职业中期（25 岁以上）

正式成员、任职者、终身成员、主管、经理等。主要任务：

（1）选定一项专业或进入管理部门；

（2）保持技术竞争力，在自己选择的专业或管理领域内继续学习，力争成为一名专家或职业能手；

（3）承担较大的责任，确定自己的地位；

（4）开发个人的长期职业计划。

（5）寻求家庭、自我和工作事务间的平衡。

6. 职业中期危险阶段（35—45 岁）

正式成员、任职者、职业中期危机者、终身成员、主管、经理等。主要任务是：

（1）现实地评估自己的才干，进一步明确自己的职业抱负及个人前途；

（2）就接受现状或争取看得见的前途做出具体选择；

（3）建立与他人的良好关系。

7. 职业后期（40 岁到退休）

是组织骨干成员、管理者、有效贡献者等角色。处于职业后期阶段，此时的职业状况或任务：

（1）成为一名良师，学会发挥影响，指导、指挥别人，对他人承担责任；

（2）扩大、发展、深化技能，或者提高才干，以担负更大范围、更重大的责任；

（3）如果求稳，就此停滞，则要接受和正视自己影响力和挑战能力的下降。

8. 衰退和离职阶段（40 岁到退休）

不同的人在不同的年龄会衰退或离职。此间主要的职业任务：

（1）学会接受权力、责任、地位的下降；

（2）基于竞争力和进取心下降，要学会接受和发展新的角色；

（3）培养新的工作以外的兴趣、爱好，寻找新的满足源；

（4）评估自己的职业生涯，着手退休。

9. 离开组织或职业——退休

在失去工作或组织角色之后，面临两大问题或任务：

（1）保持一种认同感，适应角色、生活方式和生活标准的急剧变化；

（2）保持一种自我价值观，运用自己积累的经验和智慧，以各种资源角色，对他人进行传帮带。

施恩关于职业生涯发展阶段的划分基本上是依照年龄增大的顺序，根据不同时期的职业状态、任务、职业行为等进行的，并只给出了一个大致的年龄跨度，在不同的职业阶段上年龄还有所交叉。

## 三、社会认知职业理论

20 世纪 50 年代以来，认知心理学逐步发展成为心理学研究的主流，认知心理学的研究方法也被应用于职业指导领域。职业理论经过半个多世纪的发展，开始走向成熟、完善和整合时期，对于职业选择、发展、转换及适应的研究也日趋成熟精细。随之各种理论也开始由分化走向整合，出现了一些试图囊括各种理论之精华的整合理论，如社会认知的职业理论及发展系统理论等。这些理论试图探讨心理、社会、经济等多种因素对于个体职业发展的综合影响，对于更全面地认识职业发展有着重要的意义。

### （一）社会认知的职业理论（简称 SCCT）

SCCT 主要源于 Bandura（1986）的一般社会认知理论。社会认知理论强调在指导人的行为的过程中自我效能感和社会过程是相互作用的。职业心理学家 Lent，Brown 和 Hackeet 于 1994 年提出了社会认知职业理论（social cognitive career theory，简称 SCCT），试图解释职业兴趣的形成、职业选择活动及表现的全过程。

1. SCCT 的三个核心概念

SCCT 强调在职业发展中起作用的三种个人变量之间的相互影响，即自我效能、结果预期及个人目标。

（1）自我效能是指人们对组织和实施所要得到的行为结果的能力的信念（如“我能干得了吗”）。自我效能感不是一个单一的、固定的、不与环境联系的特质，而是与特定的操作领域相关的一套特定的信念。这种信念是与自我效能和具体的活动领域有关的。其形成与改变主要取决于四种信息来源：过去的绩效成就、观察学习、社会劝说以及生理和情绪状态。职业自我效能感概念与自我效能感概念一样，不是指某种人格特质或职业行为能力自身，而是指综合各种信息，基于对自身某种职业行为能力的判断和评估，所形成的对自身能力的信心或信念。职业自我效能感影响着职业动机。

（2）结果预期指的是个人对从事特定行为的结果的信念（如“如果我这么

做会发生什么事”)。包括对活动结果反应的几种信念，如受到奖励、对掌握了一种有挑战性的任务的骄傲等。结果期待通过与自我效能感相似的学习经验而获得，例如回忆成功的事情、对他人的成功活动的观察学习、对自己的活动产品的关注和对别人对自己活动所做的反应的关注等。结果期待影响着学业和职业兴趣，自我效能感对结果期待有影响。而这种对职业结果的期待，从孩童时期就开始发展了。

(3) 个人目标是个人从事特定活动或取得一定结果的意图（如“我有多想这么做”)，又可分为职业目标和绩效目标两种。目标是个人在职业发展中行使个人力量的重要手段。通过设定目标，即使长期缺乏外部回报，人们也能组织、指导并坚持自己的行动。自我效能感与结果期待对个人目标有重要影响。

2. SCCT 的三个子模式

SCCT 包含三个相互关联的子模式，在每一个子模式中，上述三个核心变量与个人的其他重要特点、背景及学习经验是相辅相成的，共同影响着职业选择和发展过程（如图 1－3 所示)。

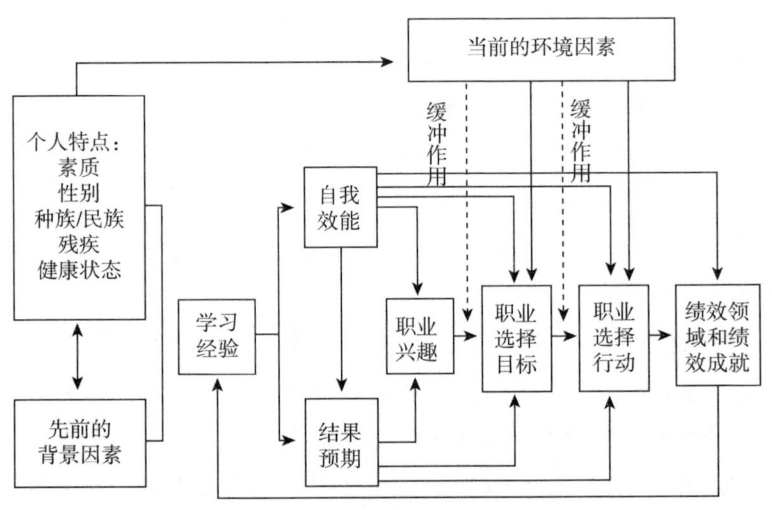


**图 1－3　SCCT 理论的完整模型示意图**

从 SCCT 理论的完整模型中可以看出，SCCT 除了重视其三个基本概念外，也十分重视包容已有的理论成果，如心理因素（如兴趣、能力、价值观)、社会因素（如社会经济地位、性别、种族)、经济因素（如就业机会、培训机会等)

的作用，将已有的研究成果用社会认知理论统一起来。

（1）职业兴趣模式

对特定职业的自我效能与结果预期会塑造个人的职业兴趣。如果人们认为自己擅长于从事某种职业，或预期从事该职业将带来满意的回报，将会形成对该职业的兴趣并坚持下来。职业兴趣形成后，与自我效能和结果预期一起，将促进个人产生目标；目标又将促成行动并达到一定的绩效成就，绩效成就又会反作用于自我效能和结果预期，形成一个动态的反馈环路。自我效能和结果预期并不能脱离社会、经济因素起作用。例如在个体社会化过程中，男性和女性分别形成对于男性活动（如工程技术）或女性活动（如幼师、护理）的技能、自我效能、结果预期及职业兴趣。

（2）职业选择模式

职业选择过程可分为三个阶段：

①表达初步的职业选择或职业目标；

②采取行动以实现目标；

③获得绩效成就并形成反馈环路，影响个人未来的职业选择的形成。

职业选择是一个双向选择的、开放的过程，会受到多种因素的影响，而且有多个选择点。职业选择常常但并不总是与职业兴趣有关，自我效能和结果预期也会直接影响职业选择目标和行动。另外，有两类环境因素也会影响职业选择过程：一类是“先前的背景因素”，如文化、性别、角色社会化、榜样、技能培训机会等；另一类则是“当前的环境因素”，例如在做职业决策时的工作机会，情感上、经济上的支持，环境中的歧视，等等。

（3）工作绩效模式

工作绩效取决于人们的能力、自我效能、结果预期以及绩效目标之间的交互作用。能力一方面直接地影响绩效成就，另一方面则通过塑造自我效能和结果预期发挥间接的作用。这就可以解释为什么客观上能力差不多的两个人实际的绩效成就却大相径庭。工作绩效也会提供一个反馈环路，反作用于自我效能和结果预期。自我效能并非越高越好，只有当它稍稍高于实际的能力水平时，才会最充分地发挥现有技能并促进未来的技能发展。

4. SCCT 的评价

（1）SCCT 的优点

首先，SCCT 重视社会认知变量所起的重要中介作用，突破了只注重客观能力或工作报偿的传统观念，预示了进行干预的可能性和策略。

其次，SCCT 试图建立一个整合的、动态的框架，克服了传统理论将心理、社会、经济等影响因素分割开来且缺乏动态的局限性。

再次，SCCT 与其他职业理论互为补充，如与特质因素论不同的是，SCCT 还强调个人与环境的相对动态的、具体的特征。

最后，SCCT 在人力资源开发与管理、职业咨询及职业教育方面具有强大的应用前景和意义。例如通过增强自我效能，帮助女性更多地参与到传统上男性占统治地位的职业（如工程技术、管理）领域中，或帮助人们进行职业调整或失业后的再就业等。

（2）SCCT 的局限

首先，SCCT 仍有待完善，需要将多种因素更加有机地整合。

其次，SCCT 的研究基础需要加强。在研究内容上，对工作绩效模式研究比较欠缺，对工作者再次职业选择的研究也较少。在研究对象上也有局限。同时，有关 SCCT 的验证性研究较多，干预性研究较少。

最后，SCCT 的理论的发展仍需借鉴其他学科如组织行为学、人力资源管理理论中的相关成果。

### （二）发展系统理论（简称 DST）

发展系统理论的出发点与传统理论的差异体现在两个方面：一是更强调解释每个人的、每一个具体的职业行为，而传统的理论则比较突出共同职业行为规律；二是所采用的方法论不同，传统理论注重科学研究范式，而整合理论突出个人范式，注重描述性和质的研究方法。

Ford 和 Lerner（1992）提出了发展系统理论（DST），该理论包含了两个子理论。

1. 个人的活动过程理论

主要思想体现 Ford（1987）的生活系统理论（简称 LSF）中；LSF 注重个人功能和发展的整体性，将对人的一般特点的认识和特定个人特点的活动整合起来，认为没有对特定个人的准确认识，就不能形成有用的、关于职业发展阶段的认识。LSF 的分析是建立在环境中的个人的方方面面，不只是特定的属性或过程。LSF 将控制系统与人的行为类比，认为人的认知功能是一种有目的的、有约束的反应，控制着系统活动的功能。尽管人的行为是在特定环境下发生的，但个人的环境并不导致个人的行为模式。个人的环境会促进或限制人的可能的职业道路的发展。环境可为有些人提供有些道路和支持，而对另外一些人制造障碍。LSF 认为，对个人组成部分反应的研究只有在进行中的行为——环境模式的状态下——才有意义。因为人们常常处于变化中，他们想要什么，他们预见和评价进展的方式，他们在行动时的情绪，他们的生物功能发挥的条件，他们作用的环境类型等都在变化。如果忽视了这些功能，不可能完全理解人的行为。

2. 个人活动的动力理论

体现在 Ford（1992）提出的动机系统理论（简称 MST）中。MST 的基本观点是：动机影响人们决定是否努力维持、恢复已有的状态，为新的、更高的结果而奋斗，但其作用不是直接的，它只是确认问题和机遇，但不解决这些问题；解决问题或把机遇变成现实是由技能、生物学和环境成分来完成的。Ford（1987）确定了三个动机成分：即个人目标、个人力量信念和情绪，并认为这三个成分在现实生活中是一起起作用的。个人目标有两种主要的属性，即对所希望的结果的思考和指导起作用的各种个人成分，达到期待的结果，或避免不愿发生的结果。个人力量信念是指个人对自己是否有能力和机会达到某一目标或取得所需要的结果的个人评价。它由能力信念和环境信念组成，在长期的目标达成中起作用。情绪在支持和促进达成理想的结果时具有激发能量的功能，在短期目标达成上起作用。

3. 发展系统理论公式

发展系统理论关心的是行为及行为模式的有效性，所谓有效性即有利于实现或促进朝职业相关的方向进步。对特定的行为情节有效的行为必须有朝向目标直至达到目标的动机；必须有达到理想的结果所需的技能；个人的生物学系统必须支持行为情节的动机和技能；个人必须处于一种所谓的应答性环境，该环境有利于行为情节的成功。发展系统理论可用公式表示如下：

成就或胜任 = 动机 × 技能/应答性环境 × 生物学因素

DST 认为，个人的职业发展方向是开放的、不可预测的，而且发展的道路在一生中会有显著的变化。

### （三）对社会认知职业理论的评价

上述两种社会认知职业理论分别从不同的角度对职业发展和选择过程进行了分析，其共同性体现在都强调发展的动力性、过程性、环境制约性、系统性。但 SCCT 以社会认知理论为依托，而 DST 则依据系统论的原理。这两种理论的优点是：

（1）强调过程机制。强调对复杂的特质的形成及相互的交互作用，试图回答诸如职业目标是如何形成的，职业选择是如何做出的。

（2）突出连续性。将职业发展和变化看成是受主观和客观因素制约的连续过程。只有外界稳定，才会有个人职业的稳定，而当今社会的多变性则是许多传统理论难以解释的。

（3）强调动力性。如社会认知的职业理论强调自我效能、结果期待、目标等动力性很强的心理属性；发展系统理论则突出动机的作用，包括目标、个人力量和情绪。传统理论虽然也考虑诸如价值观，但对比较稳定的兴趣、能力等特质比较注重，而对动态性、变化性强调不够。

（4）突出环境等外部因素的作用。过去的职业理论，强调心理属性，而对社会经济因素相对考虑较少（除决策过程理论外）。

这两种理论的不足是：

（1）过于全面。虽然解释力强，但对变量间的相互关系的揭示不深入，如遇到决策时多个变量相互冲突，没有提供明确的解决办法。

（2）应用的可操作性弱。动机、目标确定等内容变化性大，主观性强。

## 四、职业生涯决策理论

### （一）伽列特的职业决策理论

1. 决策过程模式理论

1962 年，伽列特（Gelatt）提出职业决策过程模式，认为决策是一连串的决定，任何一个决定将会影响其后来的决定；因受先前决定的影响，因此决策是一个发展的历程而非单一的事件。这说明职业生涯决策不是一次选择，或一个结果，而是持续不断地做决定以及修正的终生历程。决策的基准在于选择有利因素最多、不利因素最少的方案。

（1）决策过程的三个系统

职业决策过程模式特别强调资料的重要性，将个人处理资料的策略分成三个系统：

①预测系统：预测不同的选择可能会造成的结果，及估算出每个行动可能造成该结果的几率，以作为该采取哪个行动方案之参考。如根据职业与心理测验等方面的客观资料，对未来升学或工作的成功几率作预测。

②价值系统：依据个体内在价值、态度体系等，判断个人对于各种可能的行动的喜好程度。

③决策系统：评判各种行动方案的标准。其选择取向分为：

期望取向：选择可能达成自己最想要的结果之方案，就是与自己的职业观相一致，与自己的兴趣、特长最相符的方案。但该方案也许是成功概率很小的方案，所以存在着较大的风险。

安全取向：选择最安全，最保险的方案。该方案适合追求稳定的人，但该方案也许与你的职业兴趣是不一致的。

逃避取向：避免选择可能造成最不好结果的方案。这也是适合追求稳妥、不爱挑战的人，选择的结果也许与你的期望有一定差距的。

综合取向：考虑自己对于行动结果的需求程度、成功概率，及避免最不好的结果。

（2）决策的具体步骤

权衡这三个方面，然后选择一个行动方案。做决策的具体步骤是：

①根据自己的需求制定决策目的或目标；

②搜集与目标或目的有关的信息资料，以了解可能的行动方向；

③根据所得的资料，预测各个可能行动的成功几率及其结果；

④根据价值系统，估算个人对于每个行动方案的喜好程度；

⑤评估各种可能方案，选择其中的一个方案执行；

⑥若达成目标则终止决定，然后再等待下一个决定的出现；

⑦若没有成功，则继续调查其他可行的办法。

伽列特的决策过程模式理论运用经济决策原理来分析和研究职业行为，为编制职业决策能力量表和计算机辅助指导提供了理论基础，其中以理性来诊断职业选择和职业发展障碍的思维方法，成为职业设计和职业管理良好的工作思维方式。

2. “积极的不确定论”

早期 Gelatt 的职业决策模式，是典型的理性取向的。但 Gelatt（1989）采用新的态度、新的思维方式，提出了“积极的不确定论”。所谓积极的不确定，是以积极乐观的态度，面对及接纳做决策时的不确定以及成功概率的不确定，以直觉、开放的心态面对职业决策。Gelatt 认为决策是一种非序列性、非系统性、非科学性的人类历程。他把作决策重新定义为：“决策是一种将信息调整再调整，融入决策或行动内的历程。”

### （二）盖蒂的 PIC 模型

PIC 模型是由以色列职业心理学家盖蒂（Gati）提出的一种系统的职业决策方法，其构建兼顾理论验证与实践运用。

PIC 是排除阶段（Prescreening）、深度探索阶段（In－depth exploration）和选择阶段（Choice of the most suitable alternative）的缩写。

PIC 模型的理论基础是排除理论，决策方案的选择通常都是多属性的，在选择过程的每一阶段，要挑选出某一属性或某一方面，根据其重要性对其做出评价，对不符合决策要求的属性应予以排除，即不再在以后的比较选择中继续加以考虑，直到剩下某种未排除的方面或属性时，再作出最后的选择。

1. 排除阶段

在许多职业决策的情境中，潜在职业方案的数目是相当大的。排除阶段的目的就是将这些潜在方案的数目减少到比较少，达到可操作的水平。这样可以使有可能方案的数目有限，决策者能够为每个方案收集广泛的信息，并且有效地加工这些信息。排除阶段可以分为五个步骤：

（1）选择在搜寻中被用到的有关方面

寻找有可能的方案是建立在个人对有关方面的偏好这一基础之上的，如个人的职业价值观、兴趣、能力、工作环境、培训时间、工作时间、人际关系类型等。

（2）根据重要性排列这些方面

按照个人的重视程度给这些方面排序，以便于序列搜寻过程能相应地进行（即先搜寻最重要的方面，再搜寻次重要的方面，依此类推）。

（3）为重要的方面定义可接受水平的范围

在序列搜寻中对于每一个要考虑的方面，首先引入个人偏好的最优水平——即在该方面上最想要的；然后，挑选出次想要的，再是可接受的水平。

（4）将个人可接受水平的范围与有关职业方案的特性水平进行比较

序列排除过程是这样开始的：列出所有潜在的职业方案，并且将它们的特点与个人的偏好进行比较。首先排除最重要的方面上与个人偏好不符的方案。在其他方面上，这个过程被反复进行，直到剩余"有可能方案"的数目在可操作的范围内。

（5）灵敏度分析

检查对偏好的可能变化而引起相应结果变化的灵敏度。这个步骤包括再次检查排除阶段的输入、输出以及步骤。检查被报告的偏好是否仍然是可以接受的，还是更希望改变它们；分析为什么某些在系统搜寻前被个人直觉地认为是有吸引力的方案而在序列排除过程后被删除了；找出那些仅仅因为一个方面上的不一致而被剔除的方案，检查关键方面信息的有效性，并且考虑可不可能在这个关键方面上折中一下。

2. 深度探索阶段

这个阶段的目的是找到一些不仅是有可能的，而且是合适的方案，想要的结果是合适方案的清单。基于以下两方面，该方案被认为是合适的。首先，每个合适的方案与个人的偏好相符；其次，个人符合该方案的要求。考察某个方案是否真正适合个人，涉及两个条件：一是在个人认为最重要的方面上检查每一个可能方案与个人偏好的符合程度；二是在其他重要的方面上检查该方案与个人偏好的符合程度。有可能的方案都是在排除阶段的筛选后留下的，它们在重要的方面上多少和个人的偏好相符合。在深度探索阶段，随着更多的、更具体的信息被得到，个人的偏好是会被调整的。另一方面，个人满足特定方案要求的程度，也包含两种适合的条件。一是考察个人是否真正能达到方案核心方面规定的要求。另一个适合的条件涉及考察实现每个方案的可能性，一方面考虑个人过去的教育背景、实践经验等，另一方面要考虑每个有可能方案的先决条件（如最低的从业资格）。最后，希望个人能通过自己的努力来提高实现某个有希望方案的可能性。

3. 挑选最合适方案阶段

第三阶段的目的是考虑到个人的偏好与能力，挑选对于个人来说最合适的方案。

（1）挑选最合适的方案

许多人会在第二阶段结束时得到一个合适的方案，并据此收集相应的信息。在这种情况下，没有必要再比较方案了。但是深度探索阶段结束时也会得到两个或更多的合适方案，个人为了挑选最合适的一个不得不比较这些方案，这时就要关注它们的特点，将方案的优缺点进行比较，考虑方案之间的平衡挑选其一。

（2）挑选其他合适的方案

职业决策通常是在不确定的状态下做出的，职业方案实现的可能性也经常是不确定的。比如，得到一份工作的可能性不仅仅取决于是否满足了它的最低要求，而且还有赖于其他应聘者的人数和品质。所以，在挑选了偏爱的“最合适的”方案之后，个体必须使用收集到的信息评估实现该方案的可能性，如果肯定能够实现，就没有必要再挑选次等的方案；但如果存在不确定性，建议回到前面的步骤，搜寻更多的、可能被认为是“次等的”但仍然适合的方案。如果第一和第二方案实现的可能性都相当低，建议考虑第三、第四个方案等。

总之，决策理论重视个人生涯发展时的历程及抉择，并且因为牵涉到个人价值观，所以除了搜集正确的客观资料之外，更重要的是要针对个人独特的价值观，加以了解、澄清。因此，虽然大多数人所认同的具体步骤可供参考，不过个人主观的价值评论其实才是最重要的决策依据。

### （三）泰德曼的七步骤决策历程

泰德曼（Tiedeman）结合萨柏与金斯伯格的生涯发展观点，提出整个决策过程是由预期、实施与调整这两个阶段和七个步骤不断地进行而组合成的。

1. 确定目标阶段

个人在进行职业决策时，首先是要确定职业目标。确定职业目标，可以按以下四个步骤进行：

（1）试探：根据自己所学的专业及个人的兴趣、爱好及职业理想，考虑不同选择方向及可能目标。

（2）具体化：列出所有可能目标对于自己来说存在的优点与不足，经过对各种选择方向或目标优缺点的斟酌，明确什么是自己最想要的、什么是阻碍自己目标实现的最大困难。

（3）选择：选定一个能解除目前困扰的目标。

（4）明确化：对最终选择的目标再审视，看是不是的确是自己最想要的，并且可以通过努力可以实现的，发现问题，修正和调整准备要行动的目标。

2. 实施与调整阶段

将选择的方案付诸行动，落实于现实生活，然后评估其结果，并根据个人对结果的满意程度，对方案做调整或改变。具体的实施分为三个步骤：

（1）入门：开始执行自己的选择，也是新经验的开始。在新环境中，争取他人的接纳。

（2）转化：调整步伐与心态，专心一致。肯定在新环境中的角色，全力以赴。

（3）整合：个人的信念与集体的信念达到平衡与妥协。

### （四）克朗伯兹的职业决策社会学习论

社会学习理论家班杜拉（Bandura）强调的是个人独特的学习经验对其人格与行为的影响。克朗伯兹（Krumboltz）将其观念引用于职业生涯发展与规划上，用以了解在个人职业决策历程中，社会及遗传与个人因素对于决策的影响。

1. 影响职业决策的四个因素

克朗伯兹认为影响职业选择有多种因素，最主要的应包括以下四个因素：

（1）遗传因子与特殊能力。如内在素质、身体障碍、音乐和艺术能力等。

（2）环境情况与特殊事件。如劳动法规、技术进步、社会机构变化、家庭资源等。

（3）学习经验。如各种工具性学习、行为和认知、观察学习。

（4）工作取向技能。如设定目标、工作及情绪反应方式。

2. 职业决策的七个步骤

克朗伯兹于1973年提出了进行职业决策的模式，认为在进行个人职业决策时应采取八个步骤。1977年又对此模式进行了修正，修正后的职业决策模式主要分为七个步骤：

（1）界定问题：理清自己的需求和个人限制，即认识自我的过程，明确自己想要什么，自己对此存在哪些优势与不足，在此基础上制定出明确的目标和实现目标的时间表。

（2）拟定行动计划：在明确自己的需求目标的基础上，思考可能达到目标的各种行动方案，并规划达成目标的流程。

（3）澄清价值：界定个人的选择标准，即明确自己最想要的是什么，作为评量各项方案的依据。

（4）找到可能的选择：搜集资料，找出可能的方法。

（5）评价各种可能的选择：依据自己的选择标准和评分标准，逐一评价各种可能的选择，找出可能的结果。

（6）系统地删除：有系统地删除不合适的方案，挑选最合适的选择。

（7）开始行动：开始执行行动方案，以达成选定的目标。

3. 个人职业决策中的五个困难

克朗伯兹 1983 年开始注意决策的个人规则及相应的困难，他认为在进行职业决策时可以遇到以下五种困难：

（1）人们可能不会辨认已有的可解决的问题；

（2）人们可能不努力作决策或解决问题；

（3）因为错误的原因，人们可能会消除一个潜在的满意的选择对象；

（4）因为错误的原因，人们可能会选择较差的选择对象；

（5）在感到没有能力达到目标时，人们可能会经受痛苦和焦虑。

在进行职业决策时，我们要重视以上困难，特别是要克服把不努力作为决策或解决问题的困难。要积极面对可能出现的问题，通过自身的努力寻求自己最优的选择。

职业决策社会学习模式注意到社会及遗传因素对个人决策的影响，个人在决策时不仅要考虑个人因素，明确我想要什么，还要考虑社会、遗传等因素，知道我可能得到什么、我能够做到什么。该模式还特别强调学习的重要性以及它们对职业选择的影响，把职业决策看作是一种习得的技能；并主张职业决策技能是可以在教育和职业辅导课程中教授的，特别强调教授识别影响职业决策的因素。

# 第三节　职业取向的影响因素

归纳以往的研究，职业取向的影响因素一般可归结为个人因素与环境因素，或称主观因素与客观因素。个人因素包括个体的职业兴趣、人格、能力、价值观、世界观等，环境因素包括家庭父母职业、父母受教育程度、家庭经济状况、家庭所在地、家庭结构等。另外，用人单位需求、社会经济趋势形态、国家就业政策、高等教育的发展以及学校教育、职业地位、声望等，也有一定影响。国内外众多学者对此进行了广泛的研究，有进行综合分析的，也有从单一因素研究的。如 Holland 从理论的角度阐述了职业取向受人格因素和环境的双重影响。Robert W. Lent 和 Steven D. Brown 等人（2002）则认为，职业取向的影响因素包括个人因素（如兴趣、价值观）、先前工作经验、社会背景（经济制约、社会支持等）。Greenhaus 等人（2003）认为职业选择中的重要影响因素有自我探索（即从个人方面应该考虑到价值观、兴趣、个性、才能或能力）和环境探索（从环境因素方面应该考虑职业、组织、岗位和家庭等）。汪庆春和孟东方（2004）认为，职业的选择受到主体的需求动机、自身条件制约，既要考虑职业的声望、地位、社会意义、经济报酬、劳动强度、晋升机会，也要考虑自身的才能、兴趣、爱好等，是一种从主客观多方面进行综合考虑后作出的实实在在的价值判断。

## 一、影响职业取向的个人因素

### （一）人口学变量资料

1. 性别对职业取向的影响

不少中外学者研究认为，职业取向受性别的影响。个体在长期社会化的过程中，由于社会环境对男女未来的期待不同，导致男女的职业取向也存在差异。Dolton A Daly（2005）有一个关于大学专业选择的研究。该研究表明，有色人种和女性在专业选择乃至将来的职业选择的影响因素方面，不同于白种人和男性，男性更多愿意进入公共部门，而女性则更愿意进入私人部门。Smith（1990）的研究也显示，两性对收入期望存在较大差异，其中30%可归之于职业规划、大学专业和对收入的态度不同，而其余70%主要因为女性对自己未来收入的低估。但也有一些学者如Hailer（1974）的研究表明美国高中学生的年级和性别并不显著影响其职业志愿水平。

国内学者汪庆春和孟东方（2004）对大学生职业选择和职业评价的研究表明，男大学生在职业选择上比女大学生更向往权力型、挑战型的职业，而女大学生则更加向往审美型和稳定型的职业。丁大建等人（2004）对北京地区部分高校毕业生的实证研究表明女大学生的就业收入预期比男生平均低170元左右，而且女性比男性有更强的留京期望。张琪、王世贵（2006）对山东某财经类高校的调查显示硕士毕业生择业中男性更重视收入，而女性更重视所有制（单位类型）；男性对竞争程度高的企业的接受度高，而女性倾向于竞争度小的政府机关和高校。这表明我国女性职业取向在收入、工作单位等方面都与男性存在显著差异。杨琴（2007）对大学毕业生职业取向的研究发现，总体来看男女生的职业取向均以社会型和企业型居多，具体表现在现实型、研究型、企业型职业取向，男生明显高于女生，而女生社会型、常规型职业取向明显高于男生。

2. 家庭所在区域

我国改革开放三十多年来，城乡差异日渐缩小，但二元结构未完全消解。长期以来，城市和乡村作为两个相对割裂和隔阂的社会环境必然影响到青少年的职业取向。这种城乡差距也不仅仅是当代中国独有，哈勒和瑟维尔（Haller & Sewell）在20世纪50年代针对Lipset的假设（农村居民进入城市后，在职业成就上将处于劣势）对美国威斯康星州的学生进行调查，通过比较农村和城市样本的职业和教育志愿水平，指出在城乡高中女生之间，职业和教育志愿水平都没有显著区别；城乡男生之间的职业志愿水平也没有显著区别，但教育志愿水平存在智力因素所无法解释的显著差别。这表明农村青年尚未完全认识到教育在获得职业中的重要性。

我国学者吴康宁（2000）对苏南苏北城乡学生的问卷调查发现，富裕地区学生和贫困地区学生对于职业的选择似乎都更多地从“知·利·名”等多方面考虑，但富裕学生对于知识性职业选择稍多于贫困学生，而贫困地区学生对于权力性、公众性、体能性的职业选择稍多。所有被调查学生的职业取向都呈现“生活型”倾向，富裕学生更多具有“在乡求安康”，贫困学生明显具有“离乡脱贫困”。从纯粹的城乡角度来看，城区学生选择大学教师或科学家和国家公务员等职业的比例高于乡村学生。吴康宁认为除了经济因素之外，其中的一个重要原因是直接或间接的接触机会上有差异；而乡村学生选择中小学或幼儿园教师职业比例较高可能是因为对于稳定收入的考虑更多一些。高等教育获得者由于进入城市，童年乡村的经历或许会使其暂时不适应城市生活，带来一定烦恼和痛苦；但由于城市环境及资源条件整体上优于农村，因此高等教育获得者会努力摆脱乡村影响，力图使自己成为一个城市人，向往城市的职业生活。大量实证研究和报道表明高校毕业生几乎都向往东部大中城市，鲜有愿意去西部地区的，更不必说农村地区了。

### （二）人格因素

以往研究显示，某些心理特质变量如人格、职业兴趣等，能够显著地影响个体的专业选择与生涯发展。Holland 认为人格是由兴趣、价值观、需要、技能、信仰、态度和学习风格组成的。其中兴趣是“人职匹配”过程中最重要的人格，是描述人格特质的另外一种方法，是人格的一种更广义的概念。人职匹配选择理论（2003）认为，个人的职业选择，无论是有意识的还是无意识的，都是需要、动机、价值观和才能与职业的匹配问题。当然，不同学者关注点是有差异的。如 Super 认为，这主要是个人的自我概念（包括能力、个性品质、需要、兴趣和价值观）和职业的匹配；而 Holland 认为，个体对职业的选择受到动机、知识、爱好和自知力等因素的支配，最主要的是一个人之所以选择某职业领域，基本上是受到其兴趣与人格的影响；Malkin 等人（1997）的观点比较独特，他们认为这是个人能力与自我知识/意识和机会知识/意识的匹配。龙立荣（1995）在《编制与评价职业兴趣测验中值得明确的几个问题》中提到，影响职业取向的主观因素包括职业价值观、职业兴趣、职业性格、职业气质等。李平、金敏力和孟庆伟（2003）认为职业取向的影响因素有兴趣、能力、性格和职业价值观，并通过复杂的矩阵运算建立了这些影响因素之间的关系模型。

1. 人格特质

已有研究发现人格特质是影响大学生职业选择的一个重要因素。Allport 和 Odbert（1936）把人格特质界定为一般化和个性化的决定倾向，是个体适应环境的前后一致的稳定模式。Holland（1959）提出职业性向理论，认为不同的人格特征适合从事不同的职业；1997 年进一步认为选择何种专业或职业本质上也是人格的一种表现方式。SCCT 理论（1994）则解释了人格在职业选择活动中的具体作用。De. Fmyt 和 Mervielde（1996）、Larson, Wu, Bailey, & Gasser(2010)研究发现人格变量对职业选择、职业不确定性、职业决策困难等均有一定的预测作用。Isaacs, J., Borgen, F. H., Donnay, D. A. C & Hansen, TA(1997)提出了大学生就业难的关键是人格与社会、与职业不适应的观点。Saka 和 Gati 等人（2007）认为，大学生面临更多与情绪和人格有关的职业决策困难，比与信息有关的困难更严重。如普遍犹豫不决、自尊、焦虑特质和认知状态四个人格变量可以预测职业决策困难。陈瑞瑞等人（2006）发现大五人格特质与择业效能感关系紧密。冯艳丹和张利燕（2007）指出：神经质与经营型存在正相关，与常规型存在负相关；外倾性与经营型存在负相关，与常规型存在正相关；开放性与研究型、艺术型存在显著的负相关，与社会型存在负相关，与常规型存在十分显著的正相关；宜人性与社会型存在十分显著的负相关；责任心与现实型、社会型和经营型存在负相关。杨丽恒和李佳（2011）的研究表明外向性人格与社会型和事业型之间存在显著的正相关；谨慎性人格与常规型存在显著的正相关；宜人性人格与社会型、实际型、调研型之间存在显著的正相关；神经质与社会型、事业型之间存在显著的负相关；开放性与实际型、常规型之间存在显著的负相关，和艺术型、社会型存在显著的正相关。陈瑞瑞、冯鸿滔、左占伟（2006）的考察发现大学生大五人格维度及人格因素与择业效能感呈显著正相关，人格因素对择业效能感有很强的预测作用。龙燕梅（2003）的研究认为关注自身的人格特质，可以提高个体自我效能的预期，从而提高个体成功完成择业任务的水平。

2. 职业兴趣

霍兰德从整个人格的角度来考察职业选择问题。他认为个体的人格和兴趣类型与职业密切相关，兴趣是人们活动的巨大动力。凡是具有职业兴趣的职业，都可提高人们的积极性，促使人们积极地、愉快地从事该职业；并且在职业兴趣与人格之间存在很高的相关性。Day, S. X&Rounds, J(1997)重点探讨了将个人兴趣与求职相结合，基本理论研究与实际应用相结合的问题。Larson, L. M&Borgen, F. H(2002)则采用实例描述的方式提出了职业兴趣与个性的结合才能取得学业乃至事业的成功。社会认知生涯理论（SCCT）认为职业兴趣和职业效能感对于职业选择都是至关重要的，职业效能感会导致兴趣的发展进而促使个体做出选择。西方的一些实证研究发现职业兴趣和职业效能感也能够对专业或职业选择起到预测作用（Donnay & Borgen，1999；Flores，Spainerman，Armstrong，&Vekz，2006；Larson et al.，2010；Rottinghaus et al.，2003；Tracy 2010）。Hou 和 Leung（2011）比较了青少年的职业愿望和家长对其的职业期望，发现家长更倾向于自己的子女基于社会价值和声望做出职业选择，而学生自己则更倾向于基于兴趣和能力来考虑职业选择。Zhou等人（2002）利用原型研究方法调查了北京大学生对于“工作”的看法，发现被试认为工作与知识的习得和能力有很强的关联，但是很少将工作看作是兴趣的满足方式。对于中国文化背景下关于职业兴趣能否对大学生的职业取向起到预测作用，研究结果并不一致。杨琴（2007）研究得出，大学毕业生职业取向与职业兴趣的符合情况差异显著，且不太理想。大学毕业生职业取向受职业兴趣、人格因素和性别、专业及家庭背景等因素的影响。姜英虹（2016）的研究得出，职业兴趣和职业效能感对学生的专业意向具有显著的预测作用；而且职业兴趣和职业效能感相较于人格对高中生专业意向的影响作用，更为突出。

3. 职业价值观

职业价值观是价值观的重要组成部分，是人们对职业活动带来的利益和社会判断取向，有人注重职业过程本质，有人注重职业活动的结果，有人注重职业活动的环境等。人们的职业价值观不同，所选择的职业也有差别。职业价值观是人生观中相对稳定的东西，它会在职业生涯中影响着人们的择业行为、工作动机、责任心以及对职业的忠诚度。

最早提出职业价值观概念的 Super（1950）认为，“职业价值观是个人所追求的与职业有关的目标，即个人的内在需求及在从事活动时所追求的工作特性和属性。” Ravlian 和 Meglino（1989）认为工作职业价值观是指“对各种工作行为方式，特别是社会所接受的偏爱程度”。职业价值观具有以下特征：（1）是一种内在驱力，使个体朝人生的目标迈进，引导行为的方向和动机；（2）是一种个人评价的标准，提供评估的依据，以调节工作与情感的关系，用来衡量什么重要、什么不重要；（3）目的在于个人需求的满足和需求的表现；（4）是一种信念，具有认知、情感和指导性。凌文轩等认为，职业观就是价值观在职业选择上的体现，也可称为择业观，它是人们对待职业的一种信念和态度，或是人们在职业生活中表现出来的一种价值取向。

从 20 世纪五六十年代以来，国内外学者对职业价值观测量维度划分取得了显著的成果，但对测量维度的划分众口不一，未达成一致。

**表1-2 国内外学者对职业价值观的维度及类型的划分**

| 学者及研究时间 | 职业价值观的维度及类型 |
|---|---|
| Ginzberg（1951） | 工作伙伴、工作活动、工作报酬 |
| Herzberg（1966） | 内在价值、外在价值 |
| Super（1970） | 利他主义、美的追求、创造发明、智力激发、独立自主、成就满足、声望地位、管理权力、经济报酬、安全稳定、工作环境、上司关系、同事关系、多样变化、生活方式 |
| Alderfer（1972） | 内在价值、社会价值、外在报酬 |
| Holland（1973） | 探索型、艺术型、社会型、习惯型、现实型、企业型 |
| Rokeach（1973） | 成就感、审美追求、挑战、健康、收入与财富、独立性、爱、家庭与人际关系、道德感、欢乐、权利、安全感、自我成长和社会交往 |
| Perron（1974） | 风气、冒险、自由、地位、舒适、安全 |
| Elizur等（1982） | 自由、成就、利他、地位、舒适、安全 |
| Elizur等（1984） | 情感、认知、工具 |
| Surkis（1992） | 内在价值、社会价值、威望价值、外在价值 |
| Ronen（1994） | 自我实现（个体的、人本的）、社会（集体的、人本的）、自尊（个体的、物质的）、安全（集体的、物质的） |
| 赵喜顺（1984） | 兴趣爱好型、社会利益型、声望舒适型、经济型 |
| 寸草（1988） | 表现型、贡献型、衣食型 |
| 宁维卫（1991） | 进取心、生活方式、工作安全、声望、经济价值 |
| 黄希庭等（1994） | 职业目标、实现职业价值观的手段、职业评价 |
| 郑伦仁（1996） | 进取心、自主性、工作安全、声望、经济价值 |
| 凌文辁（1999） | 发展因素、声望因素、保健因素 |
| 余嘉元（1999） | 按工作结果的形式分：内在、情感、工作信仰、外在；按与完成任务的关系分为：资源、报酬 |

续表

| 学者及研究时间 | 职业价值观的维度及类型 |
|---|---|
| 廖泉文（2000） | 独立经营型、自我实现型、志愿型、才能型、支配型、自尊型、自由型、家庭中心型、经济经营型 |
| 余华等（2000） | 内在职业价值、外在职业价值、外在职业报酬 |
| 于海波，张大均，张进辅（2001） | 愉悦、自我提高、人际关系、家族、贡献、威望、物质和环境 |
| 王垒等（2003） | 经济报酬与工作环境、个人成长与发展、组织文化与管理方式、社会地位与企业发展 |
| 金盛华、李雪（2005） | 目的性和工具性职业价值观 |
| 张再生（2007） | 利他主义、审美主义、智力刺激、成就动机、自主独立、社会地位、权利控制、经济报酬、社会交往、安全稳定、轻松舒适、人际关系和追求新意 |
| 冯春，胡安·冈萨雷斯·加西亚（2015） | 收入和福利、发挥个人才能、工作环境、独立性和自由度、社会需求量、个人素质适应性、稳定性、人际关系氛围、休闲时间、社会需求量、地理位置、社会地位和声望 |

Super（1970）、Meglino（1989）、Naylor（1980）等认为职业价值观是影响个体择业取向的主要因素。Locke 等人（1986）指出，个人的工作价值观会影响其努力程度与工作表现。Brenner 等人（1991）研究发现，当个人的工作价值观与组织无法匹配时，会产生工作不满意感，甚至可能离职。倪陈明等人（2000）认为，工作价值观中的工作行为评价和个人要求是影响工作满意度、离职倾向的主要因素；另外，工作价值观对工作投入有显著的预测作用。胡坚（2004）指出，自我成长、组织安全、经济取向以及总体工作价值观对教师任务绩效有显著的解释力。阴国恩等人（2000）的研究发现，收入、充分发挥能力以及职业中的自主程度是大学生择业时的主要标准。关于不同时代大学生的差异，凌文辁（1999）的研究表明，20 世纪 80 年代的大学生看重工作单位的级别、地位、知名度、规模大小以及是否容易成名成家等。到 90 年代的大学生更注重实利，同时将保健因素列为重要因素。21 世纪的大学生注重经济待遇和地域。关于不同文化程度大学生职业价值观的差异，很多学者研究发现大学文化比中学文化的员工更重视智力刺激、独立性、成就、创造性、利他主义、美感等内在

价值尺度，中学比大学文化程度的员工更重视监督关系、工作环境、经济报酬和安全性等外在价值，而本科比中学文化程度的员工更重视利他主义、美感、同事关系和生活方式，而在智力激发和监督关系上大学比大专文化程度的员工更加重视。

### （三）社会支持

社会支持被认为是职业发展的一个重要保护性因素，可以帮助个体有效地克服职业探索中的困难，获得探索成功（Lenet al，2002）。其研究发现，职业生涯发展过程中，社会支持网络能够有效地帮助个体获得更多的信息和帮助，克服劳动力市场上信息流动阻碍，从而获得理想的职业发展。Kriegler（1985）的研究表明，在大学生所能得到的社会支持来源中，来自家庭成员的支持是非常重要的。Hobfoll（1986）的研究发现，男性对社会支持的利用度往往低于女性。Burke（1987）发现，相比男性，女性更愿意寻求朋友及同伴的帮助，女性相比男性更愿意积极寻求他人的帮助。Karademas（2006）研究认为，在自我效能感和社会支持对幸福感的影响中，乐观起着部分的中介作用，日常的情感支持和自我效能感可以预测乐观主义。Butler 等人（2004）发现，积极的工作结果期待与对来自家庭及朋友的支持的利用呈正相关，而积极的家庭期待和高工作自我效能感又与对社会支持的利用呈正相关。Lent&Brown（2002，2003）所说社会支持，不是直接影响结果目标，而是通过自我效能感这个中介影响到最终的目标之一。Myers（2000）指出，社会支持是由向个体提供某种物质帮助及人际资源帮助的社会关系所组成的。Cohen（2001）认为，社会支持通过社交网络对个体提供心理支持和物质支持等，帮助个体有效地应对来自各个方面的压力。Cheung 和 Arnold（2010）在其研究中还发现：来自个体家庭、朋友等方面的社会支持影响着职业生涯探索水平，主要是对其环境探索维度与自我探索维度的影响，其中来自个体家庭方面的支持所带来的影响最显著。

丁锦红、王净（2005）的研究发现，大学生的社会支持不仅与焦虑水平有显著的负相关，且与人际关系、职业期望、学习压力等因素密切相关。王芳、许燕（2004）的研究认为，来自学生和学校领导的情感型社会支持对于教师职业枯竭有缓解作用。于靖（2005）发现，中学教师心理健康状况与教师职业压力、社会支持显著相关。王祯、时勘等人（2005）的研究指出，大学生的职业自我效能感受到家庭的职业引导、知觉到的社会支持的影响；如能提供足够的社会支持，则能提高大学生的职业自我效能感水平。任颉（2006）发现主观支持与择业取向之间存在显著相关，社会支持利用度通过职业自我效能感间接影响择业取向。刁艳红（2012）的研究表明，地方高校大学生的社会支持对除现实型之外的五种职业兴趣类型都有预测作用。王锐（2007）认为社会支持的高低对职业期望中声望地位因素和福利稳定因素有显著影响，即社会支持分别对职业兴趣和结果预期造成影响。杨晓玭（2015）认为社会支持不仅对择业取向产生直接影响，还通过职业结果预期和职业兴趣对职业选择意向产生间接影响。

## 二、影响职业取向的环境因素

### （一）家庭背景

家庭背景是一个含糊而且内涵宽泛的概念，包括父母的职业、经济收入、受教育水平、家庭所在地、家庭和睦度等，涵盖了物质环境和精神环境两个方面。家庭背景对大学生就业取向的影响发挥着其独有的优势。一方面家庭背景通过对子女受教育机会、受教育层次、受教育质量和受教育专业等方面的影响来间接影响子女未来的就业情况；另一方面，家庭背景也会对大学毕业生就业产生直接影响。肖莹等人（2011）认为有人利用职务之便及人际关系安排子女就业，这种影响将在子女就业方面长期存在。Carneiro）和 Heckman（1979）采用定量方法研究发现，长期内的家庭收入水平和家庭背景因素在影响子女的入学率方面起着更为重要的作用，如果父母的收入水平较高，子女就有机会获得较好的初等教育和中等教育；如果父母的受教育水平较高，就能够较好地对子女的学习提供帮助和引导，帮助子女形成端正的学习态度。进一步的研究还表明，家庭因素和环境因素在子女的能力培养以及对未来抱负的形成过程中起着决定性作用；而子女的能力以及抱负会影响其职业取向。

家庭环境的熏陶对求职者职业取向的形成具有十分明显的导向作用。职业心理的萌芽、发展直至鲜明化都渗透着家庭教育的印迹。家庭是社会成员职业社会化最原始、最初级的场所。家庭教育对大学生职业取向的作用表现在：一是言行的影响；二是帮助决策，父母亲友参与大学生的就业过程，或共同商量决策，或利用职权与“门路”帮助子女获得理想的职业；三是替代选择，那些平时对父母依赖惯了的大学生，在职业选择上往往乐于接受父母的选择安排。有的大学生甚至把“让父母满意”作为自己选择职业的主要标准。家庭对孩子职业的影响深刻甚至起决定性的作用，孩子在成长中了解最多的往往是父母的职业及其工作环境，父母的受教育程度、家庭结构、家庭经济条件、家庭的氛围等也是影响大学生作出职业取向的重要因素。家长的职业类别，是家庭“社会经济地位的重要指标之一”。

1. 家庭经济背景

较早在美国和加拿大开展的大量研究都表明，家庭的社会经济地位与个人的择业取向有正相关关系。Sewell（1957）、Haller（1974）对美国威斯康星州的调查研究表明，在控制性别和智力水平后，学生的家庭社会经济地位越高，他们的职业志愿水平和职业期望就越高。1966 年公布的科尔曼报告通过对美国 3000 多所学校、约 65 万学生和 7 万教师的相关数据分析，认为在诸多因素中学生的家庭社会经济状况（SES）对学生成长的影响最大。日本全国性的社会阶层与社会流动调查发现，父亲的职业和学历对个人的学习成绩和就业情况都有巨大影响，并得出“教育机会随出身阶层而异”的结论。美国学者 Sabrina（1999）研究了父母对学生的经济资助如何影响学生就业的问题，实证结果发现父母所给予的经济资助数量对学生参加工作产生一种反面的作用。曾一鸣（2010）认为家庭经济背景不同的大学生在就业标准、薪酬期望等方面有显著差异。家庭经济背景越好的大学生会更多考虑为社会作贡献，实现个人价值，对专业的对口性要求也高；而家庭经济背景差的大学生则会从自身出发更多考虑薪酬待遇，为社会贡献考虑较少。

2. 家庭文化背景

岳昌君（2003）的研究表明，父母学历高、职业层次高，更有利于子女的教育和就业。这种“代际传递效益”在中国非常明显，在全世界也普遍存在。Heckman 和 James（1986）的实证结果也表明父母的教育水平每提高一年，能使子女的收入增长 3% ~5% 。David 和 Robert（1993）利用巴西的调查数据，发现在工资决定方程中加入父母的教育水平因素，会使估计的私人教育收益率下降 1/4 到 1/3。他认为，这是由于发展中国家的代际流动性较低，家庭文化背景在决定个人收入方面起着重要作用。文东茅（2005）通过研究得出结论，家庭背景对大学生的就业率有重要影响。父母的职业状况不同，毕业生就业的落实率有很大差异。通过实证研究，认为父母的学历、职业、身份、收入等因素将决定家庭拥有的文化资源、社会资源、组织资源以及经济资源，这些资源通过影响学生的基础教育和高等教育阶段的学业，从而使家庭背景能间接或直接地影响子女最终的就业状况。曾一鸣（2010）认为家庭文化背景不同的大学生在就业标准、就业目的、薪酬期望、地域选择等方面有显著差异。家庭文化背景高的家庭其子女选择继续深造的比例较高，在职业选择方面更理性。由于受文化程度的限制，家庭文化背景较低的大学生更倾向于直接工作，就业途径单一。

3. 家庭社会背景

Carnoy 和 Levin（1985）发现父亲对儿童期望的阶层影响在很大程度上可归因于职业选择上的自我指导经验，通过父母工作经历，家庭把上一代所从事的职业中非常有用的价值观念传授给了子女，它便起到了促进阶层关系再生产的作用。Sunnett 和 Cobb（1972）证实，低地位的工人缺乏自信心和自豪感也遗传给了子女，促使他们希望得到一种比其父母从事的地位更高的职位。Smith（1990）研究发现收入相同家庭，来自父母教育程度较低家庭的孩子对获得大学学位后的期望收入高于来自高教育程度父母的家庭。这表明虽然下层子女职业取向总体处于较低水平，但怀抱较高取向和期望也促使其打破阶层壁垒，努力向上流动。中上阶层占统治地位的意识形态通过各种途径影响各阶层子女的职业取向水平，以此来维持阶层的不断再生产。但下层阶级并不是等待被意识形态灌输的空瓶子，他们也有自己的理想与抱负。

Linda Datcher（1982）认为利用父母的社会资源可能更直接地获得工作推荐或工作机会的信息。他用父母的教育水平、兄弟姐妹个数、家庭收入等指标来衡量家庭背景。英国学者 Albert 和 Wayne（1979）在研究中首先提出以父母所从事的职业、行业和拥有的学历为依据来判断的父母能力，将对子女就业产生重要的影响，并建立了相关的模型。曾一鸣（2010）认为家庭社会背景不同的大学生在就业标准、就业目的、专业对口、薪酬期望、职业定位等方面有显著差异。家庭社会资本拥有量高的大学生对以后职业的发展空间比较关注，就业取向更加合理。谢周亮（2010）认为与就业有关的信息和机会并不只是通过劳动力市场来流动和传递，相反的，它们更多的是通过人们的社会关系网络来传递的。家庭社会关系有助于解决劳动力市场中的信息不对称问题，促进信息流动，帮助个人获得就业的信息与机会。

### （二）职业地位与职业声望

职业地位是指不同的职业依据其本身的社会结构功能所占有的不同的客观社会位置，决定职业社会功能的社会地位资源，包括权力、财富、声誉、晋升机会和发展前景等，一般只向从事该职业的人开放。因此，不同的从业者会有不同的社会地位。职业声望是人们对某种职业社会地位高低的看法，是社会舆论对一种职业的评价；广义的职业评价，包括该职业的收入水平、晋升机会以及对社会的贡献（意义）等因素（张劲强，肖水源，2005）。不同的个体对同一种职业的评价肯定会有差异。但是，在同一社会文化价值观念和社会经济背景下，决定这一职业地位的主要因素（如权力的大小，教育程度的高低，收入的高低等）在一个社会中的衡量标准大致相同，且在职业声望的测量中，单个个体对总的社会评价影响是比较微弱的，因而在总体评价上，职业声望还是能够显示一个人的社会地位的。

职业地位及声望的理论渊源，可以追溯到孟子“劳心者治人，劳力者治于人”的名言。实际上，孟子的上述言论对当今大学生就业选择仍然具有显著的影响。马克思认为在每一阶级范围内对于这个阶级来说都是典型的职业。在一切私有制社会里，脑力劳动的职业基本上都为统治阶级所垄断，而被统治阶级只能从事最苦最累的体力劳动，而这种差别归根结底是由个人在社会生产关系中的位置决定的。德国社会学家马克斯·韦伯更是以名（威望——社会标准）、权（权力——政治标准）、利（财富——经济标准）的三维标准对社会层次结构进行了深入的分析，认为社会成员在社会评价体系中总的地位取决于名权利三个因素的综合。现代社会分层理论的开拓者戴维斯和穆尔（K Davis&W E Moore）用“位置系统”的概念说明社会阶层化现象的产生原因，认为社会是一个正在运转的体系，社会必须将其成员安排到各种位置上去，使每个安排到位置上的人都能发挥应尽的职能。我们不难看出，职业地位、职业声望对处于特定社会中的社会成员具有非常重要的意义。因为从事不同职业的社会成员，会因其职业地位和职业声望的不同，而有不同的威望、权力和财富，故社会成员谋求职业地位较高、职业声望较好的职业是个体获得心理满足并肯定自己社会价值的必然选择。但是，社会对职业要求有天然的不同，职业对社会成员能力、知识水平及所受教育程度就有千差万别的不同。

现代工业社会和信息社会中因职业专业化而导致的职业分层和职业分化程度加深，更是强化了职业地位和职业声望与大学生就业选择的联系。近年来关于职业地位和声望与大学生择业的研究表明，大学生择业行为和流动趋向与职业地位和声望的正相关关系不断增强（刘艾玉，1999）。大学生在力所能及的范围内，总是喜欢选择职业地位高或职业声望高的职业。一些大学生宁可待业在家、在社会上漂流或做考研、考公务员专业户，也不愿意屈就职业声望较低的职业。中国社会科学院青年研究室1998年的调查表明，大学生在择业时首先考虑的重要因素依次为：经济收入（53.7%）、出国深造（32%）。他们对职业的选择首先考虑的不是符合自己的专业，而感兴趣和关注的是职业的附属物诸如工资、住房、福利待遇等，表明部分大学生的价值取向由原来的社会价值型转向经济价值型。谷建锋（2001）的调查表明，73%的重点大学毕业学生概括自己的职业选择是所谓的“新三到”——到国外去、到沿海去、到最赚钱的地方去。许多大学生择业时不考虑国家和社会的利益及要求，不考虑自己专业教育资源的充分利用，以自我为中心，个人主义价值取向严重。43.9%的毕业生表示，如果单位“条件好、待遇高，适合自己发展”，他们可以放弃户口；33.1%的毕业生表示如果用人单位的条件适合，他们可以放弃所学专业。在当代社会市场化的影响下，大学毕业生就业选择不同程度地与社会期望产生了偏差。徐晓军（2002）的调查表明，大学毕业生在回答选择职业时考虑的主要因素是什么时，3.8%的学生是“国家和社会的需要”，12%的学生选择“尽量符合国家和社会的需要”；在回答“当你的选择与国家需要发生冲突时，你怎么办”时，50.9%的学生是“追求自我价值的实现”。何冬梅和李丹（2002）调查大学生择业第一目的的情况，“施展才华，实现自我价值”占43.7%，“满足个人物质文化需要”占35.4%，“为社会发展贡献力量”占11.6%，“发展自己兴趣爱好”占3.9%。这与对高职业地位、声望的追求有相当的契合程度。陈晓峰（2003）认为大学生择业观功利色彩日益浓厚，受物质利益影响严重；社会责任感淡薄。佐斌、温芳芳（2009）考察全国东部、中部及西部地区共10个省市大学生职业选择，发现大学生选择“企业家”“教师”等职业的人数要显著地高于选择“工人”“农民”等职业的人数，他们更倾向于选择社会声望高的职业。焦石（2013）发现民族高校大学生最期望从事党政机关及事业单位的稳定工作，期待的未来职业单位类型主要集中在考公务员和进国企、外企方面，不愿意从事民营企业工作；行业选择上倾向于金融、教育、文体和法律。

许欣欣（2005）对全国3183名城乡居民职业声望与择业取向的调查显示，上等声望职业（80分以上的职业共有22个）明显的标志：一是丰富的科学知识和专业技能，二是较高的政治权威，三是较多的经济收入。中等声望的职业（65分以上80分以下的职业共19个）的政治权威、知识技能，以及经济收入水平，相对于上一组职业来讲较低；其构成也比较多样化。低等声望的职业（65分以下的职业共10个）基本上以从事体力劳动的“蓝领”职业为主。我国被访者进行职业评价时最看重的三项标准依次为“收入”“知识、技能”和“对社会的贡献”，而“受人尊敬的程度”“权力”和“社会影响力”三项标准的中选率则相对较低。

在职业声望变迁中出现诸如经济金融类职业声望上升很快，职业所具有的资源控制能力成为人们评价的重要考虑因素等新现象。通过进一步分析发现，对于“丁字形”社会结构的中层，人们的评价是比较一致的；而对于“下层群体”的声望评价，人们表现出了很大的差异性，这显示出人们在对这些职业的声望评价时仍然具有冲突性。随着社会结构的变化，大学生在就业选择时更注重自身因素和自我的长期发展，采取一种“主观为自己，客观为别人”的态度具有深刻的社会原因和背景。大学生更期待通过在他们认为适合自己发展的职业领域内间接地实现对社会责任的承担。科林斯（Collins）、博尔（Ball）、沃特斯（Waters）等多位学者都认为，对个体职业选择的“策略”研究，要着重强调动机和目标，因此研究大学生如何选择毕业后的职业，以及深层次的动机和目的显得尤为重要。

## 参考文献

[1] 张小建. 职业指导的操作与实践［M］. 北京：中国劳动社会保障出版社，1999.

[2] 潘锖堂. 劳动与职业社会学［M］. 北京：红旗出版社，1991.

[3] 谢守成，郎东鹏. 大学生职业生涯发展与规划［M］. 武汉：华中师范大学出版社，2009.

[4] 吴国存. 企业职业管理和雇员发展 [M]. 北京: 经济管理出版社, 1999.

[5] 王丽娟, 李亚军, 许辰副. 大学生职业生涯规划与发展 [M]. 南京: 南京大学出版社, 2011.

[6] 博士学位获得者职业取向调查课题组编. 博士学位获得者职业取向调查报告 [M]. 北京: 中国科学技术出版社, 2009.

[7] Greenhaus, J. H., Callanan, G. A., Godshalk, V. M., 2003, Career Management, 北京: 清华大学出版社.

[8] 张迎春. 国际标准职业分类的更新及其对中国的启示 [J]. 中国行政管理, 2009 (1).

[9] 龙立荣, 方俐洛. 职业发展的整合理论述评 [J]. 心理科学, 2001 (4).

[10] 高山川, 孙时进. 社会认知职业理论: 研究进展及应用 [J]. 心理科学, 2005, 28 (5).

[11] 张劲强, 肖水源. 医生职业声望及影响因素 [J]. 中国行为医学科学, 2005, 14 (5).

[12] 谢周亮. 家庭背景、人力资本与个人收入差异 [J]. 财经科学, 2010 (5).

[13] 陈晓峰. 职业地位及声望与当代大学生就业选择 [J]. 甘肃教育学院学报 (社会科学版), 2003 (1).

[14] 肖莹, 余冲等人. 家庭背景对大学毕业生择业观的影响探析 [J]. 青年与社会, 2011 (10) 下.

[15] 王少瑾. 收入水平与教育获得——一个述评 [J]. 江淮论坛, 2008 (5).

[16] 卫晓飞. 硕士研究生学术职业取向与学习投入的关系研究 [D]. 西南大学, 2015.

[17] 赵海燕. 大学生就业取向影响因素分析 [D]. 东北师范大学, 2010.

[18] 王露茜. 留美博士的归国意向与职业取向 [D]. 东北师范大学, 2013.

[19] 姜英虬. 人格、职业兴趣和职业信心对高中生专业意向的影响研究

[D]. 上海师范大学，2016.

[20] 范氏兰香. 中越大学生职业价值观的跨文化比较 [D]. 河南大学，2008.

# 第二章　大学生职业取向的研究意义

## 第一节　为什么读大学

随着社会的发展，中国整体经济条件变好，读大学已经不再是一个遥远的梦想，越来越多的孩子可以享受到接受高等教育的待遇。但由于就业观念的差异以及经济环境的变化，竞争压力的变大，“读书无用论”也在很多地方死灰复燃。尤其是一些农村地区，本以为读书就是改变命运的，如今，有就业等方面的压力，感觉读了大学花费如此多，还不如出门打工赚钱来得快。这些消极的想法也极大地影响了一批家长和年轻人，致使一些孩子早早辍学，在外漂泊，最终继续回归老一辈的生活。读大学真的无用吗？这引发人们对“为什么读大学”的思考。

### 一、“读书无用论”死灰复燃

#### （一）捡垃圾都比读书强

2013 年 9 月 1 日，《成都商报》1 篇报道《女孩考上大学父亲不让上　称捡垃圾都比读书强》。

**这位父亲的观点一：读大学花 8 万，不读挣 8 万**

大学四年学费加生活费要 8 万，如果高中一毕业就打工，四年至少赚 8 万，一来一回就是 16 万。这 16 万可以首付买房子，或开店做生意都能赚钱。拿去读大学，毕业后也许找不到工作，或者找到工作每个月两三千元，又要四五年才赚回这16万。读大学是“肯定会失败的投资”。

**这位父亲的观点二：好多大学生找不到工作 我只读个小学也能挣钱**

我们是从农村进城的，没知识没文化，好多人是看不起我。但是我也看不起你们城里人，特别假。老是喜欢说有文化受人尊重，但是我觉得别人尊不尊重我并不重要。这就是书读得多的人的毛病，死要面子活受罪。我要别人尊重我干什么？包包里有钱就行了，何必那么虚伪呢？我要的是实实在在的东西。我和你们观点不一样。

读书少，不是差在赚钱的能力上，而是差在境界上。有学识的人，能够把苦日子过得精致。

### （二）村民对上大学失望

……

春节期间，记者给小学老师书勤叔拜年，他不无感叹地说：“咱村这么多大学生都毕业了，没见有人干出多大的成就，甚至还不如打工挣得钱多。村里人这几年对上大学失望了。”

农民的经济来源主要靠田地和打工，收入有限，供出一个大学生非常艰难。在豫东一带，谁家有大学生，谁家基本就是贫困户。村里一户人家供读一个大学生，曾穷到“吃凉面条不带放醋的，油就更不用说了”的地步。

苦心巴力供出一个大学生，理所当然地希望能有高回报。但是，高等教育大众化以后，农村出来的大学生大部分人并没有如乡亲们所期待的那样出人头地，而是在城市里找了一份普通的工作，无力反哺供应自己多年的家庭不说，买房结婚时甚至还需要年迈的父母再接济。相比之下，还不如一早就辍学出去打工的过得好。

另一条是生育观念上的冲突。农民是不生出儿子不罢休。农村出来的大学生在城市生活，不论男孩女孩只能要一个。生了男孩，家里基本无事；若是女孩，家里是死活不愿意。村里一位独子家庭的大学生生了女儿，老父亲放话：“村里一千多号人，不上大学的也没见饿死一个。你在城市里不敢生，就回家种地吧！反正得给我生个孙子。”

在农民眼中，钱没挣到，再不能生个男孩，上大学就是“人财两空”的赔本买卖。“咋算咋都不划算，你说说对上大学这事能不泄气吗？”书勤叔说着两手一摊。

……

（来源：刘怀丕《读书无用论死灰复燃　村民对上大学失望》，新华网 http：//edu. sina. com. cn/l/2013 - 02 - 18/1357225455. shtml）

### （三）全国弃高考考生约百万

#### 弃考人数或以每年接近 10 万人速度增加

中央教育科学研究院研究员储朝晖告诉记者，2010 年，他在对比各地高三学籍人数与高考报名人数之后测算出，全国大约有 80 万名学生弃考。近年，弃考人数以每年接近 10 万人的速度在增加，今年全国弃考学生大约在 100 万人。

21 世纪教育发展研究院副院长熊丙奇对这一说法表示支持。他说，如果算上中途弃考和考完之后不填志愿的学生，人数可能还得增加几十万。

#### 百万高考生弃考　留学成主要原因之一

记者调查发现，在北京、上海等大中城市，一些学生高中毕业之后选择出国留学，不再走高考的“独木桥”，客观上减少了高考报名人数。从事出国留学服务的启德教育集团美国教育中心总监涂攀告诉记者，由于高考成绩在留学时几乎没什么作用，大多数准备留学的学生都不参加高考。今年与启德教育签约留美的高中毕业生大约有 2200 人，比去年多了 300 人。

“高中毕业出国的学生每年都以超过 20% 的速度在增长。”涂攀说，“以前很多学生都是毕业之后才做决定，现在大多高一高二就开始准备，一毕业就出国了。”

#### 农村生弃考多为就业

“根据教育部门公布的数据，出国留学的高中毕业生不超过 20 万人；其他 80 多万名弃考学生大多选择了就业，还有一部分选择来年再考。”熊丙奇说，“这 80 多万名学生中，农村孩子占了绝大多数。”

#### 就业形势严峻成主因

教育界人士和专家认为，近年大学生就业形势严峻，让上大学的“里程碑”意义减弱，高考对改变命运不再具有决定性影响，是许多学生不愿意参加高考的主要原因。

此外，一些高校学费昂贵而就业效果不佳，也让一些有心上大学的农村学生打了退堂鼓。储朝晖说，一些“三本”和高职院校的学费动辄一两万元，农村学生考上了，家里也难以负担；就算咬牙上了大学，毕业了还是很难找到好工作，产出率太低。

（来源：陈灏、王橙澄、关桂峰，《百万学子为何放弃高考?》，新华网 http：//news. xinhuanet. com/edu/2013 –06/06/c_ 116057421. htm；新华社电，《全国弃高考考生约百万　农村生弃考多为就业》，http：//edu. sina. com. cn/gaokao/2013 –06 –07/0717382851. shtml）

### （四）砖瓦工月收入万元？大学生就业不敌农民工

……

“这两天听到：砖瓦工一个月 10000，木工一个月 8000，按摩师一个月 7000，住家保姆一个月 5000，一汽普通工人 27 个月年薪。而大学毕业生出来 2500，名校毕业五年案头工作者 4000，博士找不到工作。海归有工作经验要求月薪 5000 被拒，这真是知识改变命运呀！”近日，这条微博被广泛转载并引起热议。苦学多年的大学生工资待遇、职场受欢迎程度远远低于农民工，面临就业的大学生如何看待这一落差，记者采访了部分在校生及高校从业人员。

**现象：大学生给农民工当替补**

随着春节的临近，新一轮的“用工荒”显现。河北经贸大学的学生徐明对此深有感觉。性格开朗的徐明参加了几场兄弟院校的招聘会，“有几家酒店每个学校的招聘会上都能看到他们的影子”。在与负责招聘的工作人员攀谈后徐明发现，酒店对大学生们期望很低，“临近春节了，饭店里服务员要回家过年，饭店里生意火爆，人手紧张，就从大学生里招聘”。尤其令徐明难堪的是，学的旅游管理专业，在酒店招聘人员眼中依旧没有竞争力，“大学生稳定性差、吃苦耐劳精神也不足，单位还是比较欢迎农民工”。大学生正在成为农民工的补充和替代。

（来源：马利，王迪，《砖瓦工月收入万元？大学生就业不敌农民工》，2013 –01 –14 08：35：08 ，燕赵都市网 www. yzdsb. com. cn）

……

看到网上这些读书无用论的文章，什么捡垃圾都比读书强、村民对上大学失望、百万高考考生弃考、大学毕业生不及搬砖工、我后悔孩子考大学、大学毕业就等于失业等等，不得不让人揪心的是那些文章后面的评论。三分之二的网评，都在认同吐槽现在的教育和上学无用论。文章从社会公平、教育公平、毕业即失业、大学生不如农民工的角度，似乎是在解读那些孩子废弃读书或上大学的原因。

如果说因为社会乱象都是在拼爹拼妈拼关系，面对这些不公平而弃考，难道打工就不用拼了吗？如果说读大学就是为了找份挣钱多而少干活的工作，或顺理成章地享受一张报纸一壶茶的工作安逸，甚至一毕业就能比农民工挣得多，凭什么？为什么读书多的人一出校门就不能比那些读书少而在烈日下挥汗如雨的人挣得少？农民工冒着高温酷暑在太阳下工作，同样是劳动者的伟大。而那些没有实际技能，又逃避吃苦耐劳，总幻想坐在有空调的办公室和同事吹牛打屁。社会一定会把这些有学历缺思考力的大学生划归到他该去的地方。没真才实学的人不是教育不行，而是他做人不行。

一些人把孩子上大学跟找工作混为一谈，实质是金钱社会对人生与生命短视最现实的写照。多年来的变相夸大教育宣传，也变相扭曲了中国人的劳动价值观，让众多年轻人的生命认知和精神都出现了问题。80 后不愿意种田（普通工作的代称），90 后讨厌或不会种田，00 后都在畅想不种田也要挣大钱，甚至还有人信誓旦旦外挂不读大学也能把愿望实现。

让孩子读大学究竟是为了什么？难道只是为了找份清闲且挣钱多的工作吗？很多孩子从小就没有了劳动价值观，就剩下父母全家总动员，披星戴月、起早摸黑，一切都是为了孩子的成绩和分数奔波。真正的素质教育往往是在家庭教育中都预先釜底抽薪了。倘若我们的家长从一开始怀揣这种心态教育孩子，或一名大学生走出校门就是为了这个目的，那么，找工作被碰一鼻子灰，或碰得焦头烂额倒是顺理成章了。因为这种自我浮躁且慵懒的人，浑身上下除了高不成低不就，过河又怕水沾衣的好高骛远，以及抱怨谩骂的本领，还有实质生存的技能和本领吗？

现在满大街都是大学生，有太多连汉字都写不端正，连母语都没有学好，写出点东西牛头不对马嘴的。在大学校园里混张文凭的群体：上课做做样子，下课找个妹子；校外租间房子，晚上拍拍拖仔；礼拜下下馆子，考试抄抄卷子；全程混个日子，一毕业就生个孩子。这样高分低能的、眼高手低的、懒散贪玩的大学生比比皆是，这些人干什么能行？以为大学毕业就等丁成才？有文凭没水平，有学历没能力。有些人认为只会读书考出高分，将来就会成功，不等受聘单位问及自己能做些什么，一张口甚至满脑子都是月薪多少、年薪几万、一周休息几天……这样的大学生毕业即失业没有为什么，其家教与其受教育观已经冥冥之中注定了这样的结局。

## 二、明确读大学的目的

### （一）读大学的价值和意义

经过多年的努力学习，我们进入了大学阶段，这是人生的一个重要阶段，但初来乍到之时，难免会有些迷惘。我们在上大学之前，或许会读到或听到许多关于大学的信息，有褒有贬，意见不一。

近年来关于读大学的意义确实在社会上引起了广泛热议，大学生数量越来越多，毕业面临着找工作的难题，夸张一点说，毕业等于失业。但也有的人在大学里学得充实，过得开心，最后也可以凭借着自己的实力找到好工作。大学生活可以绚丽多彩，大学生活也可以无聊空洞。两者并不矛盾，这是因为在大学里，有的人确实过得很充实、很开心，深深留恋这块他们认为是一辈子都无法重复的净土。也有的人，从一踏进校园就很失望，觉得一切都跟自己想象的不一样。从此浑浑噩噩混日子，最终醒悟的时候才猛然发现，仿佛一夜之间，大学三四年已经过去，随之逝去的还有自己宝贵的青春。所以我们一定要知道大学的价值，抓住读大学的意义。

大学意义何在？大学对青少年的成长又有哪些帮助？我们可以从以下几个方面来理解。

1. 大学是个神奇的地方

——大学是探究未知世界的场所。具有好奇心的年轻人与致力于探究未知世界的教师结成共同体，大家志同道合，在满足好奇中推动人的发展和社会发展，这样的职能是其他社会机构无法替代的。

——大学是年轻人交往的地方。大学把四面八方、有着各种文化背景、生活体验与经历的学生汇集起来，让年轻人相互交往并且相互学习，为每一个学习者提供发现不同的交往伙伴的机会，这是一个人成长中极可宝贵的财富。

——大学是实现学生身份到工作身份转化的必要预备。大学在帮助学生形成工作所需要的专业能力的同时，帮助他们完成“工作准备”，形成个人就业的“配置能力”（个人在就业市场上发现机会、自我判断、抓住机会实现就业的能力）。大学对学生在心理、文化、人际交往、就业等方面的训练，正是为了这样的“配置能力”。这是推动学生转型为“职业人”的社会化过程。

——大学是帮助年轻人获得安身立命的专业能力的地方。高等教育往往决定多数人终生的专业方向和职业领域，它帮助学生形成专业化的劳动能力。在今天这样分工高度专业化的社会，专业教育具有关键作用。

2. 让我们学会独立，自我管理

大学如同高中一样，也是一所学校，但是是一所特殊的学校。它是高等教育的殿堂，也是寻求知识技能的场所。它注重培养学生们积极主动学习知识技能，研究学问，进而培养自己分析问题、解决问题的能力。在大学里，当然有教师的引导、授课，而且这一点是十分重要的。但就学生学习进步而言，却主要是靠自己，靠自己去探寻、去钻研、去拼搏。我国古谚云：“师傅领进门，修行在个人。”德国哲学家雅斯贝尔斯在谈及大学观念时，也明确地强调这一点。他说：“大学应始终贯穿这一思想观念，即大学生应是独立自主、把握自己命运的人。他们有选择地去听课，聆听不同的看法、事实和建议，为的是自己将来去检验和决定。真正的大学生能主动地替自己订下学习目标，善于开动脑筋，并且知道工作意味着什么……这是一种精神上的升华，每一个人都可以感受到自己被召唤成为最伟大的人。”由此观之，大学是一个全新的环境，步入这个环境的大学生，理当树立一个全新的意识：即独立自主，自己来规划自己的意识。自己管，体现在各个方面：身体保健、生活自理、社会来往……这是最基础的方面，更重要的是学业的研习。业有科别，术有专攻，每个学生都有自己的专业。在学好本专业的同时，还应涉猎一些课外知识，丰富自己的课余生活。大学会将青少年们从处处被人管的状态解放出来，让我们完全独立，自己管理自己，这是大学很重要的意义。

3. 帮助我们自我发展与完善

大学帮助学生“读书明理”，更帮助我们提升修养、品质、智慧，最重要的是个人的自我发展与完善。大学教育对于青少年形成人生观、世界观、价值观，发现和理解生命的意义有极大的作用，是人们的精神家园。儒家经典《大学》开篇说：“大学之道，在明明德，在亲民，在止于至善。”意思是受教育者能够开明自己的德性，实现道德的完善，最终在行为上达到至善的境界。大学能够促发我们从“小我”走向“大我”，看待世间万物有一定的历史感和世界观，有博爱的胸怀；能够从“外我”走向“内我”，更多地关注心灵境界的高低而非外在物质的多少；能够从“有限”去体悟“无限”，思考生命如何能够止于至善，如何用有涯的生命创造无涯的价值。在大学中只要我们认真地过完三四年，就肯定会有所收获。

在大学，最可贵的并不是多么现代化的设施，而是提供给学生学习的各种资源，譬如图书馆内不计其数的藏书，纷繁多样的实习机会，形式多样的讲座等等。这些对于我们自我的完善起着无可替代的作用，我们可以从中获得各种各样的知识，了解不同的人。也许其中的某一本书，某一次实习，某一次讲座就改变了你，对你的一生产生重要影响，成为你人生中的分水岭。而且大学的学习也并不要拘泥于专业的限制，尽可能多地去浏览各方面的知识。大学时代的我们正值年富力强之时，正是学习各种知识，建立完整的知识体系和正确的价值观的时候。如果仅仅注意于冰山一角，管中窥豹，很难拥有开阔的视野，这也往往会造成我们知识体系的薄弱和对事物的片面之见。正如有人曾说过：“大学就像一座矿产丰盈的宝藏，只可惜许多人只是浅尝辄止。”

4. 让我们拥有终身学习能力

读大学的意义还在于让我们拥有终生受用的终身学习能力。读大学倘若在于学习一门技术那自不必去读，所有一切课本上的知识也终究会淡化。爱因斯坦引用一个调皮蛋给教育的定义：“如果你忘记了在学校里学到的一切，那么所剩下的就是教育。”那个剩下的是什么呢？别的不知道，但我知道一定包含“终身学习能力”。大学给了我们学习的能力、思索的能力、研究的能力以及自我教育的能力，以此为桥梁而通往无限的时空。周国平说得好：“一切学习都是自学，一切教育都是自我教育。书本和课堂上的知识都是暂时的，自我教育的能力却是一笔终生财富。”读大学的意义并不仅在于知识，我们终究需要领悟历史、体悟生命、拓展自我的精神空间。生命需要成长，真正的精神世界的成长。因而我们终究需要探索些人生和世界的根本问题作为我们生命中的精神支柱。

现代大学将越来越难以提供人们曾经期待的那种“社会地位配置”作用，而“回归”教育机构的本质。所以，大学生要认真把握大学能提供什么和自己需要什么，在大学里努力提升综合素质和专业能力，给自己的未来加注尽可能多的“能源”。大学有她的根本性，那就是学术与思想、自由与创造。这些能让我们感受到人类的智慧、自由的价值、创造的幸福、生命的快乐……因而大学要侧重于培养我们“形而上”的能力，以求人生和世界的根本问题，而非鸡毛蒜皮的小聪明；但也要注重“形而下”的实践，大学教育离不开自然和社会。

5. 让我们学会享受生命

法国作家蒙田说得好：“世上最难学懂学透的学问就是如何享受生命，在我们所有缺点中最严重的就是轻视生命。”但是我们如何才能学会享受生命呢？这些人生的根本问题都似乎没有答案，但贵在于思考的过程，其意义也自然存在于此。但享受绝非纯粹的感官享乐，新闻娱乐可以，明星逸事也可以，网络游戏未尝不可，因为这是青春和成长。

6. 让我们担当道义

读大学让我们担当道义，坚守人类的核心价值观，构建我们生命中的科学信仰体系，通俗地说就是构建了人的信仰。信仰在我们一生中都起着至关重要的作用，既是我们生命的导航，更是我们生命的动力，信仰影响了我们生命的境界、品质和意义。作家陈行之有一句话：“聪明人聪明地匍匐在强力之下，思想者傻瓜似的站立在死亡的边缘，聪明人柔软的肌体上到处都在流淌着苟延残喘，思想者则在钢筋铁骨般坚硬的灵魂上深深地镌刻着尊严。”作为一个大学生我们要有思想家的精神和气质。自古人生和世界的根本问题都难以一句表达清晰，“读大学意义何在”也是如此。总之，大学仅是一个平台，为我们提供了所能提供的一切，以促进我们生命更好地成长。大学所能够给我们的绝非一张文凭或有形的一切，其价值和意义往往由我们的生命所呈现。生命的决定权，不在于大学也不在于老师，尽管他们能起很大的作用，决定权始终在我们自己手中。

大学三四年，相对于一个人的一生而言是极其短暂的，但它所起的作用也许是任何一个三四年都不能替代的。在这三四年中，我们最应该得到的并不是专业的知识，而是更具普遍意义的、影响一个人一生的一套完整的认知体系及随之而来的价值观和人生观。这才是每一个大学生应该从大学取得的东西，也是大学的价值和意义。

### （二）读大学的作用

1. 读大学的目的不是为了换来多少钱

教育的目的从来都不是直接产生经济效益，是为了让我们成为一个更加出色的人。这个出色包括我们的眼界、学识、品德、思想等方面。年轻的时候是无法发现这种差别的，等到30岁左右就慢慢可以体现出来。同样的生活条件下，有人可以把生活过得花儿一样，有人可能家庭都是支离破碎。最终取决的是一个人的心态，一个受过良好教育的人在这方面天生就存在优势。

读书无用论的原因是感觉读书出来找工作困难，没有好的就业机会，没法赚多的钱。然而回头看一下，当你初中或者高中毕业之后能够干什么。大批的人将青春浪费在工厂，在机器的轰鸣中度过人生最美好的几年。然后就娶妻生子，浑浑噩噩地一辈子生活。这样的生活又能够算做理想吗？读书本身就是个长期投资，当你读得足够多的时候，自然会让你的生活改变得更好。起码工作之初，你会有进入大企业的敲门砖，会有机会接触更好的工作。

可能各自的生活周边都有很多没怎么读书的人，然后感觉取得的成绩还不错。但是不要只是看表面工作，要知道人家所经历的、所做的努力。在有机会能够让自己变得更好的情况下，何不努力一把呢，在未来有机会的时候不用白白浪费。而且时代的变化也要求你必须具备良好的基础才能。互联网的发达已经将信息的传递变得更加简单快捷，没有足够的知识储备是很难应付当下的社会发展的。

虽然大部分人的经济条件已经足够好了，还是会有很多人因为经济原因导致无法读书。面对这种情况，一定要能够坚定自己的想法。目前国家大力发展学生助学贷款、贫困生补助以及各项奖学金，各高校也大量地提供方便帮助贫困学生完成学业。自助者天助。一定要有信心，努力才会有收获，不管什么都不会成为阻止你的条件。

2. 读书的影响很长远

从孩子上学读书的那一天起，能坐在教室里学习，是最值得每个人尊重的地方。一个孩子的受教育和学习，并非是我们家长和老师絮絮叨叨教授了他多少知识，而是教会了孩子如何去学习，如何领会举一反三的学习能力，如何独立思考、自我学习，以及自我拓展的生活能力、劳动能力和将来的生存能力。

进入大学更应该是升华人格、学会学习专业知识的方法、初步学会适应社会的地方，而不是混满学分、玩玩游戏，就能万事大吉被称之为高学历的人。大学的功能极其强大，关键看每个人把这个功能学会了多少。

随着社会日新月异的发展，不让自己储备充分，很难适应社会的发展进步，在未来的生活中可能会更加辛苦。不要因为一时想法的偏差导致一辈子的后悔。说读书无用论的基本都是没读书的人。实践才是检验真理的唯一标准，一定要有自己的独立人格和自我意识。希望每个有机会读书的年轻人都要努力去完成学业，相信明天会更好，所有的问题都可以解决。

### （三）读大学的任务

读大学的目的不是为了获得一纸文凭。在大学里，最重要的事情是打好基础，学习如何学习，培养独立思考学习、离开家庭独立的机会，练习与人相处的技巧，这也是人生一次专注学习的机会。“让大学对自己有用”是自己的责任。如果一个人感觉大学学得“没用”，很可能是因为自己没有把握自己需要的、并且主动去追求。

1. 学好基础课程

很多学生急迫地想学习“管理”，或其他社会地位高的职位知识。但是，大学不是“职业培训班”，而是一个能让自己能适应社会，做各种不同工作的平台。这个平台的基础就是基础课程。大学是一定要把一些基础知识——数学、英语，还有你的专业基础课程，如经济、财务、会计、编程、写作、化学、物理等学好。在科技发达的今天，学这些不变的基础才是最重要的。有些高深的技术，几年后就会改变。而且没有好的基础，也学不会高深的技术。况且在中国的大学里，基础课程教授水平还不错，但是高深的课程，却令很多教授无法胜任。

2. 培养学习的能力

专业知识固然重要，但是大学毕业生更重要的是思想的能力、学习新东西的能力。因为未来的世界会有很大的改变，所以熟悉旧知识不如有学习新知识的能力。

3. 找到你的兴趣

大学生活中，很多学生很容易就恢复过去被动的习惯。因此大学生必须尽快地明确自己的目标。“毕业”不是一个目标。远期的目标是人生目标，中期的目标是职业、出国、读研。近期的目标是要把英语学好，要去旁听自己有兴趣的课，要通过某些考试、要参加社团，要提升沟通或演讲的能力。这些目标因人而异，但是每个人都必须考虑自己的兴趣以及客观条件，明白和验证自己的兴趣和特长所在，并逐步地进行调整。

4. 练习与人相处的能力

第一次离开家门，会开始遇到很多人际间的矛盾，但是未来在社会里与人相处的能力会越来越重要。你必须培养与人相处的能力。培养的方法很多，打工、社团、交友都是方法。在学业上了正常轨道的前提下，可以慢慢去培养。我们不能与人和睦相处，问题很可能出在自己身上。在他人身上所见到的，往往是自己所反射出去的态度与情感的回应。就像照镜子一样，我们的表情、态度，可以由他人对我们的表情和态度上一览无遗。因此，在我们和他人的关系中，如果我们本身不友善，他人对我们也不会友善。如果我们不信任别人，他们也不会信任我们。如果我们敌视别人，那别人也会敌视我们。战争的爆发就是这么来的。

5. 找合适的老师做导师

尽量找年轻、动手做事的老师。如果要从事研究工作，那么就找从国外归来的老师；如果将来要参加工作，那么尽量找有过开公司经验的。

6. 打好扎实的基础，欲速则不达

很多同学问我该选择什么领域，或该学什么计算机语言。很多同学才读大二，就决定将来“要做管理”。如果此时，一方面是没有考虑自己的才华、兴趣，另一方面是太急迫了。大学最重要的是要把基础打好，学东西要按部就班，不可能一步登天。打基础是苦功夫，不愿吃苦却想成才是不可能的。

7. 掌握自学能力

在21世纪的今天，人才已是国际概念。你不能只因为在你的大学过关或成绩不错就自满。上MIT OCW（麻省理工学院开放式课程），去做做MIT的课程、功课、考题，如果能达到好的成绩，这时候你就可以自信地面向国际了。掌握自学能力很重要，因为中学和大学的一个分界线是大学里的很多东西需要自学，而且以后走上工作岗位以后很多东西也需要自学。如果在大学阶段没有学会自学，那么以后很容易就会落后。毕业之后，所有的学习都要靠自己，所以学习自学是大学期间重要的一环。

8. 事分轻重缓急

人生的每个阶段都有那个阶段最重要最急需完成的事情。比如，在大学阶段，学习文化课，掌握自学的能力和开阔视野是最重要的。文化专业课重要，因为成绩不好会影响毕业、深造或就业，也因为对于很多人来说专业知识和技能影响了他一生从事的职业，同时因为离开了学校以后再也没有机会这样系统的、专一的、不受任何干扰的学习机会。所以，该读书的时候好好读书，可以谈恋爱就谈吧，人生每个阶段都有我们的主要任务要及时去做。

9. 开阔视野

因为大学是开阔视野的最好的地方（有图书馆，各科的老师，五湖四海的同学）；更因为很多大学生还没有找准自己的职业兴趣所在，开阔视野有助于自己找到自己最感兴趣和最擅长的方面。

10. 融会贯通

任何一种能力和修养的培养都不是彼此孤立的。比如，有些专业课有实践项目，几个同学合作，既是上好专业课的一部分，也是培养合作精神的途径。

11. 以学业为主

大学应该以学业为主，不要浪费了在大学宝贵的三四年。这是你一生有最多独立学习时间的地方。以前跟着老师学，以后忙于工作、家庭，没更多的时间学。

12. 以目标为中心

应该经常想想自己的人生目标，还有需要培养什么样的能力。不要认为学什么专业你就一定要干那一行。比尔盖茨是学法律的，Sun 的 Scott McNealy 是学经济的，HP 的 Carly Fiorina 是学哲学和中古文学专业的。无论你想走哪一行，只要毕业后努力，都还是有机会的。

### （四）大学是人生的关键阶段

大学是人一生中最为关键的阶段。从入学的第一天起，就应当对大学三四年有一个正确的认识和规划。为了在学习中享受到最大的快乐，为了在毕业时找到自己最喜爱的工作，每一个刚进入大学校园的人都应当掌握七项学习：学习自修之道、基础知识、实践贯通、兴趣培养、积极主动、掌控时间、为人处世。只要做好了这七点，大学生临到毕业时的最大收获就绝不会是“对什么都没有的忍耐和适应”，而应当是“对什么都可以有的自信和渴望”。只要做好了这七点，你就能成为一个有潜力、有思想、有价值、有前途的快乐的毕业生。

1. 许多第一次的开始

大学是人生的关键阶段。这是因为，进入大学是你终于放下高考的重担，第一次开始追逐自己的理想、兴趣。这是你离开家庭生活，第一次独立参与团体和社会生活。这是你不再单纯地学习或背诵书本上的理论知识，第一次有机会在学习理论的同时亲身实践。这是你第一次不再由父母安排生活和学习中的一切，而是有足够的自由处置生活和学习中遇到的各类问题，支配所有属于自己的时间……

2. 最后一次有机会系统性地接受教育

大学是人生的关键阶段。这是因为，这是你一生中最后一次有机会系统性地接受教育，这是你最后一次能够全心建立你的知识基础。这可能是你最后一次可以将大段时间用于学习的人生阶段，也可能是最后一次可以拥有较高的可塑性、集中精力充实自我的成长历程。这也许是你最后一次能在相对宽容的，可以置身其中学习为人处世之道的理想环境。

大学是人生的关键阶段。在这个阶段里，所有大学生都应当认真把握每一个“第一次”，让它们成为未来人生道路的基石；在这个阶段里，所有大学生也要珍惜每一个“最后一次”，不要让自己在不远的将来追悔莫及。在大学三四年里，大家应该努力为自己编织生活梦想，明确奋斗方向，奠定事业基础。

大学三四年每个人都只有一次，大学三四年应这样度过……

【资料导读】

### 找寻我们非读大学不可的理由

24年前，我从乡下来到了这里，满怀憧憬，从此和湖南师范大学一生结缘。我是一个小村里走出的乡村少年，大学无疑给了人生最重要的平台与起点。大学给了我今日站在大学讲台上的信心和勇气，让我在学问人生路上一步步走来，直到今天。我在这里成长，在这里工作，对这片土地有着难以言说的情感。这么多年，在大学校园里行走，依然不敢轻易谈论大学。大学始终是我心中具有神圣意味的高地，我发自内心地敬畏它、爱它、仰视它。

今天，当我们兴高采烈地来到湖南师范大学，敢问各位，除了按部就班完成一份大学学业，获得一纸文凭，今后找个合适的工作之外，我们是否还有更高的非读大学不可的理由？那么，让我们一起去寻找一份走进大学的坚实理由。

每每从学院走过，常常会见到一位瘦削的中年男人推着一辆破旧的自行车，车上是身罹残疾的沈博建同学，心理学专业2011级本科生。因为肌无力，沈博建同学不能站立，不能行走。写字都很困难的他，用12年的毅力战胜了自己，当年以594分的考分走进了湖南师范大学心理系。他告诉我们走进大学的理由：大学并不足以改变身体存在的现实，但大学可以孕育健康的灵魂，锻造生命的尊严。

大学最早的学科是医学、神学、文学和法学。大学一开始就是呵护人的身心，提升人的精神，锻造人的灵魂，让我们身心更加健康，精神趋于卓越，灵魂走向高贵的场所。也许，我们每个人都是渺小的，但大学的经历将孕育我们自尊自信、不卑不亢的勇敢之心。人不可有傲气，但不可无傲骨。大学的目的正是养成我们的傲骨，也即陈寅恪所言“自由之思想，独立之精神”。为了自我人格的卓越，这正是我们来到大学的根本理由。

读大学就是识读大师。走进学院，幸运的时候，我们可以遇见一位意气风发的长者，这位年近八旬却依然可以站着讲课3小时无丝毫懈怠的“年轻老人”，就是我们的老校长张楚廷先生。张校长著有近百部著作，论文逾1000篇，全国各高校学术演讲300多场。他却过着简朴的生活，依然敏于思考、勤于写作，每天著述都在1000字以上。先生常自喻为关不上的水龙头，他的思想就像关不住的水龙头源源不断地流淌。想当初，先生原本可以选择出任政府高官，但他却选择了作为校园的思想者。他的身上体现了大师的风范，那就是独立思考，追求真理，永不懈怠。站在讲台上，他就是大学！大学之大就是为大师所开启的知识空间与人格理想。

在大学里，课堂当然是十分重要的，课堂上聆听与对话、探讨与辩论，这是知识生活的基本形式。但大学不止是课堂，更是“视野、志同道合的友谊和图书馆的书籍”。大学也要考试，大学也有分数，但真正的大学并非一张考卷、几个分数。低层级的记诵之学不足以名之大学。大学是一种生活方式，一种活法，大学乃是积极主动、创造性的文化生活。你们来这里，就是要学会过为文化所引领的积极的大学生活。大学作为生活方式，主要表现为三重生活：一是个人生活，主题词是青春，彰显青春的关键词是健康、友谊、爱情；二是学习生活，主题词是学问，追求学问的关键是知识、智慧与创造；三是社会生活，主题词是责任，扩展责任的关键词是视野、情怀与担当。

各位同学，从今天开始，我们彼此的命运将休戚相关，互相缠绕。你们每一位都是我们的孩子，我们将全心全意成为你们成长的见证者与陪伴者，而你们也将成为我们的骄傲，成为我们人生意义的源泉。

（来源：刘铁芳，《光明日报》，2016－08－17 02：10：07 。本文为作者在湖南师范大学2014级本科生、研究生开学典礼上的讲话，有删节。）

## 第二节　大学生职业取向研究的意义

### 一、大学生就业形势变化与职业取向

#### （一）大学生就业制度演变

1. 1949年至1985年“统包统分”制度阶段

1949年新中国成立以后，我国实行高度集中的计划经济体制，形成了由国家统一招生、统包学生所有费用以及统一分配工作的“统包统分”制度。中央提出“统一计划，兼筹并顾”的分配方针与“学用一致”的用人原则，形成了高度集中的计划分配体制：由中央政务院颁发总的分配方案，各部门提出配备计划，制订按学校、用人单位调配计划，由学校进行按名额调配，经学校所在地人事部门负责审批和组织派遣工作。1977年恢复高考以后的高校毕业生仍然沿用以前“计划分配”的就业办法。

2. 1985年至2000年新旧体制转轨阶段

1985年，为适应时代和社会发展的需要，中共中央对“统包统分”政策进行逐步改革，实行三种方法：（1）“供需见面”“双向选择”的办法；（2）“委托培养”的办法；（3）“自谋职业”的办法。1993年中央提出高校毕业生就业向市场经济体制下的“自主择业”制度转变，大学生就业制度不断改革和完善，

与之相应的大学生就业市场也不断走向规范。

3. 2000 年后“自主择业”就业制度阶段

2000 年以后，基本完成新旧体制转轨，实行国家促进就业、市场调节就业和劳动者自主择业的市场就业新机制，最终发展到现在的以“市场为导向、政府调控、学校推荐、学生与用人单位双向选择”的大学生就业制度。建立起以市场为导向、政府宏观调控遵循市场规律的就业制度，并按照毕业生就业的规律、特点来制定积极的就业政策。

## （二）大学生就业现状变化

1. 从大学毕业生数量规模上看

据教育部的统计数据显示，2017 届全国普通高校毕业生预计 795 万人，比 2016 年多出 30 万。从 2001 年开始，中国普通高校毕业生人数一路上升。2001 年，全国高校毕业生人数仅有 114 万，到 2016 年的 15 年间，毕业生人数增长了 651 万。还有每年 30 万以上的“海归”。

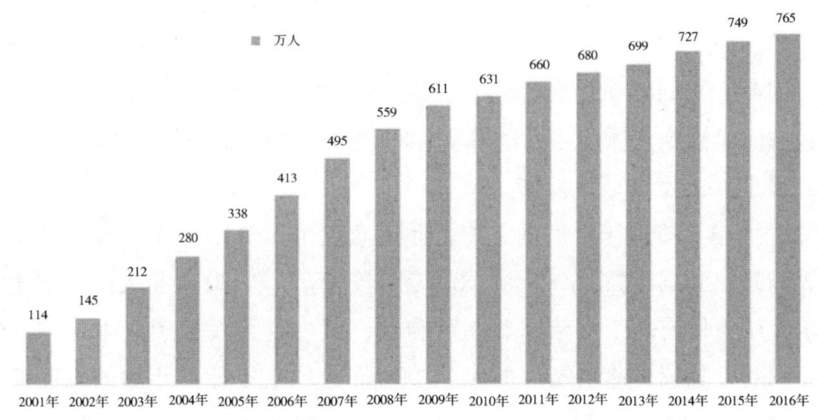


**图 2－1　2001—2016 年高校毕业生数量**

2. 从大学生的就业率看

自 1999 年开始，教育部每年都会面向社会公布高校毕业生就业率。根据教育部统计，高校扩招政策实施后的第一届毕业生即 2002 届毕业生就业率达

80%；2003 届本科毕业生就业率为 70%，高职专科毕业生就业率为 55%；2004 届本科院校学生就业率为 73%，高职专科学生就业率为 61%。2005 届全国普通高等学校毕业生就业率为 73%；2006 届为 70%；2007 届为 71%；2008 届为 65%；2009 届为 70%；2010 届为 72.2%；2011 届为 77.8%；2012 届 81.8%；2013 届 85.6%；2014 届达 87.96%。毕业半年后的就业率：2013 届的 91.4%；2014 届的 92.1%，2015 届为 91.7%；2016 届为 90.58%。高校扩招后高校毕业生初次就业率连续 14 年超过 70%。大学生自主创业比例从 2013 届的 2.3% 上升到 2015 届的 3.0%，2016 届为 2.93%。本科毕业生读研加上高职高专毕业生读本的比例从 2013 届的 8.0% 上升到 2015 届的 10.1%。

3. 从大学毕业生的就业质量来看

（1）工作薪酬方面。

麦可思研究院对 2009 年至 2015 年的数据进行研究发现，这七年大学本科毕业生工作半年后月收入分别为 2369 元、2815 元、3051 元、3366 元、3560 元、4042 元、4978 元。从 2011 年至 2015 年专科毕业生工作半年后月收入分别 2482 元、2731 元、2940 元、3200 元、3409 元。

总体来看，2003 年至 2014 年，我国 GDP 从 1.64 万亿美元（2003 年）增长到 9.24 万亿美元（2013 年），增长 4 倍多；高校毕业生起薪从 2003 年 1550.7 元/月到 2014 年的 2443 元/月，却只增长了约一半。许多大学毕业生仍然入不敷出，尤其在面对婚姻、住房、升学等实际问题时，约四成毕业生仍需“啃老”。

（2）就业满意度和职业期待。

2012 届大学生毕业半年后的总体就业满意度为 55%。其中，本科院校毕业生半年后的就业满意度为 58%，高职高专院校为 51%。2012 届大学毕业生，有 44% 的学生认为目前的工作与职业期待吻合，其中本科院校毕业生这一比例为 47%，高职高专院校毕业生仅为 40%。2009 届大学生毕业三年后的就业满意度为 36%（本科为 40%，高职高专为 33%），与 2008 届该指标（35%）基本持平。可见，大学生总体就业满意度和职业期待吻合度并不高。2014 届大学毕业生工作与职业期待的吻合度为 46%，2013 届为 43%。2015 届大学生毕业半年内曾离职群体的就业满意度（本科：58%，高职高专：55%）比半年内未离职群体（本科：64%，高职高专：65%）分别低 6 个百分点和 10 个百分点。超六成的 2016 届大学毕业生对当前就业满意，就业满意度为 61%，46% 的被调查毕业生当前工作与职业期待的吻合。

4. 从全国经济背景上看

根据最近5年典范企业人才招聘状况报告，2014年典范企业（212家）平均每家招聘683位大学应届毕业生，比2013年的606人增加了12.8%。实习生的使用也有较大增长，2014年的典范企业平均招聘642名实习生，2013年的数字是565人。

2015年典范企业（115家）计划招聘2016年高校应届毕业生近6.4万人，增长5%，相当于企业现有员工规模的2.7%；另招聘职业学校毕业生29268人。

2016年典范企业（100家）计划招聘2017届本科应届毕业生45577人，比2016年的招聘量减少7.3%。而作为吸纳毕业生最多的传统民营企业，在经历了2015年、2016年的倒闭潮后用人需求也锐减，预计2017年将迎来历年最难的就业季。近800万的大学毕业生进入社会，在就业层次提高方面确实存在难题。一部分大学生初次就业会出现心理预期与岗位结构不匹配的状况，如何为即将步入社会的大学生选择适合自身发展的工作岗位，才是就业难的关键。

### （三）大学生就业难与职业取向

从以上就业政策变化和大学生就业现状变化可以看出，大学生就业难主要指自1999年实行扩招政策以来，尤其进入到当前社会转型关键时期，由于我国社会基本矛盾即生产力与生产关系还不相适应，经济基础与上层建筑二者关系还不协调，劳动力市场上就业岗位不足以及结构性矛盾分别导致大学生就业难存在两个层面：一是大学生就业需求远高于提供的岗位数量，毕业生“无业可就”的“实难”；二是就业岗位待遇和大学生就业理想之间存在着各种差距，毕业生“有业难就”的“虚难”，形成就业难，招聘也难的境地。目前的主要表现有大学生总体就业规模庞大，就业竞争压力巨大。从全国范围观察，大学生整体就业率和就业质量不高，大批大学生面临巨大的就业压力和生存压力。

导致大学生就业形势严峻的原因很多，除经济发展状况、高校专业设置及学科结构、就业环境、就业体制、人事制度等客观因素外，大学生自身的职业取向也是导致就业难的重要原因。当代大学生更注重自我发展，追求实惠，功利性强，期望值较高，往往难以找到自己的位置，造成相当一部分毕业生的多次求职失败，而用人单位又找不到合适人才。他们不清楚自己到底适合哪个工作、胜任哪些工作，面对各种职业，更是难定自己该选择何种工作。因此，如何比较准确地掌握大学生的职业取向，根据不断变化的形势有效地寻求对策，引导大学生形成符合自身发展的职业取向，这些都是有待解决的重大课题。

## 二、大学生职业取向研究述评

### （一）对不同人群职业取向差异的调查与分析

职业取向的研究群体主要集中于在校大中专院校的学生群体，另外有极少数研究针对社会已就业群体。例如：谢笑珍（1997）对中学毕业生及大学新生职业取向调查；马爱林等（2002）对本科毕业群体就业取向方向及选择地的调查；赵延东等（2010）对博士毕业生职业取向的研究；林健、马士斌（2005）对五个省市区已就业人群职业取向的抽样调查。Astin（2001）、Bridges 等（2002）探讨了大学生职业观的性别差异、时代差异和个性差异等问题，揭示了大学生职业观变化的总趋势是越来越重视自我实现、个性自由和经济利益等目标。张日升、高木秀明（1991）对中日青年职业取向的比较研究显示，现代青年崇尚经济型、自我实现型和多彩型的职业观。朱庆喜、庄方琪（1995）归纳总结了大学生职业取向有集中、趋同、攀高和单纯追求稳定的特点。

近十多年来，随着大学生就业难问题的出现，国内关于职业取向的研究文献也急剧上升，得出大学生职业取向状况的概貌：①大学生的收入预期普遍偏高；②职业取向地区集中于京沪穗深等大城市及东南沿海省份；③希望进入政府机关、事业单位和大中型国有企业等单位的比例较高；④重点名校的学生与一般学院的学生收入预期存在较大差异。

### （二）对职业取向影响因素的研究

职业取向的产生必定会受到某些因素的影响，如个体因素、家庭因素、学校教育、社会环境等。国内外学者研究发现影响未进入劳动力市场的学生职业取向主要有三方面影响因素。

1. 个人因素

职业兴趣、人格因素已被研究证明是影响个体职业取向的重要因素。Holland，J. L（1973）认为个体选择职业受到动机、知识、爱好和自知力等因素的支配，最主要的是受其兴趣与人格的影响；并提出了职业兴趣的人格类型理论。Isaacs，J.，Borgen，F. H 和 Hansen，T. A 等（1997）指出大学生就业难的关键是人格与社会、与职业不适应。李平、金敏力和孟庆伟（2003）认为职业选择的影响因素有兴趣、能力、性格和职业价值观，并通过复杂的矩阵运算建立了这些影响因素之间的关系模型。戴梅竞、李娟等人（1993）认为精神卫生状况、神经类型和个性特征也是职业选择不可忽略的影响因素，并建议职业选择之前进行必要的神经类型和心理测定。龙立荣、彭平根和郑波（1996）认为影响职业选择的因素有许多，至少有三方面的因素是不能忽略的：一是社会学方面的因素，如就业机会、培训机会、社会职业价值观、父母的职业态度等；二是心理学方面的因素，如个人的兴趣、能力、人格等；三是生理学方面的因素，如个人的长相、力量、感官机能等。冯伯麟（1987）认为中学生人格、兴趣类型和职业类型之间存在着对应关系。林健、马士斌（2005）调查得出我国员工的个人兴趣与职业符合程度很低，反映出我国在人力资源管理方面的落后。Larson，L. M. 与 Borgen，F. H（1997）则采用实例描述的方法，提出了职业兴趣与个性的结合才能取得学业乃至事业的成功。

2. 社会因素

大量研究证明青年人的职业取向受到家庭背景、社会阶层地位的影响，家庭的社会经济地位与个人的择业取向呈正相关。众多研究者比较认同家庭环境、职业地位与声望等因素。赵志群（1995）指出职业选择与很多因素有关，包括个人情况、社会背景、受教育程度、居住地、社会机构、职业特点、劳动力市场与培训市场等因素。国外有 Galton（1874）、笛克·劳思（1910）、Scott 和 Church（2001）等人，国内有胡健华（1984）、杨万江等人（2001），都做过这方面的深入研究。

3. 人口学变量的影响

不少中外学者认为，职业取向受性别的影响。汪庆春和孟东方（2004）对大学生职业选择和职业评价的一个研究表明职业选择还受性别的影响，男大学生在职业选择上比女大学生更向往权利型、挑战型的职业，而女大学生则更加向往审美型和稳定型的职业。同时这种性别差异在职业评价上也有所体现。Bonita（2005）发现有色人种和女性在专业选择乃至将来的职业选择的影响因素方面不同于白种人和男性。Kuntlong 等人（1967）发现专业、年级对大学生职业取向的影响，并证实学生背景与职业取向之间存在相互作用的关系。

### （三）以往职业取向研究的不足

1. 从研究内容看

大部分研究内容局限于通过问卷调查大中专学生、已就业群体的职业取向的特点和差异，进而从理论上分析其差异存在的原因。与个性特征、职业兴趣、职业需求、职业声望、职业地位、社会家庭环境因素等个人、社会因素相结合的横向研究方向也在拓展，但一般只选取单一的影响因素进行研究，对各影响因素的交互深层研究还不深入。理论研究多，应用研究少，缺乏为大学毕业生提供实际可行的职业决策方式的参考。

2. 从研究群体看

以往许多对大学生群体的研究，高职学生这个庞大的大学生群体是排除在外的，所以，缺乏针对高职学生职业取向的研究，对高职学生职业教育的整体借鉴意义显然不够。而且不同时期大学生在社会经济转型阶段以及长期的就业压力下，在职业选择上趋于理性，面对现实。

3. 从研究方法看

以往研究主要集中于在理论上的总结和简单的问卷调查研究，部分研究对调查数据的处理比较简单，结论没有定论。

## 三、大学生职业取向的研究意义

随着市场经济的深入、教育体制和就业机制的变革以及大学毕业生的逐年增多，一些大学生在严峻的就业竞争面前，表现出回避、退缩和拒绝成长的倾向。大学生的就业问题不仅直接关系到学生个体的切身利益和长远发展，同时也关系到高校的前途命运，还关系到我国高等教育的改革发展和社会的和谐稳定。如何更好地解决大学生就业难问题，使大学生的价值得到充分发挥，最大限度地提高大学生在劳动力市场上的合理配置，已成为我国高等教育界甚至是全社会关注的焦点，更是高等院校生存和发展的关键问题。积极开展大学生职业取向影响因素研究，具有重要的理论和实践意义。

1. 职业取向问题关乎个人、组织乃至国家的未来持续竞争力

目前社会大学生群体职业取向的方向与人才市场、应聘单位需求的错位与不配套也是一种比较普遍的现象。大学生就业难问题预示着社会新生人力资源在供与需之间的矛盾，教育与经济发展有不和谐。我国目前就业形势严峻，但并不意味着不考虑个人取向而随意就业。如果仅仅将职业作为谋生的手段而不是达到自我实现的途径，不仅会给个人带来困扰，造成国家资源浪费，还会阻碍个人发展和社会进步。

2. 大学生的职业取向问题事关个体的职业发展

大学生中“先就业、再择业、后失业、频繁跳槽、敬业度低、盲目考证考研热”等种种现象的出现，凸显了研究大学生的职业取向的必要性与紧迫性。每一个人对职业的选择都受其职业取向的直接支配，职业取向的研究有利于帮助学生明确自己的主观取向，清楚自己的职业追求，有效地开展职业选择，为大学生职业生涯规划提供指导；有利于大学生把精力集中到发展自身的能力，提高自身的素质上来；也有利于消除他们的懒惰思想，纠正他们的思想认识偏差，形成一种积极上进、奋发进取的精神状态，提高大学生应对竞争的能力，最大限度地激发大学生的工作潜能。

3. 大学生的职业取向问题事关高校的生存发展

就业率的高低既是高校办学水平的客观尺度，也是关系到学校的社会认可度和学校生存发展的关键因素，大学生的就业对于高校的生源、专业确定等方面起着至关重要的作用。关注大学生职业取向影响因素的研究，为学校和政府有关部门全面、真实地了解大学生职业取向的现状特点提供实证参考。有助于教育者了解学生的需求，掌握学生的思想动态，提供各类信息，做好前瞻性的指导工作；改变落后的教育模式和教学方法，在传授学生科学知识的同时，也要教会他们步入社会的技能，更要培养他们健康的心理和应对竞争的能力。

4. 丰富职业心理学理论

深入研究高职学生职业取向，借鉴前人的研究成果，全方位探索大学生职业取向的影响因素，拓展大学生择业行为研究的深度和广度，不仅为高职院校的职业指导提供一定的理论依据和实践指导，还对大学生群体的就业择业起借鉴作用，丰富人力资源管理与开发的内容，进一步丰富和发展职业心理学理论。

## 四、大学生职业取向问题的研究设计

### （一）研究目标

借鉴前人的相关理论方法和研究成果，通过对湖南部分高校学生职业取向的调查，了解大学生职业取向的特点，从社会因素（学校老师、家庭人员、社会舆论、同辈群体）和个人因素（人格特征、社会支持等）探讨影响大学生职业取向的主要因素，用科学发展观审视当代大学生职业取向的变化趋势与形成原因，以期为解决大学生就业困境提供一些意见和建议，有效指导大学生的职业生涯规划和职业选择。

### （二）研究内容

1. 大学生职业取向的特点探析

全面考察大学生职业取向在一般人口统计学变量（如性别、专业类型、家庭来源、父母文化、家庭收入等）上的差异表现。

2. 大学生职业取向影响因素研究

探讨影响大学毕业生职业取向的主要个人因素，分析大学生个体的人格特征和社会支持系统与职业取向的关系，为大学生职业选择提供数据支撑。探讨影响大学毕业生职业取向的主要社会因素，分析社会因素对大学生职业取向影响的轻重主次，为大学生的职业选择提供参考，为高等学校、政府部门、人才市场等有关机构对大学毕业生就业的指导提供重要的实证依据，使指导工作有的放矢。针对大学生职业取向与实际就业之间的偏差进行合理引导，并就此提出科学合理化的建议，有效指导大学生的职业生涯规划和职业选择。

3. 大学生职业生涯规划

根据大学生职业生涯规划中存在的问题，有效地指导学生开展职业生涯规划。

4. 大学生职业发展与基本素养培养

为了大学生未来的职业发展，全面培养大学生的职业素养、身心素养、人文素养和创造力等基本素养。

### （三）研究方法

1. 研究方法

主要采用问卷调查法、心理测量法，结合文献研究法、比较研究法、访谈法和试点推广法。采用分层整群抽样法选取被试，实施团体测试，全部调查数据使用统计软件 SPSS17.0 进行计算，统计方法主要有一般描述性统计、相关分析、多元回归分析等。运用试点推广法将研究成果在本校等高校进行试点推广，不断完善研究成果，使之更具有可操作性和推广价值。

2. 研究线路

（1）采用职业取向标准问卷测评大学生职业取向，帮助大学生个体了解自己的职业兴趣和职业倾向，以便及早为自己的职业生涯做好准备。

（2）选择大五人格问卷、领悟社会支持量表，分别对大学生予以测试。帮助大学生了解自身的人格特征和社会支持系统状况，以便学生完善自身人格，建立自己的社会支持系统。

（3）对大学生职业取向与人格特征、社会支持做相关分析，探讨三者之间的关系。为指导大学生达到“人职最佳匹配”制定出最适合自己的职业决策。

（4）探析父母亲人、学校老师、社会舆论、同学群体等社会因素对大学生职业取向的影响，并分析这些影响因素的轻重主次，据此提出相应的建议。

（5）根据大学生职业生涯规划中存在的问题，从自我认知、环节认知、职业生涯定位与规划、职业生涯规划的评估与调整四个环节指导学生的职业生涯规划。

（6）通过测试和自查，了解自己的基本素养情况，注意培养自己的职业素养、身心素养、人文素养和创造力。

## 参考文献

［1］Bonita A. Daly，Color and gender based differences in the sources of influence attributed to the choice of college major［J］，Critical PersPectives on Accounting，2005. 16：27 -45.

［2］DovElizur，AbrahamSagie. Facets of Personal Values：A Structural Analysis of Life and Work Values [J]. Applied Psychology. 2007 (1) .

[3] MariaRos, Shalom H. Schwartz, ShoshanaSurkiss. Basic Individual Values, Work Values, and the Meaning of Work [J]. Applied Psychology. 2007 (1) .

[4] 尤青，蔡江东. 高校毕业生职业价值取向变化与跳槽关系分析 [J]. 出国与就业（就业版），2011 (18) .

[5] 陈静，李卫东. 大学生职业价值观、自我效能感和就业能力的关系研究 [J]. 高教探索，2011 (5) .

[6] 曾嘉，国际金融危机背景下广东高校毕业生职业取向分析 [J]. 现代经济信息，2012 (5) .

[7] 杨琴. 大学毕业生职业取向与职业兴趣、人格的关系研究 [D]. 中南大学，2007.

[8] 阎琳. 当代大学生职业价值取向与发展趋势研究 [D]. 天津商业大学，2013.

[9] 石博文. 当代大学生就业难的哲学考量 [D]. 内蒙古师范大学，2015.

[10] 刘艾玉. 劳动社会学教程 [M]. 北京：北京大学出版社. 1999.

[11] 李开复. 大学的目的到底是什么 [OL]. http://blog.sina.com.cn/s/blog_475b3d560100023r.html.

## 网站文章推荐

[1] www.sohu.com/a/116915020_372421 上大学有什么用？这是最好的答案！

[2] http://www.sohu.com/a/120490669_546359 读书和不读书，过的是不一样的人生！

# 第三章　大学生职业取向的现状分析

## 第一节　高职学生职业取向现状的调查

近年来，高校毕业生就业规模不断扩大，来自教育部、人力资源和社会保障部等公布的数据显示，从 2005 年至 2014 年，10 年间全国普通高校毕业生从 338 万人增长至 727 万人，总数翻了一番还要多。大学生就业问题已经成为大学生、家长、社会共同关注的焦点，更成为高校生存发展的关键问题。目前大学生的就业形势不容乐观，但这并不意味着大学生不考虑自身的职业取向而随意就业。如果仅仅将职业作为谋生的手段而不是达到自我实现的途径，不仅会给个体带来心理困扰，造成资源浪费，还会阻碍个体发展和社会进步。职业取向是社会成员对从事某种职业的倾向性态度和观念，它最终决定了个体的职业选择行为，既是人们职业理想的直接体现，也是人生观、价值观的最直观表达。个体的职业取向与所从事的职业类型相匹配，可以促进个体的潜能发挥，激发个体的探索和创造欲望，增强个体的职业适应性和稳定性。近几年来，高等职业教育规模快速增长，社会认同度明显提高，高职学生在劳动力就业市场日益受到追捧，但高职学生初次就业后频繁跳槽已经是一个比较突出的问题。如何比较准确地了解高职学生在职业选择上的倾向，可以对症下药地寻求对策，帮助他们更全面地认知自我，了解职业市场和劳动力市场情况，从而做出有利于自身未来发展的职业选择，提高社会对人才资源的利用效率，已然是重要研究课题。

## 一、调查对象与方法

通过对高等职业院校学生进行个别访谈，收集到有关高职学生择业的第一手资料，再结合查阅大量高职院校毕业指导工作的资料和有关高校毕业生择业心理的调查，自编了高职院校学生职业取向问卷。该问卷涉及学生对自身专业的认知、未来职业倾向、择业影响因素等。采取分层随机抽样调查，在湖南省高职院校里选取 800 名高职学生进行施测，获得有效问卷 760 份，有效率达 95%。其中：男生 460 人，女生 300 人；文科生 400 人，理科生 360 人；大一学生 171 人，大二学生 225 人，大三学生 364 人；农村学生 548 人，城镇学生 212 人。采用 Excel2003 进行数据的整理和统计分析。

## 二、高职学生职业取向的调查结果与分析

### （一）高职学生对所学专业的满意度及对专业就业前景的了解

在被调查的高职学生中，对自己所学专业的满意程度比较高，满意和非常满意自己专业的学生达到了 82.10%。这可能与高职院校可以自行调整专业有关，不像本科院校学生调换专业难度大。也有 12.63% 的学生说不清楚自己对专业的看法，谈不上喜欢或不喜欢；有 5.26% 的学生不满意自己的专业。这些学生可能是在学习的过程中改变了起初的看法。个别学生是拗不过家长的坚持，毕竟学费、生活费要家长拿出来。有个学生大二了，她喜欢的是园林设计专业，可家长硬要她学了英语将来当个老师，同学们忙着考教师证时她没有报考，自己暗地里在自学喜欢的专业。有 61.58% 的学生对自己专业毕业后的发展方向有些了解，不太了解的学生也不少，占到了 25.26%；非常了解自己专业发展方向的只有 8.95%，毫无了解也有 4.21%，具体情况详见表 1。大三学生临近毕业开始找工作，更能了解自己所学专业就业的实际情况和发展方向；一、二年级学生对专业就业的信息更多的来源于系部老师的专业介绍与分析。这从一个侧面反映出高职学生对于所学专业的一知半解，对于社会需求的不了解，盲目性比较突出。

**表 3－1 高职学生对所学专业的满意度及对专业就业前景的了解**

| 选项名称 | 对所学专业的满意度 | | | | 对专业就业前景的了解程度 | | | |
|---|---|---|---|---|---|---|---|---|
| 项 目 | 非常满意 | 满意 | 说不清楚 | 不满意 | 非常了解 | 有些了解 | 不太了解 | 毫无了解 |
| 百分比（%） | 9.47 | 72.63 | 12.63 | 5.26 | 8.95 | 61.58 | 25.26 | 4.21 |

## （二）毕业后的打算

高职学生中选择继续深造的学生很少，只有 5.79%。大概有 1/4 的学生在读专科的同时就选择了短线自学考试。有 57.37% 的高职学生会选择先就业后择业，这也许就是高职院校学生就业率高的一个原因。16.84% 的学生想先择业再就业。毕业后选择自主创业的学生也少，只有 7.50%。创业毕竟不是一件容易的事情，资金和工作经验积累有待时日，能不能当老板还需要实践检验。还有 11.97% 的人还没想过这个问题，这大概是大一的学生，才进入大学就做毕业后的打算，似乎为时过早。具体情况详见图 1。

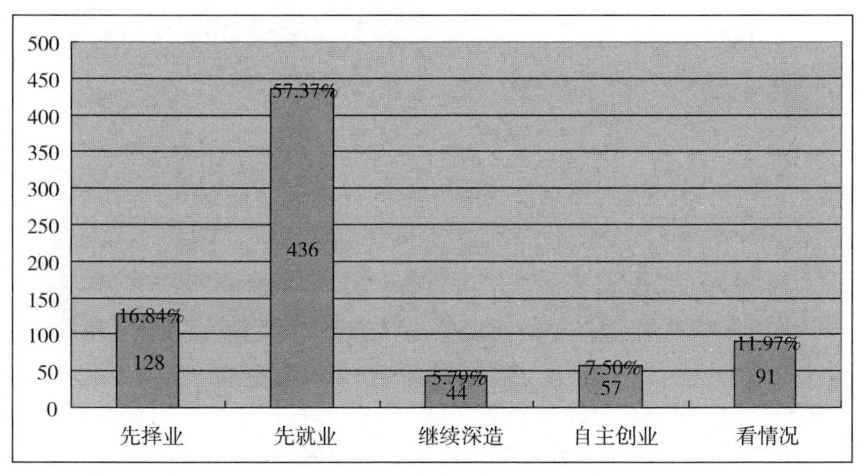


**图 3－1 毕业后的打算**

## （三）对未来职业的期望

毕竟学习了二年专业技术，对自己的专业有一定的了解，78.95% 的高职学生会优先考虑自己所学专业。这完全可以理解，做自己完全陌生的工作心里没底，信心不足，压力过大。只有 19.47 的学生认为只要找到工作就行。完全拘泥于本专业工作的是极少数学生。毕竟毕业后就该独立生活了，生存问题是首位的。大学毕业了，找没找到工作是广大学生和家长最关心的问题，也是高职院校关注的重点问题。各个高校的就业率关系着学院的招生，招生维系着高职院校的生存与发展。

在高职学生最理想的职业中，43.16% 的学生最想成为管理人员，其次是私营业主和专技人员，都在 20% 左右；想做行政和销售的都不多，分别只有 9.34% 和 5.66%，具体情况详见图2。在当今社会，企业发展需要大量的一线的专技人员、销售人员，高职院校的特色就是要培养应用型技术人才，这与本科教育是有一定区别的。而调查结果令人担忧，高职学生热衷于成为管理人员、当老板，这都反映了职业院校的学生对自身培养目标的认知模糊不清，对社会用人需求缺乏全面、正确的了解。同时，该项调查也反映了高职学生追求较高地位的工作职位，渴望成为复合型人才的愿望。

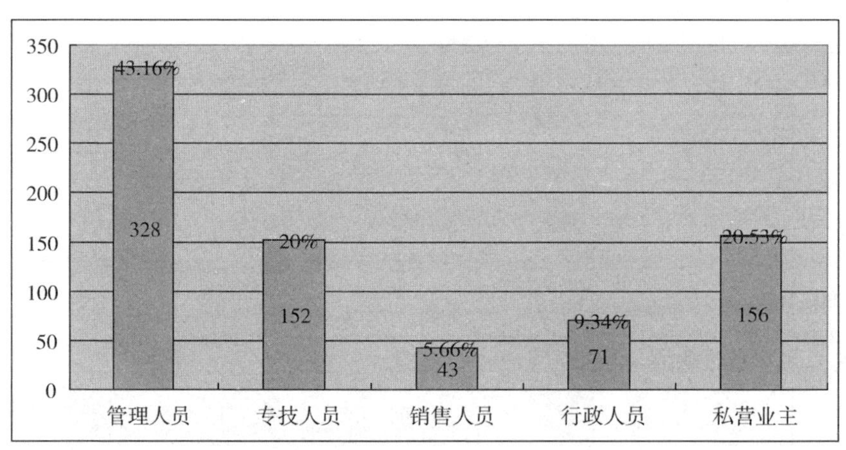


**图 3－2　未来职业的期望**

### （四）希望就职的单位类型

在高职学生的职业理想中，选择去国有企业、机关事业单位的分别占 50%、25.79%，愿意去私企和乡镇企业的分别只有 10.53%、2.11%，具体情况详见

图3。这说明超七成多的高职学生还是向往稳定、有保障的工作。在人们传统的观念中，体制外相当于给人家打工，属于自由职业，跟农民工差不多；体制内才是有保障的。有些大学生甚至愿意去扫大街、做环卫工，也不愿给人家打工。高职学生的愿望也不例外，当然能不能实现还是另外一回事。其实私营企业需要大量人才，但因为内部管理不规范，政府监管不到位，一些私营企业不跟劳动者签订劳动合同，劳动者的各项权益难以得到保证，所以大家一致认为进入体制内才是真正有了保障。显然大家也清楚，进入体制内，是难以够到的天花板。

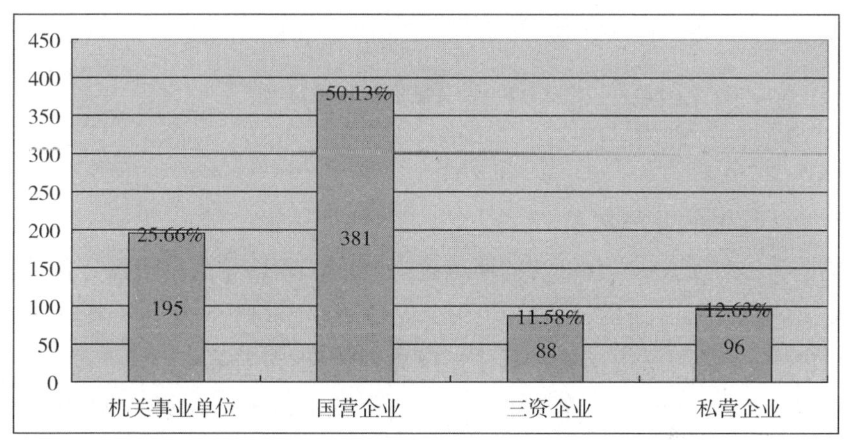


**图3－3　希望就职的单位类型**

## （五）希望就业的地域类型

沿海大城市仍然是广大高职学生就业地域的首选，其次是内地大城市、东部中部小城市，最后才是急需人才的边远地区和西部中小城市，具体情况详见图4。改革发展20多年来，区域经济和城乡社会发展的差距使得很多大学生在选择工作地点时，首先考虑的还是大城市而不是小城镇、农村，首先考虑东部沿海地区而不是中、西部地区。在大中城市生活，不仅收入比较高，而且各种信息资源丰富，公共服务设施齐备，社会保障水平较高，选择职业的机会也比较多，职业发展的空间较大；在小城镇和农村生活，不仅收入不高，而且获取信息资源的渠道较窄，公共服务不到位，社会保障水平较低，就业机会也不多，职业发展的空间相对有限。

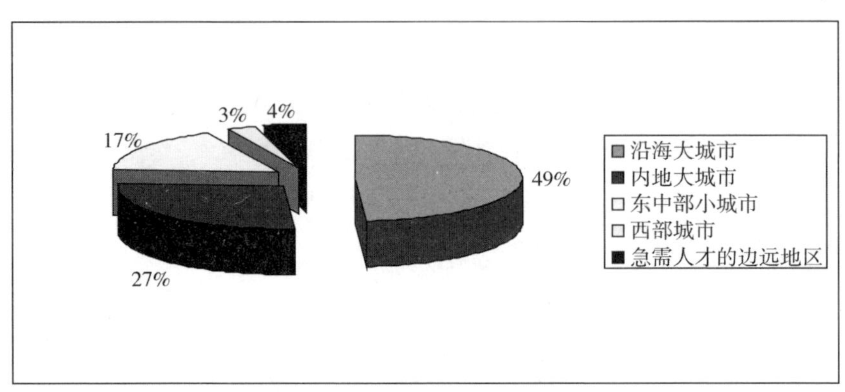


图 3－4　希望就职的地域类型

## （六）希望的薪酬水平

高职学生对第一份工作薪酬的期望较高，68. 13% 的学生期望在 2000 元以上，能接受 2000 元以下工资的学生有 17. 37%，13. 16% 的学生对工资无特别期望，高职学生中没人愿意接受零工资，具体情况详见图 5。近日赶集网发布的 90 后毕业生饭碗报告显示，2014 年应届毕业生平均起薪每月 2443 元。今年 727 万大学生毕业，如此严峻的就业形势，不能不让 90 后毕业生不断调整薪酬预期。

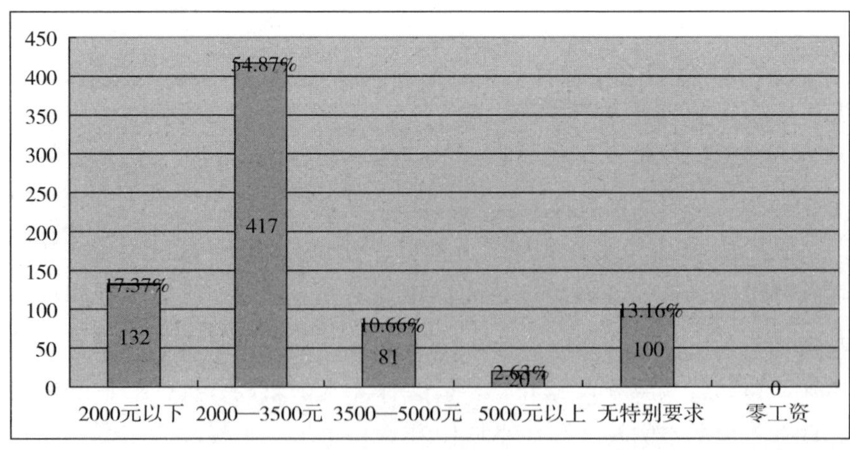


图 3－5　希望的薪酬水平

## 三、大学生职业取向调查结论及建议

### （一）高职学生对所学专业的满意度达到80%以上，但对专业前景的了解程度还有待提高

高职院校应利用专业调整相对自由的优势，全面客观地宣传介绍学院及所开设的专业，让学生全面了解专业及其就业前景，自主选择专业，提高学生对专业的满意度和学习兴趣，克服专业选择的盲目性。更要杜绝个别领导为了壮大自己系部，保障自己部门老师的工作而强拉生源，或完全拒绝学生转系要求的做法。高职院校要从大局着眼，全院一盘棋，统筹兼顾，在学科和专业设置上应当更加贴近社会的需求。适应社会对专业技术人才的需求，在教学上加大对专业技能的培训，鼓励学生积极参与社会实践。走校企合作的道路，让高职学生有更多机会接触企业实际，了解企业工作流程，了解社会需求。高职学生在进行专业理论与技能学习的同时也应随时调整知识结构，锻炼学生职业要求的能力，提高学生职业素养，避免学习和就业的盲目性。

### （二）高职学生应树立正确的择业观

目前社会需求量最高的往往是企业生产一线岗位，需要大量拥有一技之长的蓝领，而大部分高职学生都崇尚高大上的管理工作，形成了这种畸形的供需错位。高职院校要帮助学生客观地认识和评价自己，树立积极的择业心态，引导学生正确评估自己和就业市场，正确认识社会需求与自我实现的关系，审时度势，及时调整好择业的心理状态，纠正定位偏差，以健康的心态面对就业形势，做到人尽其才、才尽其用，对个人和社会负责。作为职业院校，更要反思自身办学方向和培养目标的问题，改变人才培养机制，调整教育教学的结构。再不要拿几十年前计划经济时代培养的毕业生典型做榜样宣传了。一些高校喜欢宣传自己学校的毕业生当了大官或大老板，容易误导学生的职业取向。何况有人当大官也是几十年从基层干起熬过来的，高职院校更多的是培养应用型技术人员，普通劳动者。所以，高职院校的宣传教育中要注重对学生的就业价值观的教育，培养对社会有益的、能自食其力的普通劳动者就实现了高职院校的培养目标。

### （三）高职学生对现实社会缺乏全面、深入的了解，个人的职业期望值偏高，有脱离社会实际之嫌

通过调查发现，高职学生对现实社会缺乏全面、深入的了解，个人的职业期望值偏高，想成为管理人员、当老板，想进国有企业、机关事业单位，想去大中城市，这些想法虽然没有什么不妥，但有脱离社会实际之嫌。高职院校应当帮助学生确立积极正确的职业价值取向，要求学生把个人的意愿和社会的需要紧密结合起来，在追求个人价值的同时也考虑社会价值的体现，培养学生脚踏实地的艰苦创业精神，寻求理想和现实的结合点。学校要通过有效途径帮助学生了解社会：一是定期组织学生到公共职业介绍机构和人才市场参观考察，现场了解劳动力市场的实际供需状况和求职技能，帮助高职学生建立正确的符合社会实际情况的职业价值标准；二是从大一开始，分期分批地开展职业指导的专场讲座，宣传国家有关毕业生就业的方针政策，分析就业市场的具体情况，让学生尽早了解有关就业方面的信息，早做准备，促使学生理性地审视自己面临的机遇和挑战，找到适合于自己的职业岗位。

## 参考文献

[1] 张小建等．职业指导的操作与实践［M］．北京：中国劳动社会保障出版社，1999.

[2] 李荣华．大学生择业观理论探讨［J］．中国青年研究，2005（6）．

[3] 庄方琪．学生职业取向及主要成因［J］．统计教育，2006（12）．

[4] 肖凤翔，陈潇．我国高等职业教育的价值取向及其重构路径［J］．职教论坛，2015（9）．

[5] 新华网．727 万：高校毕业生 10 年翻番　今年就业人数创新高［EB/OL］．http：//www. sd. xinhuanet. com/news/2014－03/11/c_ 119716601. htm.

[6] 龚芸．高职学生职业取向现状的调查［J］．职业时空，2016（2）．

## 第二节 不同群体大学生职业取向探析

职业取向是指人们希望从事某种职业的态度倾向，它是人们在社会实践过程中形成的对选择某种社会职业所持的比较稳定的心理倾向，每一个人对职业的选择都受其职业取向的直接支配。已有研究发现，大学生的职业取向受性别、专业、年级、学生背景（家庭结构、家庭经济状况、父母职业及其文化程度）等因素的影响。随着人们生活水平的提高和生存环境的变化，在社会变革和激烈的社会竞争面前，不同群体大学生的职业取向会发生哪些变化？家庭、学校、社会应该引导大学生关注自己的职业兴趣和职业取向，理清自己的职业追求，有效地开展职业生涯规划和职业选择，以达到最佳人职匹配。本研究拟探讨不同群体大学生职业取向的差异及其原因，以期能指导大学生制定合适的职业规划和职业决策提供科学建议与参考。

### 一、研究对象与方法

#### （一）研究对象

联系了湖南两所本科、两所高职院校，通过网络问卷星发布调查问卷，回收有效问卷446份。其中：男生247人，女生199人；独生子女130人，非独生子女316人；单亲家庭子女51人，双亲395人；本科生344人，专科生102人；农村学生314人，城市学生132人。

#### （二）研究工具

选用目前通用的《职业取向标准测试》，共有60道题，把人们的职业取向大致分为六种：实际型、探索型、艺术型、社会型、常规型、事业型。在本研究中量表的内部一致性α系数为0.86。运用《职业取向标准测试》，可以帮助大学生了解自己的职业兴趣和职业取向，以便大学生及早为自己的职业生涯做出规划，扬长避短，积极培养自己的职业兴趣。

### （三）统计方法

数据采用 SPSS17.0 统计软件包进行统计分析，统计方法有 t 检验、方差分析等。

## 二、不同群体大学生职业取向调查结果

### （一）大学生职业取向的性别差异比较

经 t 检验表明，男女大学生在社会型、实际型职业取向存在显著差异（分别为 $p < 0.01$ 和 $p < 0.05$），实际型职业取向，男生明显高于女生；社会型职业取向，女生明显高于男生。另外男生在实际型、事业型、探索型高于女生，女生在常规型、社会型、艺术型高于男生。详见表 1。

**表 1 男女职业取向的性别差异**

| | 实际型 | 常规型 | 事业型 | 社会型 | 艺术型 | 探索型 |
|---|---|---|---|---|---|---|
| 男（247） | 7.04 ±2.08 | 7.45 ±2.18 | 5.79 ±2.65 | 7.06 ±2.32 | 6.46 ±2.34 | 6.97 ±2.47 |
| 女（199） | 6.58 ±1.97 | 7.67 ±1.97 | 5.49 ±2.54 | 7.70 ±1.76 | 6.71 ±1.95 | 6.89 ±2.01 |
| $t$ | 2.359* | −1.136 | 1.187 | −3.309*** | −1.216 | 0.370 |
| $P$ | 0.019 | 0.257 | 0.236 | 0.001 | 0.225 | 0.711 |

注：* $p < 0.05$，** $p < 0.01$，*** $p < 0.001$，以下同。

### （二）高职专科生与本科生职业取向的差异比较

$t$ 检验表明，高职专科生与本科生职业取向存在显著差异，其中高职专科生在实际型、常规型、社会型、艺术型高于本科生，且实际型职业取向明显高于本科生（$p < 0.01$）；本科生在事业型（$p < 0.01$）、探索型（$p < 0.05$）职业取向显著高于高职专科生。详见表 2。

**表 2　高职专科生与本科生职业取向的差异**

| | 实际型 | 常规型 | 事业型 | 社会型 | 艺术型 | 探索型 |
|---|---|---|---|---|---|---|
| 专科（344） | 7.05 ±2.05 | 7.61 ±2.04 | 4.86 ±2.43 | 7.41 ±2.09 | 6.64 ±2.17 | 6.39 ±2.45 |
| 本科（102） | 6.09 ±1.81 | 7.35 ±2.28 | 5.89 ±2.61 | 7.14 ±2.16 | 6.35 ±2.18 | 7.10 ±2.31 |
| *t* | 4.593*** | 1.016 | −3.680*** | 1.139 | 1.154 | −2.581* |
| P | 0.000 | 0.311 | 0.000 | 0.256 | 0.250 | 0.011 |

## （三）不同家庭类型大学生职业取向的差异比较

经过 *t* 检验，出身单亲与双亲家庭的大学生只在社会型职业取向上存在显著差异（$p<0.05$），其他职业取向方面差异没有显著统计学意义。

**表 3　不同家庭类型大学生职业取向的差异比较**

| | 实际型 | 常规型 | 事业型 | 社会型 | 艺术型 | 探索型 |
|---|---|---|---|---|---|---|
| 单亲（50） | 6.88 ±2.06 | 8.00 ±1.81 | 6.08 ±2.64 | 7.29 ±2.13 | 6.90 ±2.45 | 7.34 ±2.10 |
| 双亲（395） | 6.8 ±2.040 | 7.49 ±2.12 | 5.61 ±2.60 | 7.92 ±1.81 | 6.53 ±2.17 | 6.88 ±2.39 |
| *t* | 0.144 | 1.818 | 1.197 | −2.281* | 1.163 | 1.427 |
| *P* | 0.886 | 0.073 | 0.236 | 0.026 | 0.249 | 0.158 |

## （四）大学生职业取向的专业差异比较

方差分析显示，不同专业大学生在六种职业取向上差异显著，而且在实际型、常规型、事业型、探索型取向上差异非常显著（$p<0.01$）。

**表 4　大学生职业取向的专业差异**

| | 实际型 | 常规型 | 事业型 | 社会型 | 艺术型 | 探索型 |
|---|---|---|---|---|---|---|
| 理科（186） | 6.63 ±1.90 | 7.70 ±1.93 | 5.50 ±2.52 | 7.51 ±2.22 | 6.63 ±2.04 | 6.77 ±2.12 |
| 文科（234） | 7.17 ±2.06 | 7.65 ±2.08 | 5.99 ±2.61 | 7.35 ±1.92 | 6.70 ±2.17 | 7.27 ±2.38 |
| 艺术（26） | 5.27 ±1.99 | 5.58 ±2.39 | 3.73 ±2.22 | 6.19 ±2.02 | 5.04 ±2.66 | 5.04 ±2.84 |
| *F* | 12.383*** | 12.955*** | 9.746*** | 4.533* | 7.086*** | 11.805*** |
| *P* | 0.000 | 0.000 | 0.000 | 0.011 | 0.001 | 0.000 |

### （五）不同家庭月收入大学生职业取向的差异比较

不同家庭经济收入的大学生，实际型、常规型、事业型取向差异极为显著（$p<0.01$），社会型、探索型取向差异显著（$p<0.05$），只有艺术型取向上差异没有显著统计学意义。

表 5　职业取向的家庭经济收入的差异比较

| | 实际型 | 常规型 | 事业型 | 社会型 | 艺术型 | 探索型 |
|---|---|---|---|---|---|---|
| 1000 以下（49） | 7.12 ±2.20 | 7.63 ±2.31 | 6.06 ±2.48 | 7.59 ±2.22 | 6.82 ±2.31 | 7.41 ±2.33 |
| 1000—3000（188） | 7.31 ±1.87 | 7.88 ±1.82 | 6.05 ±2.51 | 7.64 ±2.08 | 6.70 ±2.13 | 7.16 ±2.29 |
| 3000—5000（129） | 6.45 ±2.01 | 7.36 ±2.07 | 5.16 ±2.59 | 7.03 ±1.96 | 6.38 ±2.13 | 6.73 ±2.28 |
| 5000—8000（51） | 6.33 ±2.06 | 7.41 ±2.22 | 5.14 ±2.71 | 6.98 ±2.27 | 6.39 ±2.42 | 6.63 ±2.67 |
| 8000—10000（20） | 5.06 ±2.21 | 5.45 ±2.76 | 4.80 ±2.97 | 6.70 ±2.74 | 6.10 ±2.05 | 5.45 ±2.31 |
| 1 万以上（9） | 6.33 ±1.87 | 8.33 ±1.50 | 7.00 ±2.24 | 8.11 ±1.05 | 6.57 ±2.18 | 7.56 ±2.07 |
| $F$ | 5.661*** | 5.805*** | 3.445** | 2.388* | 0.936 | 2.896* |
| $P$ | 0.000 | 0.000 | 0.005 | 0.037 | 0.457 | 0.014 |

### （六）父母职业不同学生职业取向差异比较

经方差分析得出，实际型、常规型、事业型取向的大学生父亲职业有显著差异，且实际型取向存在极显著差异。除艺术型取向外，实际型、常规型、事业型、探索型取向的大学生母亲职业差异显著，实际型、常规型、探索型取向达到了 $p<0.01$ 显著水平。

**表 6 职业取向的父母职业差异比较**

| | 实际型 | 常规型 | 事业型 | 社会型 | 艺术型 | 探索型 |
|---|---|---|---|---|---|---|
| | | | 父亲职业 | | | |
| 公务员（12） | 5.83 ±2.12 | 8.17 ±1.27 | 6.50 ±2.71 | 7.75 ±1.86 | 7.50 ±2.34 | 7.42 ±2.15 |
| 教师（7） | 6.29 ±2.21 | 6.29 ±3.15 | 6.14 ±2.91 | 7.43 ±2.82 | 5.43 ±2.94 | 6.00 ±3.27 |
| 工人职员（114） | 6.31 ±2.05 | 7.44 ±2.10 | 5.14 ±2.73 | 6.90 ±2.34 | 6.23 ±2.19 | 6.71 ±2.46 |
| 商人（54） | 6.52 ±2.07 | 6.96 ±2.42 | 5.83 ±2.72 | 7.43 ±2.06 | 6.78 ±2.25 | 6.30 ±2.33 |
| 农民（192） | 7.46 ±1.86 | 7.90 ±2.03 | 5.99 ±2.48 | 7.61 ±1.97 | 6.72 ±2.05 | 7.26 ±2.33 |
| 无固定职业（44） | 6.52 ±2.04 | 7.14 ±1.97 | 4.95 ±2.52 | 7.20 ±2.15 | 6.55 ±2.19 | 6.89 ±2.18 |
| 不详（23） | 6.26 ±2.05 | 7.39 ±1.37 | 5.74 ±2.36 | 7.26 ±1.74 | 6.43 ±2.57 | 7.00 ±2.00 |
| *F* | 5.883*** | 2.625* | 2.130* | 1.473 | 1.420 | 1.713 |
| *P* | 0.000 | 0.016 | 0.049 | 0.186 | 0.205 | 0.116 |
| | | | 母亲职业 | | | |
| 公务员（5） | 6.00 ±1.22 | 7.80 ±1.64 | 4.00 ±1.87 | 6.60 ±2.51 | 5.80 ±1.64 | 6.00 ±2.12 |
| 教师（8） | 5.00 ±1.20 | 6.50 ±2.62 | 5.75 ±2.19 | 7.38 ±2.52 | 5.63 ±2.63 | 5.13 ±2.64 |
| 工人职员（88） | 6.31 ±2.19 | 7.36 ±2.62 | 5.09 ±2.68 | 6.86 ±2.42 | 6.47 ±2.40 | 6.60 ±2.63 |
| 商人（51） | 5.98 ±2.14 | 6.45 ±2.45 | 5.33 ±2.77 | 7.02 ±2.11 | 6.41 ±2.37 | 6.18 ±2.34 |
| 农民（211） | 7.55 ±1.68 | 7.96 ±1.89 | 6.06 ±2.52 | 7.69 ±1.90 | 6.70 ±2.05 | 7.31 ±2.25 |
| 无固定职业（63） | 6.48 ±2.03 | 7.30 ±2.09 | 5.59 ±2.60 | 7.35 ±2.13 | 6.70 ±1.94 | 6.95 ±2.11 |
| 不详（20） | 5.90 ±2.47 | 8.00 ±1.26 | 5.25 ±2.59 | 6.95 ±2.01 | 6.30 ±2.81 | 7.30 ±2.15 |
| *F* | 10.079*** | 4.658*** | 2.133* | 2.148* | 0.638 | 3.138** |
| *P* | 0.000 | 0.000 | 0.049 | 0.047 | 0.700 | 0.005 |

### （七）大学生职业取向的其他方面差异比较

经 $t$ 检验发现，大学生职业取向在城乡家源、是否独生上差异无显著统计学意义（$P>0.05$）。

## 三、不同群体大学生职业取向调查结果的讨论

### （一）大学生职业取向的性别差异分析

研究结果显示，男生实际型、事业型、探索型高于女生，女生在社会型、常规型、艺术型高于男生。男女大学生实际型、社会型职业取向存在显著差异。男女在职业取向上的差异，一方面与社会文化的影响有关。尽管随着社会的发展进步，男女之间的差异越来越小，男女在社会分工上的差异越来越模糊，但这种差异依然存在。另一方面更与男女大学生个性的差异有关。一般来说，女性较男性敏感、细腻、善解人意，不喜欢冒险，做事要细心可靠些；长于直觉、形象思维，更喜欢与人打交道的社会性工作和稳定的常规工作。男性往往动手能力强，喜欢操作机械，好奇心重，长于逻辑思维，喜欢冒险和竞争。因此，男性更倾向于实际型、事业型、探索型。这与以往的研究基本一致。

### （二）本专科学生职业取向的差异分析

本专科学生在职业取向的差异与我国高等教育目标有关。高职专科培养具有某种专业知识和技能的能适应在生产、管理、服务一线和广大农村工作的技术应用性人才，专科生更倾向于实际型、常规型、社会型、艺术型取向。本科教育培养较扎实地掌握本门学科的基础理论、专门知识和基本技能，并具有从事科学研究工作或担负专门技术工作初步能力的高级人才。本科学生倾向于事业型、探索型取向。

### （三）不同家庭类型大学生职业取向的差异分析

社会型职业主要是各种直接为他人服务的工作，而单亲家庭的孩子往往不愿与人接触，对人常有戒备、厌烦的心理，认为别人都瞧不起自己，不愿向他人敞开自己的心扉，不愿外出活动，不愿与人打交道，不太适合社会型职业。

### （四）大学生职业取向的专业差异分析

不同专业大学生在职业取向上有差异显著，说明现代大学生选择专业时还

是比较理性的，能从自己的职业兴趣出发做出比较明智的选择；加之高等院校对大学生就读一年后换专业还是比较宽容的，只要大学生有心换专业都不是难事，更能让学生如愿改学自己适合的专业。

### （五）不同家庭月收入大学生职业取向的差异分析

家庭经济状况是影响大学生职业取向和职业选择的重要因素，本研究结果也验证了这点，不同家庭经济状况的大学生在五种职业取向上表现差异显著。只有艺术型取向的大学生家庭收入的差异不显著，可能与人们生活水平都有所提高，现代家庭子女不多，孩子的兴趣爱好父母都会尽力满足有关。

### （六）父母职业不同学生职业取向差异分析

孟东方、杨琴等人的研究得出，父亲职业对子女的职业选择存在一定影响，母亲职业对孩子的影响不显著。本研究发现，大学生职业取向的父母职业差异显著，且母亲职业的差异更多。随着时代的进步和社会竞争的激烈，职业的不稳定性因素加大，父亲往往外出务工的家庭增多。而现代女性大都从事一定的职业，孩子往往留在母亲身边照顾，受母亲的影响比父亲更大。这与有关调查一致：在中国的家庭教育中以母亲为主的占 50%，以父亲为主的占 20%，平分秋色的占 30%。艺术型取向的大学生父母职业的差异都不显著，这可能与我们调查的学生是环境艺术设计类有关。

### （七）大学生职业取向的其他方面差异分析

本研究结果显示，大学生职业取向在城乡家源上差异不显著。从统计学角度来看，城乡对大学生的职业取向影响不大，这与以往研究结果及经验有点不一致。原因可能与样本大学生的城乡数量不均匀有关，农村学生占 70.4%，城市学生占 29.6%；更有可能与新时期城乡差别日益缩小有关，现在城乡居民的收入差异缩小，在子女生活、兴趣爱好以及教育等方面的投入差异减小，农村社会服务也在加强，农村父母从自身打工经历中明白更加注重子女教育培养的投入。

独生与非独生大学生在职业取向上也不存在显著差异。现代家庭中，家庭成员一般比较少，家庭结构由我国传统的几代人共居的大家庭逐渐演变成三人户、四人户的核心家庭，独生子女家庭比较普通。本次调查样本中，独生子女大学生占29.2%；非独生子女家庭对孩子也是非常关心，舍得投入；独生子女与非独生子女的差异在不断缩小。

## 四、不同群体大学生职业取向调查的结论

大学生职业取向表现出一定的性别、专业、家庭经济收入、父母职业差异，而无明显的城乡、是否独生的差异。期望家庭、学校及早引导大学生认清自己的职业取向和职业兴趣，有效地开展职业生涯规划。

## 参考文献

[1] 杨琴. 大学毕业生职业取向与职业兴趣、人格的关系研究 [D]. 中南大学，2007.

[2] 职业取向标准测试 [J]. 成才与就业，2006 (3) .

[3] 许兆瑞. 大学生所学专业、职业选择与职业倾向的一致性对学习动机的影响 [D]. 东北师范大学，2006.

[4] 孟东方，李志. 学生父亲职业与高等学校专业选择关系的研究 [J]. 青年研究. 1996 (11) .

[5] 曹雕. 孩子的健康成长必须是在父母教育中互补 [J]. 中国教育，2014 (6) .

[6] 龚芸. 不同群体大学生职业取向探析 [J]. 卫生职业教育，2017 (18) .

# 调查问卷3－1：高职学生职业取向调查问卷

1. 性别：男（　　）女（　　）

2. 独生子女：是（　　）否（　　）

3. 家庭：单亲（　　）双亲（　　）

4. 年龄：________岁

5. 家庭来源：城镇（　　）农村（　　）

6. 所学专业：文科（　　）理科（　　）

7. 对所学的专业：A. 非常满意　B 满意　C 不清楚　D 不满意

8. 选择专业的依据：A. 适合自己　B. 好就业　C. 薪酬高　D. 其他

9. 选择专业时采纳了（　　）的意见。A. 父母家人　B. 学校老师　C. 同学朋友　D. 自己

10. 父亲文化程度：A. 小学　B. 初中　C. 高中（含中专）　C. 大专以上　D. 不详

11. 母亲文化程度：A. 小学　B. 初中　C. 高中（含中专）　C. 大专以上　D. 不详

12. 父亲职业：A. 公务员　B. 教师　C. 工人、公司职员　C. 商人　D. 农民　E. 无固定职业　F. 不详

13. 母亲职业：A. 公务员　B. 教师　C. 工人、公司职员　C. 商人　D. 农民　E. 无固定职业　F. 不详

14. 家庭月收入：A. 1000 元以下　B. 1000—3000 元　C. 3000—5000 元　D. 5000—8000 元　E. 8000—10000　F. 10000 以上

15. 对自己毕业后的发展方向：A. 非常了解　B. 有些了解　C. 不大了解　D. 毫无了解

16. 毕业后，你会选择：A. 先择业后就业　B. 先就业后择业　C. 继续深造　D. 自主创业　E. 看情况

17. 对今后职业的期望：A. 优先考虑专业　B. 只要找到工作就行　C. 非本专业不干

18. 希望进入的工作单位：A. 机关事业单位 B. 国有企业 C. 三资企业 D. 民营企业 D. 乡镇企业

19. 对第一份工作薪水的期望：A. 1000—2000 元 B. 2000—3000 元 C. 3000—5000 元 D. 5000 元以上 E. 无特别期望

20. 择业时，对你的决策影响最大的是：A. 父母 B. 学校老师 C. 朋友 D. 社会舆论 E. 自己

21. 你确定工作单位时对工作地域的选择可选两个：A. 沿海发达城市 B. 内地大城市 C. 东部、中部小城市 C. 西部中小城市 C. 急需人才的边远地区 D. 家乡

22. 您最想成为：A. 管理人员 B. 技术人员 C. 销售人员 D. 行政人员 E. 其他

23. 你确定工作单位时对下列因素的重视程度：按“非常重视→不重视”排列。

A. 单位的社会知名度高 B. 单位的经济效益好 C. 工作舒适、劳动强度低 D. 利于施展个人的才干 E. 适合自己能力和性格 F. 工作环境、人际关系 H. 家庭的要求和期望 I. 艰苦但社会意义大

排列顺序为：________________________________________

## 心理测试 3 –2：职业取向标准测试

以下有 60 道题目。如果你认为自己是属于这一类人，便在序号上画个圈，反之，便不必做记号。答题时不需要做反复思考，尽量在第一时间做出回答。

1. 我喜欢自己动手干一些具体的能直接看到效果的活。
2. 我喜欢弄清楚有关做一件事情的具体要求，以明确如何去做。
3. 我认为追求的目标应该尽量高些，这样才可能在实践中多获成功。
4. 我很看重人与人之间的友情。
5. 我常常想寻找独特的方式来表现自己的创造力。
6. 我喜欢阅读比较理性的书籍。
7. 我喜欢生活与工作场所布置得朴实些、实用些。
8. 在开始做一件事情以前，我喜欢有条不紊地做好所有准备工作。

9. 我善于带动他人、影响他人。
10. 为了帮助他人，我愿意做些自我牺牲。
11. 当我进入创造性工作时，我会忘却一切。
12. 在我找到解决困难的办法之前，通常我不会罢手。
13. 我喜欢直截了当，不喜欢说话婉转。
14. 我比较善于注意和检查细节。
15. 我乐于在所从事的工作中承担主要责任人。
16. 在解决我个人问题时，我喜欢找他人商量。
17. 我的情绪容易激动。
18. 一接触到有关新发明、新发现的信息，我就会感到兴奋。
19. 我喜欢在户外工作与活动。
20. 我喜欢有规律、干净整洁。
21. 每当我要作重大的决定之前，总觉得异常兴奋。
22. 当别人叙述个人烦恼时，我能做一个很好的倾听者。
23. 我喜欢观赏艺术展和好的戏剧与电影。
24. 我喜欢先研究所有的细节，然后再做出合乎逻辑的决定。
25. 我认为手工操作和体力劳动永远不会过时。
26. 我不大喜欢由我一个人负责来做重大决定。
27. 我善于和能为我提供好处的人交往。
28. 我善于调节他人相互之间的矛盾。
29. 我喜欢比较别致的着装，喜欢新颖的色彩与风格。
30. 我对各种大自然的奥秘充满好奇。
31. 我不怕干体力活，通常还知道如何巧干体力活。
32. 在做决定时，我喜欢保险系数比较高的方案，不喜欢冒险。
33. 我喜欢竞争与挑战。
34. 我喜欢与人交往，以丰富自己的阅历。
35. 我善于用自己的工作来体现自己的情感。
36. 在动手做一件事情之前，我喜欢先在脑中仔细思索几遍。
37. 我不喜欢购买现成的物品，希望能购买到材料自做。
38. 只要我按照规则做了，心里就会踏实。

39. 只要成果大，我愿意冒险。
40. 我通常能比较敏感地觉察到他人的需求。
41. 音乐、绘画、文字，任何优美的东西都特别容易给我带来好心情。
42. 我把受教育看成是不断提高自我的一辈子的过程。
43. 我喜欢把东西拆开，然后再使之复原。
44. 我喜欢每一分钟都花得要有名堂。
45. 我喜欢启动一项项工作，具体的细节让其他人去负责。
46. 我喜欢帮助他人，提高他人的学习能力。
47. 我很善于想象。
48. 有时候我能独坐很长时间来阅读、思考或做一件难对付的事情。
49. 我不怎么在乎干活时弄脏自己。
50. 只要能仔细地完整地做完一件事情，我就感到十分满足。
51. 我喜欢在团体中担当主角。
52. 如果我与他人有了矛盾，我喜欢采取平和的方式加以解决。
53. 我对环境布置比较讲究，哪怕是一般的色彩、图案都希望能赏心悦目。
54. 哪怕我明知结果会与我的期盼相悖，我也要探究到底。
55. 我很看重有健壮的灵活的身体。
56. 如果我说了我来干，我就会把这件事情彻底干好。
57. 我喜欢谈判，喜欢讨价还价。
58. 人们喜欢向我倾诉他们的烦恼。
59. 我喜欢尝试有创意的新主意。
60. 凡事我都喜欢问一个“为什么”。

计分方法：把你在下面自测过程中记下来的序号，与上面问卷中相同的数字对应起来，每个为1分，计算每种类型得分。

实际型：1、7、13、19、25、31、37、43、49、55

常规型：2、8、14、20、26、32、38、44、50、56

事业型：3、9、15、21、27、33、39、45、51、57

社会型：4、10、16、22、28、34、40、46、52、58

艺术型：5、11、17、23、29、35、41、47、53、59

探索型：6、12、18、24、30、36、42、48、54、60

# 第四章　大学生职业取向影响因素分析

## 第一节　高等职业院校学生职业取向影响因素分析

大学生就业率的高低既是高校办学水平的客观尺度，也是关系到高校社会认可度和生存发展的关键因素。高职学生的就业对于以就业为导向的高职院校来说更是至关重要，对高职院校的招生以及专业设置等方面起着关键作用。导致大学生就业形势严峻的原因很多，除经济发展状况、高校专业设置及学科结构、就业环境、就业体制、人事制度等客观因素外，大学生自身的职业取向也是导致其就业难的一个重要原因。职业取向是社会成员对从事某种职业的倾向性态度和观念，它最终决定了个体的职业选择行为，既是人们职业理想的直接体现，也是人生观、价值观的最直观表达。影响大学生职业取向的因素可以简单地划分成两类：内部因素和外部因素。这里我们将研究影响高职学生职业取向的外部因素，为高职院校的职业指导和职业教育提供实证依据，使其以更合理的方式指导学生就业、择业。

### 一、调查对象与方法

通过对高职院校学生进行个别访谈，收集到有关高职学生择业的第一手资料，再结合查阅大量高职院校毕业指导工作的资料和有关高校毕业生择业心理的调查，自编了高职院校学生职业取向问卷。该问卷涉及学生对自身专业的认知、未来职业倾向、择业影响等因素。采取分层随机抽样调查，在湖南省高职院校里选取800名高职学生进行施测，获得有效问卷760份，有效率达95%。其中：男生460人，女生300人；文科生400人，理科生360人；大一学生171人，大二学生225人，大三学生364人；农村学生548人，城镇学生212人。采用Excel2003进行数据的整理和统计分析。

## 二、高职学生职业取向影响因素分析

### （一）高职学生确定未来职业时最重视的因素

本次调查中，我们列出了10项指标，要求学生选出“确定未来职业时最重视的因素”，结果发现，排在10项指标首位的是未来职业要“适合自己的能力和性格”，选择的比例达到30%。这说明90后高职学生比较重视自己的个性，也可能与高职院校从大一起开展的职业生涯规划教育有关。我们强调学生在为自己做职业生涯规划时首先要明确自己“喜欢什么”“适合什么”“能做什么”。排在第二位的是“工作的薪酬水平”，选择的比例为21%；“施展才华的机会”排在第三，约为15%；“工作舒适劳动强度低”排第四，选择比例为11%；其他6项指标均在10%以下。值得思考的是“工作的社会意义”竟然排在10项指标的末位。这是一个值得社会和高职院校深刻反思的问题，是不是现在的高职学生更多地考虑自我以及自己的利益，对社会的责任意识、奉献意识不那么强了？

### （二）高职学生择业时影响最大的因素

1. 家庭对高职学生择业的决策影响最大

本次调查发现，53%的被试高职学生认为父母亲戚在自己对未来职业决策中的影响最大，而且高职女生接受父母亲戚的影响比男生更为突出，城镇来的高职学生比农村来的学生更加容易接受父母亲戚的影响。这从某种程度上说明仍有相当一部分高职学生存在着依赖心理，缺乏自主的意识和能力；另一方面也可以反映出父母亲戚对高职学生择业的干预影响比较大。大量研究也证明青年人的职业取向受到家庭背景、社会阶层地位的影响，家庭的社会经济地位与个人的择业取向呈正相关。家人的职业类别，是家庭“社会经济地位的重要指标之一”。大学生对职业的了解最多的往往是父母亲戚的职业及其工作环境，在择业时，父母的期望、父母亲戚的职业以及父母对子女专业的关注、对职业的看法乃至父母亲戚的社会地位、教育方法等，都会对大学生个体产生一些影响。家庭环境的熏陶、亲戚之间家庭经济地位的比较，对大学生职业取向的形成具有十分明显的导向作用，也是造成大学生择业过程中各种矛盾心理产生的原因。

2. 学校老师对高职学生择业决策的影响不大

本次调查发现，只有13%的高职学生认为学校老师的影响大。其中城镇来的学生、理科生、男生在择业时较少参考老师的建议，女生、文科生、农村来的学生比较容易接受老师的意见。结合问卷调查和访谈发现，高职学生普遍反映学校虽然做了一些职业指导工作，但总觉得流于形式；虽然开设了职业发展与就业指导课程，但大班教学，主要在课堂完成，教学效果不明显；学院的就业处以及各系部的学生工作也只能是搞几个讲座，校园网站信息内容过时，没有及时更新，高职学生从学校方面不能够获得足够的就业信息和社会职业以及用人机制的动态情况。而实际上，高职学生非常希望能够从学校的职业指导教育获得个性测试、职业测试或者职业咨询、心理咨询等方面的专业的、个性化服务。但一般高职院校有庞大的招生队伍，专业的职业指导专家却寥寥无几；而且职业指导专家时间精力有限，一个任课教师要教二三十个班级，一千多人，一个辅导员要管一两百学生。网络职业教育空间虽然建立，但很少真正利用起来。这说明高职院校的职业指导工作亟须加强，起码要把职业指导工作摆在跟招生同等重要的位置上来，落到实处，而不是弄虚作假，强迫学生开单位接收函回来应付检查。

3. 同学朋友在高职学生择业时的决策影响微乎其微

本次调查发现，选择同学朋友的比例仅为5%。无论是男生还是女生、文科生还是理科生，城镇来的还是农村来的，都认为同学朋友对自己的择业决策影响很小。这可能是因为高职学生彼此都认为对方经验不多、信息不足，更愿意接受父母亲戚的建议。

4. 社会舆论对高职学生择业的影响不容小视

虽然这次调查中社会舆论对高职学生择业的影响排在第二位，所占比例为29%。但是，父母亲戚、老师、同学朋友都是社会舆论的主要来源，对于怎样的工作是好工作，是受到羡慕和尊重的，体现在社会大环境里是一种强大而无形的舆论压力，从事某种职业的他们也是高职学生期望的或者重要的参考对象。

社会对一些行业和职业存在偏见，也会通过父母亲戚、老师、同学朋友传递给高职学生，给高职学生造成一定的舆论压力。目前社会处于变革之中，受社会舆论的影响，人们的思维方式、价值取向和行为准则都在不断发生着变化，大学生在择业时更加注重经济利益、地域选择和社会地位，强调个性和自我发展，忽视社会需要、事业成就等。

## 三、对高职学生职业取向影响因素的思考

### （一）高职学生确定职业时最看重“适合自己的能力和性格”

湖南高职学生确定职业时最先看重的是适合自己的能力和性格，其次才是薪酬水平、施展才华的机会以及工作环境，这是比较理性的认知。作为家长和学校更要鼓励高职学生正确地认知自我，客观地评价自我，做适合他们自己的工作，做他们自己喜欢的工作，做他们自己能做的工作。高职学生是成年人了，每个人都要为自己的选择负责任，不要过多干涉他们的自由选择。即使他们有选择错误，也不要过多责备他们。吃一堑，才能长一智。即使家长包办代替孩子做了正确的选择，孩子也不一定认为家长的选择很好。我侄子毕业时，托人帮他在本地找了一个工作。他面试都不去，一心一意去大城市找，工作还没找到，手机号也换成那里的了。结果一直找不到合适的工作，都不好意思告诉我，还是我问他，他才说了实话。我劝他回家休息一下再找，现在找好了工作，上班也安安心心了。虽然高职学生也希望工作稳定，环境舒适，但不让他们自己去外面大地方闯一下，对他们来说，总觉得是人生的遗憾。

### （二）高职学生择业时父母家人意见影响最大

高职学生择业时往往选择父母家人作为职业取向的主要参考意见来源，社会舆论的影响不容小视。学院老师对高职学生择业所起的作用有待加强。实际上，目前大学生就业难的问题，在很大程度上与择业观有关。高职学生择业观的形成是一个长期的潜移默化的过程，父母家人对待自身职业的态度会直接影响孩子对待职业的选择。有些家人当老师，经常抱怨收入不多，福利太少，地位不高，期望孩子再不要当老师了，考个有钱有势的公务员多好。辽宁男子辞职5年辗转多地考十几次公务员，只为尊重父母意愿。目前社会上对很多行业

和职业存在偏见，很大程度上是高校自己造成的。许多学校在搞校庆时只邀请那些所谓有成就的校友参加，或者邀请了每一位，但只有捐款在500元以上的校友才给予招待（我高中母校就如此）。学校都成了嫌贫爱富的地方，社会就更有过之而无不及了。周永康风光时中国石油大学以他为荣，大肆宣传，一下台就销毁他的痕迹。社会和学校必须保证健康的舆论导向。"人与人之间是平等的。""工作没有贵贱之分。""职业没有高低，只有分工的不同。""行行出状元。"这些理念要通过学校教育和社会舆论深入国人心中，逐渐消除社会对某些行业和职业的偏见，让每个自食其力的劳动者都是站立的。人格平等，地位平等，机会均等，这是至关重要的。这需要政府从法律和制度方面切实保证社会的公平和正义，保障每个劳动者的权益。

社会因素、学校因素、家庭因素等都是影响高职学生择业心理倾向的外部因素，而真正影响高职学生最大的、最重要的因素是其自身内部因素，职业取向的确定以及最终做职业决策的还是高职学生本人。高职学生自身更要全面地认知自我，树立正确的人生观、价值观、职业观和择业观，提升自己的职业能力和职业素养。

### 参考文献

[1] 金蕾莅，李伟．"以用人单位为导向"的面试准备［J］．高等教育出版社，2003.

[2] 王宗荣．大学生择业心理探析［N］．光明日报，2007－11－09.

[3] 赵崎．职校生择业价值取向的调查研究［D］四川师范大学，2006.

[4] 赵海燕．大学生就业取向影响因素分析［D］．东北师范大学，2010.

[4] 龚芸．高职学生职业取向及其影响因素研究［J］．2015（5）．

## 第二节　影响大学生职业取向的社会因素分析

随着市场经济的深入、教育体制和就业机制的变革以及大学毕业生的逐年增多，一些大学生在严峻的就业竞争面前，表现出回避、退缩或拒绝成长的倾向；还有不少大学生求职心切，但非高薪不干，非大城市不去，有业不就，宁可漂着；盲目跟风现象严重，缺乏自主择业目标。个体对职业的选择都受其职业取向的直接支配，影响个体职业取向的因素很多。国内外学者对此进行过广泛研究，一般可归结为个人因素与社会因素，或称主观因素与客观因素。众多研究者比较认同家庭环境、职业地位与职业声望等社会因素。在社会变革的新时期，社会家庭关系日渐松散、家庭功能日趋弱化，家庭环境对个体职业取向的影响是否减弱？人们的思想认识发生了很大变化，对职业地位的评价是否有了新的认识？我们来探讨影响大学生职业取向的社会因素，为社会和学校全面、真实地了解大学生职业取向提供实证依据，为大学生职业指导提供决策参考。

## 一、研究对象与方法

我们选用了自编问卷和目前通用的《职业取向标准测试》，职业取向标准测试共有 60 道题，把人们的职业取向大致分为实际型、探索型、艺术型、社会型、常规型、事业型六种，可以帮助大学生大体确定自己的职业兴趣和职业取向。我们联系了湖南两所本科院校、两所高职院校，通过网络问卷星发布调查问卷，回收有效问卷 446 份。其中：男生 247 人，女生 199 人；独生子女 130 人，非独生子女 316 人；单亲家庭子女 51 人，双亲 395 人；本科生 344 人，专科生 102 人；农村 314 人，城市 132 人。采用了 SSPS17.0 统计软件包，运用描述性统计和回归分析等分析数据。

## 二、大学生职业取向受社会因素影响的结果

### （一）大学生职业取向与家庭因素的分析

家庭是构成社会的基本单位，是最重要、最核心的社会组织，也是最重要、最基本、最核心的经济组织，是个体成长成才的第一驿站，也是个体最重要的社会化因素。每个个体身上无不打上家庭的烙印。我们通过对大学生的六种职业取向与家庭因素的回归分析发现，家庭的类型（独生还是非独生，单亲还是双亲等）、家庭的生活地域、家庭的经济状况、父母的文化程度、职业类型等都影响着大学生的职业取向，其中，家庭经济状况是影响大学生职业取向最大的

因素。这与以前的调查研究结果一致。由此可以看出，在大环境下，家庭观念虽然有所淡化，但家庭环境对大学生的影响还是不可低估。

通过问卷调查发现，大学生在选择自己学校时，47.1% 的大学生会采纳父母家人意见，自己决定的占 26.9%，只有 15.7% 的学生会听从老师的意见，还有 10.3% 的学生跟风自己的同学。在对毕业班学生的调查中发现，大学生对未来职业的决策影响中，43% 的学生自我决策；受父母家人影响的大学生有所减少，但仍有 39.5%，受学校老师的影响更低。这说明大学生选择学校、专业以及未来的职业选择时，家庭因素的影响不可低估。

### （二）职业地位对大学生职业取向的影响

职业地位是人们从事的某种职业在经济收入、社会地位和社会声望等方面的总体状况，它往往通过职业声望的形式表现出来。在对大学生的调查中，大学生对未来工作单位的期望：43% 的大学生希望是国营单位，24.9% 的学生期望进入事业单位，只有 18.4% 的被调查者愿意进私有企业工作，13.7% 的人愿意进三资企业。工作的保障性仍然是大学生就业首先要考虑的因素。

在大学生对具体工作岗位的选择中，59.6% 的人希望是行政管理岗位，21.3% 的人愿意在技术岗位，7.4% 愿意做销售工作；11.6% 人想做其他工作，特别是艺术专业的学生。

大学生对首份工作的薪酬要求还是比较理性：月薪 2000—3000 元的占 47.1%，3000—5000 元的占 30.7%，5000 元以上的只有 8.1%，对薪水没有要求的只有 6.7%。因为绝大多数学生知道，毕业后必须经济独立，不好意思再向家里伸手要钱生活了。

对工作地域上的要求，选择沿海、大城市的人还是居多，占 51.8%；愿意去小城市、边远地区的人还是很少；但选择回家乡发展的大学生占 33.6%，这是一个很好的趋势。

## 三、影响大学生职业取向的社会因素分析

### （一）家庭仍是影响大学生职业取向的主要因素

从上述的调查分析中，我们发现家庭对大学生选择学校、专业以及职业取

向时的影响仍然很大。无论时代如何变迁，社会如何发展，家庭对大学生的影响是根深蒂固、不可磨灭的。在大学生成长的童年，他们了解最多的往往还是父母家人的职业及其工作环境，父母的职业、岗位往往决定了一个家庭的经济状况；大学生的成长成才以及能力的发挥离不开家庭的教育、支持和帮助，家庭近二十年潜移默化的熏陶对大学生职业取向的形成具有十分明显的导向作用。

学校及老师的影响一直不高且呈下降趋势，我认为有三方面的原因。一是大学生对老师的信任问题。在高中、中专以及一般高等院校的招生过程中，一些毕业班老师或领导受利益驱动，参与有偿招生；大学老师跟学生的交往不多，联系不紧密。二是各个高校的职业指导工作流于形式。虽然从大一就要求学生做职业规划书，还专门开设了就业指导课，但任课老师的实践经验少，也没发家致富，难以作为榜样有说服力；大班教学使教学效果并不明显；各系部院校也都组织了专题的职业指导讲座，可能是请来的专家高大上，效果都不显著；三是社会等级阶层的存在以及人们对某些职业行业的偏见。老师课堂上讲的“人与人之间是平等的，职业没有高低贵贱之分”等，很容易被现实无情地击碎。

### （二）职业地位仍是大学生职业取向的风向标

大学生对职业地位的期望总的来说，还是有点高大上，喜欢收入高、待遇好、单位大、工作稳定、有保障的单位；想走管理路线的大学生居多，愿意到边远地区从基层做起的大学生少；想做享受型工作的大学生居多，愿意做又苦又累工作的大学生不多，这也印证了“人往高处走”的古语。随着高校扩招，高等教育走向大众化，不再是精英教育了，但是，在许多大学生的心目中，大学生的那种优越意识依然存在。现在的大学生成长在经济条件相对较好的年代，没有吃过多少苦，对社会的激烈竞争以及独立生活后的艰辛缺乏深刻认识，或者说是对理想与现实的差距缺乏了解，一旦碰壁就退缩、回避。有些大学生选择专业、职业盲目跟风，以致某些专业严重超计划招生。尤其是一些高职院校，学生进校后改选专业的特别多。如我校的会计专业，由原来的每年 6—8 个班级，2016 年扩展到 11 个班级，500—600 人，本期开学还有想转进来的。这些大学生真没想过三年、四年毕业后会是什么情况。现在大学生中，不了解自己职业取向的人特别多，缺乏自主择业目标的人特别多，有奉献精神、能吃苦耐劳、愿意脚踏实地的人太少。

大学生职业取向的形成是一个长期的潜移默化的过程，与从小就接受的家庭影响有关，与学校的教育有关，与社会无形的影响也有关。这些还只是影响大学生职业取向的外部因素，大学生更应该全面地认识自己，形成正确的世界观、人生观、价值观、职业观，选择好自己的人生目标和职业目标，脚踏实地，努力提升自己的身体素质、心理素质、专业素质、职业素质，为未来几十年的职业生涯打好基础。

### 参考文献

［1］职业取向标准测试［J/OL］. 成才与就业，2006（3）.

［2］杨万江. 论家庭环境对大学生成才的影响及其引导对策［J］. 中山大学学报论丛，2001（2）.

［3］陈晓峰. 职业地位及声望与当代大学生就业选择［J］. 甘肃教育学院学报（社会科学版），2003（1）.

［4］赵海燕. 学生就业取向影响因素分析［D］. 东北师范大学，2010.

［5］龚芸. 新时期影响大学生职业取向的社会因素分析［J］. 文教资料，2017（8）.

## 第三节　大学生社会支持、人格与职业取向的调查研究

近三年来，大学毕业生有单年涨幅 16 万到 28 万的增速，2016 年全国高校毕业生达到 765 万，还有几十万出国留学的海归大学生。大学生的就业问题不仅关系到每个学生的前途，还直接影响到高校的可持续发展，更是关系到社会人力资源和经济发展状况乃至社会的和谐与稳定。据有关调查分析，大学生就业难主要是大学生找不到自己的位置，个人的职业取向与就业岗位的需求不配套，以致造成许多大学生多次求职而用人单位找不到合适的人才。为了指导大学生达到“人职最匹配”，应纠正大学生职业认知偏差，做出最适合自身的职业选择。我们将探讨影响大学生职业取向的主要个人因素：人格特质和领悟社会

支持程度。从已有的研究看，影响职业取向的个人因素有职业兴趣、人格、能力、价值取向、工作经验、社会背景（经济制约、社会支持等）。在社会变革的新时期，在激烈的社会竞争和就业压力下，大学生应如何寻求社会支持和完善自身素质，科学合理地规划职业生涯，值得我们深入研究。

## 一、研究对象与方法

### （一）研究对象

我们联系了湖南两所本科院校、两所高职院校，通过网络问卷星发布调查问卷，回收有效问卷446份。其中男生247人，女生199人；独生子女130人，非独生子女316人；单亲家庭子女51人，双亲395人；本科生344人，专科生102人；农村314人，城市132人。

### （二）研究方法

1. 职业取向标准测试

采用目前通用的《职业取向标准测试》，共有60道题，把人们的职业取向大致分为实际型、探索型、艺术型、社会型、常规型、事业型六种，可以帮助大学生大体确定自己的职业兴趣和职业取向。在本研究中量表的内部一致性α系数为0.860。

2. 领悟社会支持量表

运用姜乾金修订的领悟社会支持量表（PSSS）。该量表由12个项目组成，包括家庭支持、朋友支持和其他支持3个维度；采用七级计分法，总分越高，说明个体的社会支持越高。根据本次研究目的，将量表中的“重要的其他人”这一维度界定为“老师同学”，特指来自老师和同学的支持。在本研究中量表的内部一致性α系数为0.850。

3. 大五人格量表（NEO－FFI）

采用大五人格量表（NEO－FFI）。本测试量表由张建新教授修订，共有60道题，包括外向性、开明性、责任性、情绪稳定性、随和性五个因素，描述个体的人格和预测行为，采用5点计分法。在本研究中量表的内部一致性α系数为0.808。

### （三）统计处理

所有资料采用了 SSPS17.0 统计软件进行数据处理，统计方法有描述性统计和相关分析。

## 二、大学生社会支持、人格与职业取向的调查结果

### （一）大学生拥有的社会支持情况

大学生领悟到的来自各种社会支持源如家庭、朋友和其他人的支持程度所得总分可以反映出大学生感受到的社会支持总程度。总分在 12—36 分之间为低支持状态，占 2.02%；在 37— 60 分之间为中间支持状态，有 51.12%；在 61—84 分之间为高支持状态，有 46.86%。还以社会支持总分低于 32 分和低于 50 分来评价，虽然只有 1.17% 的大学生的社会支持总分低于 32 分，但有 21.36% 的大学生低于 50 分（详见表 4－1）。

**表 4－1　大学生领悟到的总社会支持程度**

| | 低支持状态 | 中间支持状态 | 高支持状态 | 总分小于 32 分 | 总分小于 50 分 |
|---|---|---|---|---|---|
| 人数（446） | 9 | 228 | 209 | 5 | 91 |
| 百分比 | 2.02 | 51.12 | 46.86 | 1.17 | 21.36 |

另外，大学生领悟到的家庭、亲属、朋友、同学、伙伴、党团、社团等组织所给予大学生的精神上和物质上的帮助支援最少和最多之间差异太大，相差 7 倍；社会支持总分之间也相差了近 5 倍；而且大学生中所领悟到的社会支持差异非常显著（详见表 4－2）。

**表 4－2　大学生整体的社会支持状况（n＝446）**

| | Min | Max | $\bar{x} \pm s$ | $t$ | $P$ |
|---|---|---|---|---|---|
| 家庭支持 | 4 | 28 | 19.74 ±4.22 | 98.743 | 0.000 |
| 朋友支持 | 4 | 28 | 19.66 ±3.94 | 105.435 | 0.000 |
| 其他支持 | 4 | 28 | 19.64 ±3.99 | 103.886 | 0.000 |
| 总支持 | 17 | 84 | 59.04 ±10.47 | 119.062 | 0.000 |

### （二）大学生人格特质状况

根据大学生人格的五个因素所得均值和方差确定各因素的高分、中间分、低分，除情绪稳定性得分越高越不稳定外，其他因素都是得分越高越好。从表4-3发现，高分与低分的人数都相差不多，除外向性因素外，三分之二的大学生稳定性、开明性、随和性、责任性人格特质都处于中间状态。

**表4-3 大学生的人格特征状况（n=446）**

| | 高分 | 中间分 | 低分 | $\bar{x}\pm s$ | $t$ | $P$ |
|---|---|---|---|---|---|---|
| 稳定性 | 63/14.13 | 318/71.30 | 65/14.57 | 35.70±6.97 | 108.122 | 0.000 |
| 外向性 | 83/18.61 | 284/63.68 | 79/17.71 | 38.02±5.39 | 149.083 | 0.000 |
| 开明性 | 74/16.59 | 302/67.71 | 70/15.70 | 36.45±4.28 | 179.632 | 0.000 |
| 随和性 | 60/13.45 | 325/72.87 | 61/13.68 | 44.01±5.18 | 179.530 | 0.000 |
| 责任性 | 57/12.78 | 325/72.87 | 64/14.35 | 40.78±5.37 | 160.328 | 0.000 |

### （三）大学生人格和社会支持与其职业取向的相关分析

对于大学生的人格特质、领悟到的社会支持与其职业取向进行Pearson相关分析，得到结果如表4-4。从表4-4中数据可以得知，社会型取向与五种人格特质都相关显著；事业型、艺术型、探索型、常规型、实际型职业取向只部分与五种人格特质都相关显著；只有情绪稳定性与职业取向呈负相关，其他都是正相关。大学生领悟到的社会支持与其职业取向都呈正相关，且朋友支持与常规型、事业型、社会型、艺术型、探索型相关非常显著。

**表4-4 大学生人格特质、社会支持各维度与职业取向各维度的相关**

| | 实际型 | 常规型 | 事业型 | 社会型 | 艺术型 | 探索型 |
|---|---|---|---|---|---|---|
| 稳定性 | 0.033 | -0.039 | -0.153** | -0.143** | 0.036 | -0.051 |
| 外向性 | 0.066 | 0.052 | 0.312** | 0.361** | 0.175** | 0.122** |
| 开明性 | 0.052 | 0.071 | 0.167** | 0.116* | 0.259** | 0.174** |
| 随和性 | 0.055 | 0.223** | 0.002 | 0.343** | 0.062 | 0.159** |

续表

| | 实际型 | 常规型 | 事业型 | 社会型 | 艺术型 | 探索型 |
|---|---|---|---|---|---|---|
| 责任性 | 0.130** | 0.333** | 0.214** | 0.320** | 0.233** | 0.303** |
| 家庭支持 | 0.109* | 0.037 | 0.106* | 0.109* | 0.106* | 0.080 |
| 朋友支持 | 0.062 | 0.176** | 0.118** | 0.250** | 0.131** | 0.130** |
| 其他支持 | 0.050 | 0.146** | 0.100* | 0.223** | 0.105* | 0.108* |
| 总支持 | 0.101* | 0.136** | 0.112** | 0.223** | 0.109* | 0.135** |

注：* $p<0.05$，** $p<0.01$，*** $p<0.001$，以下同。

### （四）大学生人格特质与社会支持的相关

大学生大五人格特质与社会支持的相关分析得出结果如表5：大学生所拥有的家庭支持、朋友支持、其他支持等与情绪稳定呈非常显著负相关，与外向性、随和性、责任性呈极显著正相关，都达到了0.01显著水平；家庭支持、朋友支持与开明性相关不显著。

**表4-5 大学生人格特质与社会支持的相关**

| | 稳定性 | 外向性 | 开明性 | 随和性 | 责任性 |
|---|---|---|---|---|---|
| 家庭支持 | -0.256** | 0.249** | 0.050 | 0.175** | 0.248** |
| 朋友支持 | -0.184** | 0.284** | 0.065 | 0.254** | 0.271** |
| 其他支持 | -0.178** | 0.236** | 0.100* | 0.218** | 0.198** |
| 总支持 | -0.240** | 0.297** | 0.083 | 0.249** | 0.277** |

## 三、大学生社会支持、人格与职业取向的调查分析

### （一）大学生拥有的社会支持状况分析

从整体情况来看，新时期的大学生领悟到的社会支持程度都比较高，处于中间和高支持状态的大学生达到了97.98%，只有2.02%的大学生理解和感受到社会支持很少；1.17%的大学生的社会支持系统存在严重的问题。这与我们现在这个社会的生活水平提高有关。有关家庭、社会以及学校的生活环境大为改

观，人们之间的交往联系方便快捷，尤其是大学生能享受到客观的、实际的和可见的支持，包括物质上的直接援助和社会网络越来越多。但我们不能忽视，还有21.36%的大学生社会支持存在一定问题，虽然不是很严重，但不能不引起家庭、学校的重视。这可能是大学生感到被尊重、被支持、被理解的情绪体验不够，或是大学生对现在拥有社会支持的满意度不高。另外，大学生之间领悟到的各项社会支持差异较大，相差7倍。每个大学生的社会支持系统是不一样的，有不同的家庭、不同的朋友圈、社会圈，每个人的理解能力和体验感受也有差异，甚至有些大学生是“身在福中不知福”。

### （二）大学生人格特质状况分析

从大学生人格特质的现状来看，五种特质因素的高分与低分的人数都相差不多，除外向性特质外，三分之二以上的大学生稳定性、开明性、随和性、责任性人格特质都处于中间状态。这与大学生的实际情况相符，大学生虽已成年，但大部分学生的人格发展还不成熟，人格比较完善的人和存在人格偏差的大学生都在20%以下。大学生中五种人格特质基本上都呈正态分布，中间状态的大学生为大多数，高分与低分相差不多。

### （三）大学生人格特质、社会支持与其职业取向的相关分析

研究结果显示，大学生的人格特质、社会支持与其职业取向的关系比较密切。大学生的人格特质越倾向于稳定自信、性格外向、开明随和、责任心强，其职业兴趣就越广泛，职业取向就越有选择性；反之，情绪越不稳定、神经质，性格越孤僻、冷漠、迟钝、冲动，适合的职业越有限。大学生理解和感受到的家庭支持、朋友支持以及其他社会支持越多，拥有的社会支持系统就越强大，可能越有利于发展自己的职业兴趣，理清自己的职业取向，可能越有利于未来的职业选择。

### （四）大学生人格特质与社会支持的相关分析

大学生所拥有的家庭支持、朋友支持、其他支持等与情绪稳定呈非常显著负相关，与外向性、随和性、责任心呈极显著正相关。这表明大学生的社会支持与人格特质之间关系密切，一方面，情绪稳定、性格外向随和、责任心强的

大学生所领悟的社会支持可能会更多，获得的各项社会支持也越多；另一方面，大学生理解和感受到的社会支持程度越高，越表现出自信合群、热情周到，社会交往能力越强，学习工作中表现出勤奋努力、自信干练、精力充沛。

良好的人格和社会支持系统有利于大学生职业兴趣和职业取向的形成。大学生应及早开展职业规划，积极探索自己的职业取向，培养自己的职业兴趣，重视人格的完善和社会支持系统的构建。家庭和学校应该抓住大学生正处于“人格再造期”的有利时机，帮助大学生树立正确的“三观”，全面认知自我，了解社会，积极地面对现实，不断健全自身人格；引导大学生建立社会支持理念，加强大学生对社会支持的理解和感悟，有意识地打造一个属于自己的社会支持系统，让人生更加顺利、更加成功。

## 参考文献

[1] 江瀚. 毕业就失业，年轻人该何去何从? [N/OL]. http://mt. sohu. com/20160630/n457139632. shtml.

[2] 杨琴. 大学毕业生职业取向与职业兴趣、人格的关系研究 [D]. 中南大学，2007.

[3] 职业取向标准测试 [J]. 成才与就业，2006 (3).

[4] 汪向东，王希林，马弘，等. 心理卫生评定量表手册 [M]. 北京：中国心理卫生杂志社，1999.

[5] 陈国海. 组织行为学 [M]. 北京：清华大学出版社，2003.

[6] 龚芸. 大学生社会支持、人格与职业取向的调查研究 [J]. 当代教育理论与实践，2017 (7).

# 调查问卷4－1：大学生职业取向调查问卷

1. 性别：男（　　）女（　　）

2. 独生子女：是（　　）否（　　）

3. 家庭：单亲（　　）双亲（　　）

4. 所学专业属于：文科（　　）理科（　　）艺术类（　　）

5. 家庭来源：城镇（　　）农村（　　）

6. 父亲文化程度：A. 小学　B. 初中　C. 高中（含中专）　D. 大专以上　E. 不详

7. 母亲文化程度：A. 小学　B. 初中　C. 高中（含中专）　D. 大专以上　E. 不详

8. 父亲职业：A. 公务员　B. 教师　C. 工人、公司职员　D. 商人　E. 农民　F. 无固定职业　G. 不详

9. 母亲职业：A. 公务员　B. 教师　C. 工人、公司职员　D. 商人　E. 农民　F. 无固定职业　G. 不详

10. 家庭月收入：A. 1000 元以下　B. 1000—3000 元　C. 3000—5000 元　D. 5000—8000 元　E. 8000—10000　F. 10000 以上

11. 选择专业时采纳了（　　）的意见。A. 父母家人　B. 学校老师　C. 同学朋友　D. 自己

12. 择业时，对你的决策影响最大的是：A. 父母　B. 学校老师　C. 朋友　D. 社会舆论　E. 自己

13. 希望进入的工作单位：A. 机关事业单位　B. 国有企业　C. 三资企业　D. 民营企业　D. 乡镇企业

14. 最想的工作岗位：A. 管理人员　B. 技术人员　C. 销售人员　D. 行政人员　E. 其他

15. 对第一份工作薪水的期望：A. 1000—2000 元　B. 2000—3000 元　C. 3000—5000 元　D. 5000 元以上　E. 无特别期望

16. 你确定工作单位时对工作地域的选择可选两个：A. 沿海发达城市　B. 内地大城市　C. 东部、中部小城市　C. 西部中小城市　C. 急需人才的边远地区　D. 家乡

## 心理测试4－2：领悟社会支持量表

请根据以下每一个句话与你符合的程度，选择合适自己的答案。判断的标准是：1＝极不同意，2＝很不同意，3＝稍不同意，4＝中立，5＝稍同意，6＝很同意，7＝极同意。

1. 在我遇到问题时有些人（老师、亲戚、同学）会出现在我的身旁。
2. 我能够与有些人（老师、亲戚、同学）共享快乐与忧伤。
3. 我的家庭能够切实具体地给我帮助。
4. 在需要时我能够从家庭获得感情上的帮助和支持。
5. 当我有困难时有些人（老师、亲戚、同学）是安慰我的真正源泉。
6. 我的朋友们能真正地帮助我。
7. 在发生困难时我可以依靠我的朋友们。
8. 我能与自己的家庭谈论我的难题。
9. 我的朋友们能与我分享快乐与忧伤。
10. 在我的生活中有些人（老师、亲戚、同学）关心着我的感情。
11. 我的家庭能心甘情愿协助我作出各种决定。
12. 我能与朋友们讨论自己的难题。

说明：由 Zimet 等编制的领悟社会支持量表（Perceived social support scale，PSSS）就是一种强调个体自我理解和自我感受的社会支持量表，由 12 个项目组成，包括家庭支持、朋友支持和其他支持 3 个维度：其中第 11、3、4、8 是家庭支持的条目，6、7、9、12 为朋友支持的条目，其余为其他支持的条目。量表采用七级计分法，领悟社会支持总分由所有条目分累加，以总分反映个体感受到的社会支持总程度。

计分方法：选 1 得 1 分，选 7 得 7 分，其余类推。总分在 12—36 分之间为

低支持状态；总分在37—60分之间为中间支持状态；总分在61—84分之间为高支持状态。总分越高，说明个体的社会支持越高。

## 心理测试4－3：60道题“大五”人格问卷

指导语：本调查想了解人们在自我方面的感觉。以下是一些有关自我情感、态度和行为的陈述，选择适合自己的答案。判断的标准是：1＝非常不同意，2＝不同意,3＝没有意见，4＝同意，5＝非常同意。

1. 我不是一个爱发愁的人。
2. 我喜欢有许多人和我在一起。
3. 我不愿意浪费时间做白日梦。
4. 我尽量对遇到的每一个人有礼貌。
5. 我把自己的东西收拾、保持得干净整洁。
6. 我常常感到不如别人。
7. 我很容易发笑。
8. 一旦找到了做某件事的正确方法，我会坚持采用。
9. 我经常与家人和同事发生争执。
10. 我能很好地安排时间，使各种事情按时完成。
11. 当我处于极度紧张状态时，有时觉得自己都要崩溃了。
12. 我不认为自己是个“无忧无虑”的人。
13. 我对艺术和自然的表现形式着迷。
14. 有些人认为我自私和自我中心。
15. 我不是一个很有条理的人。
16. 我很少感到孤独或忧郁。
17. 我很喜欢和人们谈话。
18. 我认为让学生听到有争议的演讲会使他们思想混乱。
19. 我愿与人合作，而不是与人竞争。
20. 我会尽心尽力去完成分配给我的所有任务。
21. 我常常会感到紧张和极度不安。

22. 我喜欢凑热闹。
23. 诗歌对我很少有影响或毫无影响。
24. 我常常对别人的意图冷嘲热讽，并表示怀疑。
25. 我的一系列目标很明确，并能逐步地实现它。
26. 有时我感到自己毫无用处。
27. 我通常宁愿独自一个人做事。
28. 我经常品尝新研制或刚从国外进口的食品。
29. 我认为如果你容忍人们欺骗、利用你的话，那么大多数人都会这样做。
30. 通常我要花很多时间，才能安下心来工作。
31. 我很少感到恐惧或焦虑。
32. 我常常感到自己精力与活力十足。
33. 我很少注意到不同环境中的心情或感觉变化。
34. 大多数认识我的人都喜欢我。
35. 我工作勤奋，以便实现自己的目标。
36. 我常常为人们对待我的方式而生气。
37. 我是一个快乐的、精力充沛的人。
38. 我听音乐的时候，有时会完全沉醉于其中。
39. 有些人认为我冷漠，只为自己打算。
40. 当我答应做一件事时，人们总相信我能坚持到底。
41. 当事情变得不顺利时我常会感到泄气，并想放弃。
42. 我不是一个快活的乐观主义者。
43. 我读一首诗或观赏一件艺术品时，有时会感到激动。
44. 我的态度是讲求实际和不感情用事。
45. 有时我不像我应该做到的那样可靠和值得信赖。
46. 我很少悲伤或忧郁。
47. 我的生活是快节奏的。
48. 我没什么兴趣思索宇宙的本质或人类的现状。
49. 通常我会尽力考虑周全。
50. 我工作富于成效，总能及时、正确地完成任务。
51. 我常常感到无助，想要别人来解决我的问题。

52. 我是一个很活跃的人。
53. 我对动脑筋的事有很强的好奇心。
54. 如果我不喜欢某些人，我就让他们知道。
55. 我好像从来不能把事情做得井井有条。
56. 有时我感到非常羞愧，简直想躲起来。
57. 我宁愿走自己的路，而不愿引导他人与我同行。
58. 我经常对理论或抽象的概念感兴趣。
59. 我在需要时，会操控别人，以得获得我想要的。
60. 我力求把所有事情都做得十全十美。

说明：问卷共有 60 题，采取五级评分，包括五个分量表。每个分量表各有 12 个条目，主要内容如下：

1. 情绪稳定性（Neuroticism）量表：评估的是情感的调节和情绪的不稳定性。神经质得高分的个体倾向于有心理压力、不现实的想法、过多的要求和冲动以及不适应的应对反应。虽然这个方面的高分并不预示着存在临床上的障碍，但患有临床综合征的个体往往会在这个量表上得高分（Costa & Widiger，1994）。

2. 外向性（Extraversion）量表：表示人际互动的数量和密度、对刺激的需要以及获得愉悦的能力。这个维度将社会性的、主动的、具有个人定向的个体和沉默的、严肃的、腼腆的、安静的人作对比。这个方面可由两个品质加以衡量，即人际的卷入水平和活力水平。前者评估个体喜欢他人陪伴的程度，后者反映了个体个人的节奏和活力水平。

3. 开放性（Openness）量表：对经验的开放性是评鉴对经验本身的积极寻求和欣赏以及对不熟悉情景的容忍和探索。这个维度将那些好奇的、新颖的、非传统的以及有创造性的个体与那些传统的、无艺术兴趣的、无分析能力的个体做比较。在大五因素中，这一维度是最充满争论的，对它的探索也是最少的；就其在语言上的描述而言，对它的解释也是最少量的。

4. 随和性（Agreeableness Facets）量表：考察个体对其他人所持的态度。这些态度既包括亲近人的、有同情心的、信任他人的、宽大的、心软的，也包括敌对的、愤世嫉俗的、爱摆布人的、复仇心重的、无情的。

5. 责任心（Conscientiousness）量表：评估个体在目标导向行为上的组织、

坚持和动机。这个维度把可信赖的、讲究的个体同懒散的、马虎的个体作比较。同时反映个体自我控制的程度以及延迟需求满足的能力。

计分方法：没有常模，直接采用原始分，参照其五级评分等级标准来进行评价。

1. 情绪稳定性（Neuroticism）量表：1、6、11、16、21、26、31、36、41、46、51、56。其中1、16、31、46为反向计分。得分越高越不稳定。

2. 外向性（Extraversion）量表：2、7、12、17、22、27、32、37、42、47、52、57。其中12、27、42、57为反向计分。

3. 开放性（Openness）量表：3、8、13、18、23、28、33、38、43、48、53、58。其中18、23、28、33、48为反向计分。

4. 随和性（Agreeableness Facets）量表：4、9、14、19、24、29、34、39、44、49、54、59。其中9、14、19、24、39、44、54、59为反向计分。

5. 责任心（Conscientiousness）量表：5、10、15、20、25、30、35、40、45、50、55、60。其中15、30、45、55为反向计分。

# 第五章　大学生职业生涯规划

随着大学生就业难问题的出现，全国各大高校开展了大学生职业生涯规划的实践探索，取得了一定的成绩，但是仍然存在许多问题。首先是大学生职业规划的主体意识薄弱，五花八门的职业规划应运而生；其次是大学生有自我认识的狭隘性、环境分析的静态性，不能从自身实际情况和社会需求来确定职业发展的方向，导致制定的职业生涯规划缺乏竞争性、科学性和针对性，影响了大学生职业生涯规划的实际效果。

大学生职业生涯规划是指大学生在大学期间，在全面认识自身的前提下，在认真分析当前环境形势的基础上结合自己的专业特长和知识结构，对将来从事的工作所做的方向性的计划安排及行动措施以期实现良好的人职匹配，为一生的职业生涯发展奠定一定的基础。大学生职业生涯规划涉及心理和行为的一种动态过程，因为职业生涯规划受大学生职业取向的高度制约，在不同的政治、经济、社会背景下所形成的不同的职业取向往往会直接导致不同的职业生涯规划。成功的职业生涯规划都是很好地将个人理想与社会需求相结合的结果，有利于实现大学生学业与职业的良好匹配，真正做到人尽其才，各得其所，实现个体人生价值的最大化。做好大学生职业生涯规划，社会、学校及学生都必须重视职业取向的作用。职业取向决定了大学生职业生涯规划的方向，是职业生涯规划成功实施的关键，能够促进职业生涯规划向多元化发展，并影响着主客体对职业生涯规划的判断。

职业生涯规划的最大特征就是个性化，而且要求具备可行性、适时性、灵活性和持续性等特征。大学生职业生涯规划必须由自己主导，主体框架上包含四个基本环节：自我认知、环境认知、职业生涯定位、规划与行动、评估反馈和调整。

# 第一节　大学生的自我认知

自我认知是职业生涯规划的第一步，也是最重要的一步。对自我的不同认识和评价，将直接导致职业生涯目标的可行度和持久性。但是，目前不少大学生认识自我的内容片面、途径单一，缺乏综合性。很多学生只分析了个人的兴趣、爱好、特长、性格、个人的优缺点，没有涉及个人的情商（情感、情趣、意志、耐受挫折等品质）、职业价值观取向，以及职业的适应性等，而这些因素对职业生涯有着非常重要的影响。大学生了解自我的主要方式，要么是凭主观认识自己，要么是单纯通过各种测试来认识自己，要么只是根据友人、同龄群体的评价来认识自己。这样，容易产生两种认识误区：第一，过分肯定，只看到自己的优势，忽略了自身劣势，使自己陷入自负的境地；第二，过分否定，看不到自己的优势所在，认为自己一无是处，让自己陷入自卑的低谷。从而导致两种规划结果：第一，职业发展期望值过高，职业定位是“三大”（大城市、大企业、大机关），“三高”（高收入、高福利、高地位），而不愿去基层、欠发达地区，导致大学生职业生涯规划带有理想化的倾向，不符合实际；第二，职业发展期望值过低，找不到自己应有的价值，对前途失去信心，自暴自弃，产生心理隐疾。因此，大学生在职业生涯规划中，自我分析不仅需要借助一些科学的测评方法和专业人士的必要指导，还需要结合周围人的评价，帮助学生全面掌握兴趣爱好、性格特征、身体状况、心理素质、专业学习程度、实践能力等自身基本情况，综合思考个人和家庭的职业价值观，预测职业能力及适应性，通过全面科学的自我分析，选定适合自己发展的生涯路线，做出生涯目标的最佳抉择。

**【资料导读】**

**乌鸦学老鹰**

一只老鹰从半空中俯冲下来，长啸一声，用它那尖利的爪子抓住一只山羊，飞向蓝天。一只乌鸦看见了这一幕，非常羡慕，梦想着可以跟老鹰一样，有一副好身手。于是，它每天练习俯冲。终于有一天，乌鸦觉得自己已经练得可以去抓山羊了，它便像老鹰那样从半空中俯冲下来，抓住一只山羊，使劲向蓝天飞去。遗憾的是，它最终没有力气把山羊抓起来，反而让自己的细小爪子被山羊毛紧紧缠住。最终，乌鸦被牧羊人发现并抓住。牧羊人把这只模仿老鹰的乌鸦带回家送给了他的儿子。他的儿子问道："爸爸，这是什么鸟？"牧羊人回答："这是一只忘记了自己姓什么的鸟。"儿子抚摸着乌鸦光滑乌黑的羽毛说道："它真可爱。"

《乌鸦学老鹰》的寓言故事告诉我们：只有认清自己，才能越走越远；只有认清自己，才有前进的方向；只有认清自己，才会有成功的希望。

## 一、生理自我的认知

### （一）生理自我的概念

生理自我是自我意识最原始的形态。儿童一周岁末，开始将自己的动作和动作的对象区分开来，把自己和自己的动作区分开来，并在与自我的交往中，按照自己的姓名、身体特征、行动和活动能力来看待自己，并做出一定的评价。生理自我在3岁左右基本成熟。生理自我是指个体对自己的生理属性的认识，包括对自己的性别、年龄、身高、体型、容貌、仪表、体能、健康状况及所有物等方面的认识，还包括对自我的占有感、支配感和爱护感。在自我体验上表现为自豪或自卑，在行为上表现为追求外表美、对所有物的占用、支配和爱护等。

### （二）生理因素对大学生求职择业的影响

法国伊弗普民调所（IFOP）所做的一项民意调查显示，法国将近四成（37%）的求职者表示，个人在应征企业招工过程中曾遭遇歧视。20%以上的求职者列出了个人遭遇歧视的可能原因，按比例多寡，依次为身体外貌（肥胖、服装穿着等）、本人是失业者、性别或出身（肤色、国籍、口音等），接着为残疾、年纪大、居住地点等。我国在用人单位招聘员工时，对于应聘人员的性别、身高、健康状况等有所要求，同时职业本身的性质对从业者的生理状况也有限制，如招警考试中男性招收比例在80%以上；要求男性身高1.7米以上，女性在1.6米以上；应试者的视力在1.0以上，色盲者不宜从事需要色彩辨别的职业等。由此可以看出，生理因素不仅对就业有一定影响，而且会影响到求职者的心理。在求职择业中，性别歧视是一把飞向求职者的“明刀”，叫人避之不及；那么身高、长相、体形等外貌方面的歧视性要求就是让求职者更无从避及的“暗箭”。根据一份就业歧视调查报告结果，在国家及各地市公务员招考中，普遍存在健康、年龄、性别及户籍、地域等方面的歧视性要求。

1. 外貌歧视

貌美的人在恋爱、就业、社交中更有优势。在现实的职场环境里，外貌歧视现象一直存在，48.1%的被调查者曾遭遇过“外貌歧视”。外貌歧视的影响远远不只用人单位公开给长相好的职工定更高的工资这么简单、这么公开。长相好的人更容易就业、更容易得到升迁。而且这样的外貌就业歧视更隐蔽，更不容易被发现和查处。华中科技大学管理学院的江求川、张克中（2013）通过复杂的数学计算予以证实：女性身高每增加1厘米，其工资收入会提高1.5%—2.2%；身材“偏胖”对女性的工资收入和就业都有显著的负面影响，偏胖女性的就业可能性低8%—10%。2013年湖南公考总分第一名，因脸上长痘被拿下。银行招聘身高，是隐性硬杠杠。

2. 性别歧视

世界上许多国家通过了男女就业机会均等、报酬均等的法律、法规，禁止性别歧视，要求社会给妇女在谋求职业、学习培训、晋级提升、社会福利、退休养老等方面与男子平等的权利。现代社会妇女大规模进入劳动市场，但在就业方面，她们仍处于不利地位。如妇女就业机会少，可供选择的职业有限，有些国家的法律甚至排除妇女参加某些职业，等等。妇女在接受职业培训、进修等方面，得不到与男子平等的机会，特别是得不到专业、技术和行政职业的培训和提高，很难晋升到负责岗位，尤其是最高一级的决策岗位。大多数妇女的工作仍局限在技术程度低、收入低的职业岗位。《2016年全球性别差距报告》显示，全球性别差距比值达到了2008年以来的最低点，这意味着男女不平等现象在全球范围有所加剧。首先就是薪资，虽然女性的工作时间更长（包括有酬和无酬工作），但全球女性的平均收入仅为男性收入的一半以上。另外一项长期存在的问题就是停滞不前的劳动力参与率，其中全球女性的平均参与率为54%，男性则达到了81%。其次，健康和生存这项指标的差距比值也已达到了96%，差距扩大的幅度最小，144 个被调查国家中，有三分之二已经完全消除了出生性别比率方面的性别差距，同时也有超过三分之一的国家已经完全消除了健康期望寿命方面的差距。性别差距指数衡量的第四大指标是政治赋权，目前全球只有两个国家在议会实现了男女平等，还有 4 个国家在部级领导层上实现了男女平等。报告显示，第四次工业革命的到来很有可能给众多以女性为主的工种造成最严重的打击，使得实现性别平等（特别是在经济领域）的进展放缓，进而会构成特别的风险。女性谋生方式的“空心化”将导致各大经济体进一步丧失女性人才，同时也加剧了需要更多女性进入高增长领域的迫切性。中国女性歧视状况仍未明显改善，中国妇联《女大学生就业状况调查报告》显示，91.9%的被访女大学生感到用人单位存在性别偏见。

## 二、职业兴趣认知

### （一）职业兴趣的概念

兴趣是个体力求认识某种事物或从事某项活动的心理倾向，它表现为个体对某种事物或从事某种活动的选择性态度和积极的情绪反应。推而论之，职业兴趣事实上就是个体力求了解某种职业或进行某种职业活动的心理倾向。对某种职业感兴趣的人在学习工作中就能全神贯注、积极热情，富有创造性地努力完成任务；对自己的工作毫无兴趣的人，即使聪明能干，也不大可能在本专业或本行业中有所建树。

### （二）职业兴趣对大学生职业生涯的影响

每个在校学习的大学生，都对生活怀有丰富多彩的憧憬，想象着职业生涯之路，都对未来寄予美好的希望，勾画着实现人生价值的蓝图。然而，要想取得成功，你就一定要对工作充满激情。因为激情是成功的原动力，真正的激情只有一个来源，那就是兴趣。

马克思在《青年在选择职业时的考虑》中说：“我们应当认真考虑：所选择的职业是不是真正使我们受到鼓舞？我们的内心是不是同意？”这说明职业兴趣是青年从事职业活动的重要条件。职业兴趣的发展一般从有趣开始，逐渐产生乐趣，并不断与奋斗目标相结合，发展成志趣，从而表现出方向性和意志性的特点。任何一个想在工作和事业上有成就者无不对自己的职业充满浓厚的兴趣。获得诺贝尔物理奖的华人科学家丁肇中曾说过：“兴趣比天才重要。”爱迪生就是个很好的例子，他几乎每天都在实验室里辛苦工作十几个小时，在那里吃饭、睡觉，但丝毫不以为苦，“我一生中从未间断过一天工作。”他宣称，“我每天其乐无穷。”兴趣促使他在事业上获得了巨大成功。因此，大学生在择业时，不仅需要知道自己有能力从事什么样的工作，也需要知道自己对哪类工作感兴趣，并能满足你的向往。只有将能力和兴趣结合起来考虑，才更有可能取得职业生涯的成功。

具体来说，职业兴趣对大学生择业的影响主要表现在以下方面。

1. 职业兴趣是大学生择业的重要依据

兴趣是最好的老师，是一种强大的精神力量。兴趣可以使人集中精力去获得你所喜欢的职业知识，启迪智慧并创造性地开展工作。当一个人对某种职业发生兴趣时，他就能发挥整个身心的积极性，积极感知和关注该职业的知识、动态，并且积极思考与大胆探索，甚至情绪高涨、想象丰富，增强克服困难的意志。反之，“强按牛头喝水”，便不会取得良好效果，当然也就很难在该职业上发挥个人的优势、作出巨大贡献。正像我们在日常生活中喜欢从事自己感兴趣的活动一样，具有一定兴趣类型的人更倾向于寻找与此有关的职业；特别是在外界环境限制较小时，更倾向于选择自己感兴趣的职业。个人的个性是喜欢自己爱做的事，一般都是自己喜欢的兴趣爱好。如果兴趣和事业统一起来，那人就更容易成功，必定让人做自己喜欢做的事，都是很有自觉性，自发的动力很持久，更容易走到成功；如果是自己不喜欢做的事，就会有抵制情绪，积极性不高，动力不足，效果也不会好。以前人们为生活，被迫固化在土地或工厂中。现在有了多样性，兴趣更多，释放人的个性，追求兴趣成为谋生的手段，而且这个趋势也越来越明显。

2. 职业兴趣是激发大学生潜能发挥的重要因素

当一个人对某方面的工作有兴趣时，枯燥的工作会变得丰富多彩、趣味无穷，再苦再累的工作也会感到自得其乐。兴趣使工作不再是一种负担，而是一种享受。兴趣可以调动人的全部精力，以敏锐的观察力、高度的注意力和丰富的想象力全身心投入工作，促进潜能的发挥，兴趣和能力的合理结合会大大提高工作效率。一项研究显示，如果一个人从事自己感兴趣的职业，则能发挥全部才能的80%—90%，并且长时间保持高效率而不感到疲劳；如果对所从事的工作没有兴趣，则只能发挥全部才能的20%—30%。古今中外著名的科学家、文学家、艺术家，往往是在强烈的兴趣推动下而取得成功的。英国著名动物行为学家古道尔从小喜欢生物，并逐步对黑猩猩产生了强烈兴趣。于是，她不畏艰险，只身进入热带森林与黑猩猩一起“生活”了10多年，掌握了极其宝贵的第一手资料，为揭开黑猩猩的秘密作出了贡献。爱迪生、达尔文、爱因斯坦、李四光、陈景润等著名的中外科学家获得巨大成就的推动力也是来自兴趣。可以说，谁找到了自己最感兴趣的职业，谁就等于踏上了通向成功的大路。

3. 职业兴趣是保证大学生职业稳定和成功的重要因素

兴趣是工作动力的主要源泉之一。一个人对工作感兴趣，就愿意钻研，就会出成就——这正是兴趣的作用所在。一般来说，兴趣是一个人职业生涯适应的一个基本方面，可以为职业生涯选择提供有效的信息。在其他条件相似的情况下，从事自己感兴趣的职业不但让你感到满意，而且能够让你的工作单位感到满意，并由此形成工作的长期性和稳定性。因此，兴趣是职场成功的一个重要因素，它能将个人的潜能最大限度地调动起来，使他长期专注于某一方向，做出艰苦的努力，取得令人注目的成绩。有人曾对美国成功人士进行了一次调查，结果表明，他们之中94%以上的人都从事着自己喜爱的工作。换句话说，工作的基础条件就是喜好和兴趣。一个对于工作感到不满意的人，不管如何努力，都不会有优越的表现。最初择业的时候，影响人们选择的常常是薪水高低等因素，但你慢慢会发现，如果长期干自己不喜欢的工作，会倍感厌倦。我们很多人都常常忽略这样一个事实：工作本身也是生活的一部分，工作质量的高低决定了生活质量的高低。工作并不是毫无感情的，它对于人生的意义绝不仅仅在于衣食住行，实际上，它更是你实现理想的途径，是使一个人快乐幸福的隐形伴侣。

### （三）兴趣与职业选择

发现和准确判断自己的职业兴趣所在，可以更好地选择适合自己的职业。根据《加拿大职业分类词典》的分类，共有十种类型的职业兴趣。

1. 愿与事物打交道

这类人喜欢同事物打交道（比如：工具、器具或数字），而不喜欢从事与人和动物打交道的职业。相应的职业有：制图员、修理工、裁缝、木匠、建筑工、出纳员、记账员、会计等。

2. 愿与人接触

这类人喜欢与他人接触的工作，他们喜欢销售、采访、传递信息一类的活动。相应的职业有：记者、营业员、服务员、推销员等。

3. 愿干有规律的工作

这类人喜欢常规的、有规律的活动，在预先安排的条件下做细致工作。相应的职业有：图书馆管理员、办公室职员、档案整理员、打字员、统计员等。

4. 愿从事社会福利和助人的工作

这类人乐意帮助别人，试图改善他人的状况，喜欢独自与人接触。相应的职业有：医生、律师、护士、咨询人员等。

5. 愿做领导和组织工作

这类人喜欢管理工作，爱好掌管一些事情，他们在企事业单位中起着重要的作用。相应的职业有辅导员、行政人员、管理人员等。

6. 愿研究人的行为

这类人喜欢谈论涉及人的主题，他们爱研究人的行为举止和心理状态。相应的专业有：心理学、政治学、人类学等。

7. 愿从事科学技术事业

这类人喜欢分析的、推理的、测试的活动，擅长理论分析，喜欢独立解决问题，也喜欢通过实验获得新发现。相应的专业有：生物、化学、工程学、物理学等工作。

8. 愿从事抽象性和创造性的工作

这类人喜爱需要有想象力和创造力的工作。相应的职业有：演员、创设作人员、计人员、画家等。

9. 愿做操纵机器的技术工作

这些人喜欢运用一定的技术，操纵各种机械，制造产品或完成其他任务。相应的职业有：机床工、驾驶员、飞行员等。

10. 愿从事具体的工作

这类人喜欢制作看得见、摸得着的产品，希望很快看到自己的劳动成果，他们从完成的产品中得到自我满足。相应的职业有：厨师、园林工、理发师、美容师、室内装饰工、工人等。

一个理想的职业生涯应是最符合你的个性、最能发挥你的潜力、最使你感兴趣的职业生涯，当然这几者并不总是一致。那么，大学生在择业时就应该尽量去寻找它们的结合点，找到最佳职业生涯定位。

## 三、职业能力认知

### （一）职业能力的概念

从心理学角度看，能力是个体顺利完成某种活动所必须具备的个性心理特征。能力直接影响人的活动效率，是个体完成活动的主观条件。职业能力是直接影响职业活动效率和使职业活动顺利进行的一种个性心理特征。职业能力是指从事某种职业必须具备的，并在该职业活动中表现出来的多种能力的综合，不是单一的一种能力，也不是一个个毫不相干的孤立能力的机械相加，而是相互联系、相互影响的有机整体，是各种能力的“综合”。职业能力也常被称为跨岗位、跨职业的能力，即要求劳动者不会因为原有的专门知识和技能对新的职业不再适应时而茫然不知所措，而是能够在变化了的环境中重新获得职业知识和技能的能力。这种能力不仅包括技能，还包括了胜任工作所需要的其他各项条件，例如动手能力、思考能力、交往能力、组织能力等，其中任何一个孤立的能力要素都难以完成职业活动，是劳动者知识、技能和态度等素质要素的整合。

与职业选择、职业发展相关的能力可分为：一般能力，管理能力和人际交往能力，特殊能力。一般能力是与各种职业活动相关的基本能力，主要包括语言理解能力、判断推理能力、数量关系的把握能力，反映了一个人在职业发展方面的潜力，它是介于智力与具体知识技能之间的心理特征。与知识技能相比，能力具有更广泛的影响，影响到人们更广泛的职业活动。管理能力即组织大家一起做事的能力，从职业发展角度来说，管理能力如何是职业选择应考虑的一个重要因素。没有管理欲望和技能的人到管理职位上去发展只会事倍功半，自我价值也得不到很好体现。因此正确认识自己的管理欲望和潜能对于规划自己的职业发展之路很重要。人际交往能力是与人打交道的意识与技巧，不同职业对这一能力的要求不同。谈判家、公关人员、营销人员等需要具备很高的人际交往能力，并在这方面花很多精力和时间；而计算机软件编程人员、工程技术设计人员、自然科学方面的研究人员等职业，对人际交往能力的要求很低。特殊能力是在某些特殊领域的活动中所表现出来的能力。如节奏感、色彩鉴别力、准确估计比例关系等就属于特殊能力。这些能力相互作用，构成有机整体，保证有效地完成某项活动。

### （二）职业能力对大学生择业的影响

大学生对自己职业能力的认识和评价对职业定向与职业选择起着筛选和定位的作用。

1. 职业能力类型必须与职业类型相吻合

不同的职业类型具有不同的特殊性，对从业者的能力要求也不一样。在职业定向上，职业能力因素起筛选作用，各人根据职业能力的高低和能力优势确定其职业意向。因而大学生在进行职业选择时，要注意能力类型与职业类型相吻合。如擅长形象思维的人比较适合从事写作、音乐、绘画等文学艺术方面的工作；擅长逻辑思维的人比较适合从事哲学、数学等理论性较强的工作；擅长行动思维的人比较适合机械、修理等动手能力强的工作。

2. 良好的心理承受能力是择业成功的重要因素

在高等教育大众化背景下，高校毕业生数量逐年增加，就业形势日趋严峻。从2001年的100万大学毕业生，到2017年的795万大学毕业生，17年增长了8倍，大学生因为就业压力而衍生的心理问题层出不穷。心理承受能力强的大学生能正确对待挫折，战胜挫折，变压力为动力，找到施展自己才华的空间。反之，心理承受能力差的学生就容易产生怀才不遇的心理，抱怨自己生不逢时，怨天尤人。

3. 在择业过程中发挥能力优势原则

每个人都具备多种能力，但这些能力是不均衡的，某些能力相对突出，某些能力相对较弱。如达尔文学习数学、医学呆头呆脑，一摸到动植物却灵光焕发；阿西莫夫有一天突然发现自己不能成为一个第一流的科学家，却能够成为一个第一流的科普作家。因此，选择合适自己的工作，就是要选择发现自己能力优势的职业。

### （三）能力与职业选择

能力是一个人完成任务的前提条件，是影响工作效果的基本因素。了解自己的能力倾向及不同职业的能力要求，对合理进行职业选择具有重要意义。

**表 5-1 能力与职业的对应**

| 能力类型 | 能力特征 | 适合从事的职业 |
| --- | --- | --- |
| 察觉细节的能力 | 对物体和图形的有关细节具有正确的知觉能力 | 绘图员、工程师、艺术家、医生、护士等 |
| 运动协调能力 | 身体能够迅速而准确地做出动作反应 | 舞蹈演员、健身教练、司机等 |
| 动手能力 | 手、手腕、手指能够迅速而准确地操作小的物体 | 技术工人、检修人员、模型制造人员、手工艺者 |
| 书写能力 | 对词、印刷物、账目、表格等的细微部分具有正确的知觉能力 | 校对、录入人员等 |
| 社会交往能力 | 善于进行人与人之间的相互交往、相互联系、相互帮助，能够协同工作并建立良好的人际关系 | 公共关系人员、对外联络人员、政府新闻官、物业管理人员等 |
| 组织管理能力 | 擅长组织和安排各种活动，以及协调参加活动的人与人之间的关系 | 管理人员，如企业经理、基金管理人等 |

## 四、职业气质认知

### （一）气质的概念

在日常生活中，我们会发现，有人性情急躁，易发脾气，喜怒形之于色，遇事缺乏三思而后行，如人们熟知的李逵、程咬金、张飞等；有人说话、做事总是慢条斯理，不轻易动肝火，遇事犹豫不决，如林冲、宋江等。有人活泼好动、善交朋友、易适应环境，如燕青、韦小宝等；有人则喜欢独处、安静，少言寡语，虽然内心不快，但不立即暴露出来，如林冲、宋江等，这些心理活动的差别是人们不同气质的表现。气质是指个体不以活动目的和内容为转移的典型的、稳定的心理活动的动力特性，是一个人心理活动在发生速度、灵活性、强度和指向性等方面特征的综合。心理活动的速度和灵活性，主要指知觉的速度、思维的灵活程度、注意集中时间的长短等；强度主要指情绪的强弱、意志努力的程度等；指向性即个体的心理活动是倾向于外部现实还是倾向于自己的内心世界。

气质具有相对稳定性。当把气质同其他个性心理特征（如能力、性格）进行比较时，多数心理学家都认为气质是非常稳定的。江山易改，禀性难移。有人曾对同卵双生子进行14年的追踪研究，发现他们的气质几乎没有什么变化。当然，气质并不是一成不变，实践证明，遗传对气质的影响有随年龄增长而减弱的趋势，而环境对气质的影响有随年龄增长而增大的趋势。因此，气质具有一定的可塑性。

有关气质类型的学说有许多种，比较普遍的提法是把人的气质分为四种类型：胆汁质、多血质、黏液质和抑郁质。每种类型的人都有各自典型的特征。胆汁质的基本特征是直率、热情、精力旺盛、性情急躁、易于冲动、心理变化剧烈等。多血质的基本特征是活泼、好动、敏感、反应迅速、喜欢与人交往、注意力容易转移、兴趣容易变换等。黏液质的基本特征是安静、稳重、沉默寡言、反应缓慢、情绪不易外露，注意力集中、善于忍耐等。抑郁质的基本特征是孤僻、行动迟缓、体验深刻、易于观察别人不易觉察到的事物等，具有内倾型。

### （二）气质对大学生择业的影响

气质作为人行为方式的影响因素，虽对活动效果不起决定作用，但对职业活动尤其是一些特殊职业活动来说却具有重要作用。了解气质可以帮助大学生选择合适的专业和职业，也可以根据兴趣来改造和掩盖自己的气质。

1. 不同职业对从业者可能有不同的气质要求

社会上的职业，林林总总，各具特色。有些需要从业者有较强的耐受性，注意力能长时间集中，而有些则要求从业者反应敏捷、动作灵活。例如，对于从事纺织工作的纺织女工，要求具有注意稳定且善于转移、动作敏捷等品质。对医务人员则要求具有反应灵敏、耐心、细致等品质。一般来说，要求速度的工作，多血质和胆汁质特征的人更适合；要求稳定、持久性的工作，黏液质特征的人更适合；要求精细、敏锐的工作，抑郁质特征的人更能胜任等。在一般性的学习和工作中，这种影响并不显著，这是由于气质的积极方面对其消极方面有补偿作用。例如，多血质的人注意转移灵活，可弥补其注意不稳定的特点；黏液质的人细致耐心，可适当补偿其速度的不足。而且，后天形成的性格也会掩盖其某些气质特征。如一个胆汁质的医科学生可能因为他专业的要求，而在后天培养起谨慎的性格特征，从而掩盖其粗心、冲动的一面。不同气质特性的人，对不同类型职业活动的偏爱也有所不同。研究发现，在律师和图书管理员这两种具有不同刺激负荷的职业中，高、低反应性被试的分布不同：在 19 名喜爱律师职业的被试中，14 人为低反应性的；在 23 名喜欢图书管理员职业的被试中，15 人为高反应性个体。这说明气质特征与个体活动爱好有关，人可以通过选择活动、职业和环境来满足由自己气质特点决定的心理需求。

2. 气质并不能决定一个人职业活动的社会价值和成就高低

在一般职业活动中，气质并不决定一个人的职业成就，这已为众多气质心理学家所公认。在同一职业领域内，人们可以找出不同气质类型的代表；在不同领域内的突出人员中，也可以找出同一气质类型的代表。研究发现，俄国四位著名文学家，普希金属于热情、奔放的胆汁质，赫尔岑属于活泼、好动的多血质，克雷洛夫属于稳重、寡言黏液质，果戈理属于深沉、孤独的抑郁质。他们虽属不同气质类型，但在文艺领域内都取得了突出成就。达尔文和果戈理虽都属于抑郁质类型，但都在他们的专业方面获得了伟大的成就。因此，任何气质类型的人，都可以在各自的专业中发挥重要作用，成为出类拔萃的人。

3. 特殊职业对气质有特定的要求

气质对个体职业活动的影响在一般职业中表现得并不明显，而在一些特殊职业中，如宇航员、参加国际比赛的运动员、雷达观察员等，职业对其气质特质的要求则较为严格。从事这些职业的人必须经过气质特质的测定，进行严格的选择和培训，才能胜任这类活动。比如，一级方程式赛车手，其气质特质对其职业运动成绩起着非常重要的作用。前苏联宇航员加加林在起飞前 7 分钟还能睡得很好，情绪稳定性是他成为宇航员的重要条件。英国学者艾森克指出，外向的人不能很好地担任警戒任务，据此雷达管理员应该由内向的人来担任。

### （三）气质与职业选择

在职业的选择过程中，大学生要充分考虑到自己的气质类型选择与其适应的职业，这样就更能发挥优势和特长，取得更大的成就。

表 5－2 气质与职业的对应

| 气质类型 | 气质特征 | 适合从事的职业 |
| --- | --- | --- |
| 胆汁质 | 适合做反应迅速、动作有力、危险性较大、难度较高而费力的工作；不适合从事稳重、细致的工作 | 导游、节目主持人、推销员、演员、模特、演讲者、外事接待人员、律师、运动员、公安干警等 |
| 多血质 | 适合做社交性、文艺性、多样性、要求反应敏捷且均衡的工作，而不太适应做细致单调、环境过于安静的工作；可从事广泛的职业 | 新闻工作、外交人员、服务人员、管理人员、咨询员、冒险家等 |
| 黏液质 | 适合做有条不紊、刻板平静、难度较高的工作；不适合从事富于变化和挑战性大的工作 | 办公室文员、会计、出纳、播音员、外科医生、法官、调解员等 |
| 抑郁质 | 适合做兢兢业业、持久细致的工作；不适合做与各色人物打交道、变化多端、处理果断的工作 | 保管员、化验员、排版员、保育员、研究人员、技术员、打字员、登录员、检查员、刺绣工、机要秘书等 |

## 五、职业性格认知

### （一）职业性格的概念

“性格”一词源于希腊文，原意是“特征”“标志”“属性”或“特性”。心理学对性格的界定是：一个人对客观现实所持的稳定的态度和习惯化的行为方式中表现出来的人格特征。也就是说，个人在生活过程中接触到形形色色的人、事、物时，会根据自己的认识对它们同时也对自己产生一种稳定的、评价性的心理倾向，如肯定或否定、赞成或反对、满意或不满意等，这就是态度。

态度会支配人的行为，有什么样的态度就会表现出什么样的行为方式，如追求或放弃、接纳或拒绝、保持或改变等。日久天长，逐渐稳定下来的态度和形成习惯的行为方式就构成了一个人独具特色的性格特征。如一个人经常见义勇为，对有利于集体的事即使有危险也无所畏惧，我们就可以说这个人具有勇敢的性格特征。若一个人一贯畏首畏尾，前怕狼后怕虎，偶然有一次在并不伤害其个人利益的情况下表现出勇敢的行为，那么，只能说他这次行为是“勇敢”的，但勇敢却并没有成为他的性格特征。可见，只有在生活中形成的对现实稳固的态度和习惯了的行为方式，才是一个人的性格特征。

职业性格是一个人对职业的稳定态度和在职业活动中习惯化了的行为方式所表现出来的个性心理特征。不同的职业需要不同性格的从业者，某一类职业工作者能体现某一类共同的职业性格。

### （二）职业性格对大学生择业的影响

人的性格千差万别，或热情外向，或羞怯内向，或沉着冷静，或火爆急躁。心理学的研究表明，不同的职业有不同的性格要求。因此，大学生了解自己的职业性格，不但有助于择业的成功，而且能够利用性格中的优劣因素有的放矢地开展工作。

1. 不同职业对从业者的性格特点有不同的要求

心理学家对外倾性强和内倾性强的人进行了研究，结果表明：长期苦恼的人倾向于内倾；领导品质与外倾性格呈正相关；内倾性或外倾性与智力水平的高低无关；外倾性强的人，他们的手部运动、语言反应和决断简单事物的能力，要优于内倾性强的人。一般来说，外倾性强的人适于培养成开拓型人才，成为实业家或领导管理人才，如教育、公关、公司经理、销售主管、管理性工作等；内倾性强的人适于培养成学术型人才或从事精细的工作，如会计师、实验人员、科研人员、医生、技术性工作等。

2. 性格决定职业发展的长远

事业的成功与否，与性格和职业的匹配密切相关。我们知道“马跑得快，牛会犁田，狗能看家”，如果让马去“看家”，肯定不能尽职；如果叫狗去“犁田”，肯定没法完成任务。这是因为天生特性决定其具有某方面的功用与特长。简单地说，如果你是一位典型的性格内向的人，选择营销工作，就很难取得好的业绩；如果你的情绪易激动，控制力较弱，最好不要玩股票。每个人都有其特定的优势长处，如果一个人从事的职业与他的性格相适应，并有能力相支撑时，工作起来就会得心应手，能提高自身工作满意度，增强工作绩效，容易取得成功。如果性格与职业不适应，性格就会阻碍工作的顺利进行，使从业者感到被动，缺乏兴趣，力不从心，精神紧张，从而给个人发展和组织造成不良影响。

3. 性格类型并不能成为一个人事业和社会价值的决定因素

心理学研究表明，性格类型与气质一样并不能决定一个人社会成就的大小。唐朝诗人李白具有外倾性格特征，而杜甫则具有内倾性格特征。对此，《沧浪诗话·诗评》中提到，“子美不能为太白之飘逸，太白不能为子美之沉郁”。但这并没有妨碍他们各自成为大诗人。

### （三）性格与职业选择

不同性格适应不同的工作范围。由于人们从事的职业各自具有不同的特点，因而对从业人员的性格特点也会提出不同的要求。一般说来，开朗、活泼、热情、温和的性格，比较适合于从事外贸、涉外工作、文体工作、教育工作、服务工作以及其他同人群交往多的职业；多疑、好问、倔强的性格，比较适合于从事科研、治学方面的工作；深沉、严谨、认真的性格，比较适合做人事、行政、党务工作；而勇敢、沉着、果断与坚定是新型企业家和管理者不可缺少的性格。我们不可能设想让一个脾气暴烈的人去搞公关、谈生意或做服务性工作，也不可能设想让一个性格怯懦、柔弱的人去从事安全保卫工作，让做事大大咧咧、马马虎虎的人去当医生或会计。

虽然每个人的性格都不能百分之百地适合某项职业，但却可以根据自己的职业倾向来培养、发展相应的职业性格。不同性格特征的人员，对企业而言，决定了每个员工的工作岗位和工作业绩；对个人而言，决定着自己的事业能否成功。近年来，一些教育学心理学研究人员根据我国的实际情况，将职业性格分为九种基本类型。

表 5－3 性格与职业的对应

| 性格类型 | 性格特征 | 适合从事的职业 |
| --- | --- | --- |
| 1. 变化型 | 能够在新的或意外的工作情境中感到愉快，喜欢工作内容经常有些变化，在有压力的情况下工作得很出色；追求并且能够适应多样化的工作环境，善于将注意力从一件事转移到另一件事情上去 | 记者、推销员、演员等 |
| 2. 重复型 | 适合并喜欢连续不断地从事同一种工作，喜欢按照一个固定的模式或别人安排好的计划工作，爱好重复的、有规则的、有标准的职业 | 纺织工、机床工、印刷工等 |
| 3. 服从型 | 喜欢配合别人或按照别人的指示去办事，愿意让别人对自己的工作负责，不愿意自己担负责任，不愿意自己独立做出决策 | 办公室职员、秘书、翻译等 |
| 4. 独立型 | 喜欢计划自己的活动和指导别人活动或对未来的事情做出决定，在独立负责的工作情境中感到愉快 | 管理人员、律师、警察、侦察员等 |
| 5. 协作型 | 会对与人协同工作感到愉快，善于引导别人按客观规律办事，希望自己得到同事的喜欢 | 社会工作者、咨询人员等 |
| 6. 劝服型 | 乐于设法使别人同意自己的观点，并能够通过交谈或书面文字达到自己的目的。对别人的反应具有较强的判断能力，并善于影响他人的态度、观点和判断 | 辅导员、宣传工作者、作家等 |
| 7. 机智型 | 在紧张和危险的情况下能自我控制沉着应付，发生意外和差错时不慌不忙出色地完成任务 | 驾驶员、飞行员、公安员、消防员、救生员等 |
| 8. 自我表现型 | 喜欢表现自己的爱好和个性。根据自己的感情做出选择，能通过自己的工作来表现自己的思想 | 演员、诗人、音乐家、画家等 |
| 9. 严谨型 | 注重工作过程中各个环节、细节的精确性。愿意按一套规划和步骤工作，尽可能做得完美，倾向于严格、努力地工作以看到自己出色完成工作的效果 | 会计、出纳员、统计员、校对员、图书档案管理员、打字员等 |

绝大部分职业都同时与几种性格类型特点相吻合，而一个人也可能同时具

有几种职业性格类型的特点。在实际的吻合过程中，应根据个人的性格与职业的要求，具体情况具体处理，不能一概而论。

## 六、职业价值观认知

### （一）职业价值观的概念

价值观是指个人对客观事物（包括人、事、物）及对自己的行为结果的意义、作用、效果和重要性的总体评价，是对什么是好的、是应该的总看法，是推动并指引一个人采取决定和行动的原则、标准，是个性心理倾向性的核心因素之一。价值观使人的行为带有稳定的倾向性。价值观是人用于区别好坏，分辨是非及其重要性的心理倾向体系。价值观反映人对客观事物的是非及重要性的评价。人不同于动物，动物只能被动适应环境，人不仅能认识世界是什么、怎么样和为什么，而且还知道应该做什么、选择什么，发现事物对自己的意义。价值观决定、调节、制约个性倾向中低层次的需要、动机、愿望等，它是人的动机和行为模式的统帅，一旦确定则反过来影响并调节人进一步的需求活动。

由于个人的身心条件、年龄阅历、教育状况、家庭影响、兴趣爱好等方面的不同，人们对各种职业有着不同的主观评价。从社会来讲，由于社会分工的发展和生产力水平的相对落后，各种职业在劳动性质的内容上，在劳动难度和强度上，在劳动条件和待遇上，在所有制形式和稳定性等诸多问题上，都存在着差别。再加上传统的思想观念等的影响，各类职业在人们心目中的声望地位便也有好坏高低之见。这些评价都形成了人的职业价值观，并影响着人们对就业方向和具体职业岗位的选择。

职业价值观是个人希望从事某项职业的态度倾向，也就是个人对某一项职业的希望、愿望和向往。职业价值观是个人职业价值观的直接反映，职业价值观是个人对某一职业的价值判断。职业价值观决定了人们的职业期望，影响着人们对职业方向和职业目标的选择，决定着人们就业后的工作态度和劳动绩效水平，从而决定了人们的职业发展情况。

### （二）职业价值观对大学生择业的影响

每一个求职者由于其所受教育的不同和所处环境的差异，在职业取向上的目标和要求也不相同。在许多场合，我们往往要在一些得失中做出选择，而左右我们选择的往往就是我们的职业价值观。

1. 职业价值观是影响择业的重要依据

任何人做出决定必须依据一定的标准或原则。大学生在职业决策时同样也会受到一些动机或内在想法的支配，这种与职业决策相关的动机或内在想法的内核就是个人的职业价值观。职业决策过程中，职业价值观对整个决策过程起着指导作用，对决策结果发挥着决定性作用。大学生在考虑职业决策问题时，需要对不同职业的相关属性进行比较和分析，最终的选择一定是从个体出发尽量获得最高满意度或最大收益。而如何判断是否是最大收益或最高满意度，则取决于大学生职业价值观的个性倾向。如在找工作时是选择工作舒适轻松还是高标准的工资待遇，是选择成就一番事业还是平静稳定，最终影响决策的是存在于内心的职业价值观。

2. 正确的职业价值观有助于大学生树立正确的职业理想

正确的职业理想往往从社会需求的角度出发，考虑国家发展、社会进步的需求，不以条件好坏为衡量职业好坏的唯一标准，重视所选择职业对社会的贡献。在正确的职业价值观引导下可以帮助大学生确定合理的职业预期，也可以把个人需要和社会需求相结合，既看到职业本身的价值，也看到职业对社会的贡献。人不能离开社会而独立存在，个人只有在工作中为社会作贡献才能实现自己的职业价值。大学生在择业时应该看到自己对于社会的责任，并主动承担这种责任，这样的职业价值观才是正确的，在这种正确的价值观的驱动下，就能克服困难，就容易取得巨大的成功，才能为社会作出杰出的贡献，才能为世人所尊敬。如果大学生过分着眼于薪酬及其他福利，追求舒适的工作环境，期望工作性质的多样化与趣味化，要求工作的充分自由度和自主权，那么就会对未来的职业生涯带来负面影响。

3. 职业价值观是大学生个人竞争力的重要体现

激烈的就业市场要求大学生具有正确的职业价值观。当今社会的快速发展和竞争的日益激烈对劳动者的综合素质提出了更高的要求。个人的竞争能力不仅仅局限于学历、专业知识和能力的储备，职业价值观和态度等逐步成为个人竞争力的关键因素。综合素质已经成为劳动力市场评价个体劳动者的重要标准，企业在选人、用人方面不再把资历和能力作为唯一的标准。根据北京青年压力管理服务中心和腾讯网教育频道联手推出的《2015 年中国大学生就业压力调查报告》中“大学生就业时最应具备的基本素质”的调查结果，“道德修养、组织能力、独立能力、协作能力、进取心、刻苦精神与工作热情”是用人单位与社会在用人时所看的重基本素质。因此，大学生应树立正确的职业价值观，适应时代的要求，充分实现自身的价值，提升个人的竞争力。

### （三）价值观与职业选择

职业价值观是一个人对职业的认识和态度，以及他对职业目标的追求和向往。职业价值观决定了一个人的职业期望，影响着其对职业方向和职业目标的选择，决定着其就业后的工作态度和工作绩效水平，从而也决定了其职业发展情况。在同样客观条件下，具有不同价值观的人，其动机模式不同，产生的行为结果也不同，在职业选择方面也有不同的特件。

**表 5－4　价值观与职业的对应**

| 价值观类型 | 价值观特征 | 适合从事的职业 |
| --- | --- | --- |
| 自由型 | 不受别人指使，凭自己的能力拥有自己的小“城堡”；不愿受人干涉，想充分施展本领 | 室内装饰专家、图书管理专家、摄影师、音乐教师、作家、演员、记者、诗人、作曲家、编剧、雕刻家、漫画家等 |
| 经济型 | 认为世界上的各种关系都建立在金钱的基础上，包括人与人之间的关系，甚至父母与子女之间的爱也带有金钱的烙印 | 各种职业中都有这种类型的人，商人为多 |
| 支配型 | 想当组织的一把手，飞扬跋扈，无视他人的想法，为所欲为，且视此为无比快乐 | 进货员、商品批发员、旅馆经理、饭店经理、广告宣传员、调度员、律师、政治家、零售商等 |
| 小康型 | 追求虚荣，优越感也很强，很渴望能有社会地位和名誉，希望常常受到众人尊敬；欲望得不到满足时，由于过于强烈的自我意识，有时反而很自卑 | 记账员、会计、银行出纳、法庭速记员、成本估算员、税务员、核算员、打字员、办公室职员、统计员、计算机操作员等 |

续表

| 价值观类型 | 价值观特征 | 适合从事的职业 |
| --- | --- | --- |
| 自我实现型 | 不关心平常的幸福，一心一意想发挥个性；追求真理，不考虑收入、地位及他人对自己的看法，尽力挖掘自己的潜力，施展自己的本领，并视此为有意义的生活 | 气象学者、生物学者、天文学家、药剂师、动物学者、化学家、科学报刊编辑、地质学家、植物学者、物理学者、数学家、实验员、科研人员等 |
| 志愿型 | 富于同情心，把他人的痛苦视为自己的痛苦；不愿干表面上哗众取宠的事，把默默地帮助不幸的人视为无比快乐 | 社会学者、导游、福利机构工作者、咨询人员、社会工作者、社会科学教师、护士等 |
| 技术型 | 性格沉稳，做事组织严密，井井有条，并且对未来充满平常心态 | 木匠、农民、工程师、飞机机械师、野生动物专家、自动化技师、机械工、电工、火车司机、公共汽车司机、机械制图员等 |
| 合作型 | 人际关系较好，认为朋友是最大的财富 | 公关人员、推销人员、秘书等 |
| 享受型 | 喜欢安逸的生活，不愿从事任何挑战性的工作 | 无固定职业类型 |

## 七、360 度评估

### （一）职业生涯规划中的 360 度评估

360 度评估最早由被誉为“美国力量象征”的典范企业英特尔首先提出并加以实施。在 360 度评估中，评价者不仅是被评价者的上级主管，还包括其他与之密切接触的人员（如同事、下属、客户等），同时也包括自评。可以说这是一种基于上级、同事、下级和客户等收集信息、评价绩效并提供反馈的方法。在职业生涯规划中，360 度评估是指自己、父母、朋友、老师、同学等从各方面、各个角度来评估被评估者的方法。评估的内容可能包括被评估者的性格特征、人际关系、学习能力、管理能力等。通过这种评估，被评估者不仅可以从自己、父母、朋友、老师、同学等处获得多角度的反馈，也可以从这些不同的反馈清楚知道自己的不足、长处与发展需求。360 度评估是认知自我、发现真我、清晰规划职业生涯的重要途径。

在职业生涯规划中，大学生可以利用 360 度评估对自己进行认知，主要包括以下两个步骤：一是结合自己评估和他人评估的结果，多角度评估自己；二是汇总自己、父母、朋友、老师、同学等人的评估差异，分析自己的潜能区、优势共识区、发展共识区和盲区。详细说明自己的潜在能力和外在显著的优势，同时将通过哪些学习完善提升发展存在的弱势和以前从没留意到的部分，提高整体综合素质。

### （二）大学生 360 度评估的要求

1. 做好同学间评议

同学之间提供评价意见可以借助同学们的智慧与经验，让被评价的高职学生更清醒地认识到自身的优势和不足，明确努力的方向。

2. 做深自我评价

自我评价更便于大学生进行自我反思，使我们由被动接受评价转变为主动反省和总结学习工作的得失，使自我评价成为我们自我认识、自我改进、自我管理、自我完善的有效途径，使评价成为大学生可持续发展的“助推器”。

3. 做实评价反馈

360 度评估最后能否改善我们的职业生涯规划状况，在很大程度上取决于评价结果的反馈。因而应通过选择合适的时间、地点和反馈途径，把综合各方面的评估信息经过实际分析反馈给我们自己，并帮助我们评价和调整职业生涯规划的发展和行动计划，从而增强反馈的效能。

**表 5－5 某大学生的 360 度评价**

| 维度 | 优点 | 缺点 |
|---|---|---|
| 自我评价 | 个性直爽、乐观、活泼开朗、自信；善良、懂事、有激情；善于沟通交流，心理素质好；勤俭节约、生活习惯好、自觉性强；知错就改 | 对自己不感兴趣的事情缺乏耐心；知识面不广 |

续表

| 维度 | 优点 | 缺点 |
| --- | --- | --- |
| 父母评价 | 勤奋好学、执着、有上进心；尊老爱幼、勤俭节约；开朗、自信、乖巧懂事 | 个性倔强；社会经验不足 |
| 朋友评价 | 善解人意，懂事、重感情，做事有原则；独立、自强，事业心强；努力上进、头脑灵活，肯学习 | 喜欢争强好胜；忙碌时容易忽略与朋友的交流 |
| 老师评价 | 学习态度认真，虚心好学；基础知识扎实、成绩优秀；热爱集体、团结同学，积极主动 | 做事不够果断；缺乏钻研精神 |
| 同学评价 | 做事认真，乐于助人、关心同学；上进、好学，工作能力强；乐观、开朗，善于言说 | 过于理想化、追求完美；情绪容易受外界影响 |

## 第二节　大学生的环境认知

古人云："知己知彼，百战不殆。"环境认知就是职业生涯规划的"知彼"过程。一份有效的职业生涯规划要求我们在全面认识了解自我的同时，也要清楚地认识外部环境特征，以评估职业机会。外部环境是复杂多变的，特别是信息现代化的今天，更要求大学生把握动态环境，通过周密的分析，做出未来的发展预测，制定合理的职业生涯规划；并在实施职业生涯规划的行动中，根据动态的信息不断调整职业生涯规划中不合理的成分，充实新的内容，真正做到理论与实际相结合，达到人职和谐。但是目前大学生对环境的认识和分析呈现出静态性的特点。其主要表现是：其一，大多数学生在对科技的发展、社会的需求、经济的兴衰、政策法律等宏观环境的认识一成不变，始终带着传统普遍的认识，缺乏创新的特殊性。比如，对就业形势的评估，很多同学都只是从宏观的角度来分析，得出的结论可能是就业形势比较严峻，但是如果细化从具体的就业区域来评估，恐怕是“想去的地方不需要人，需要人的地方不想去”的一种“就业难”和“求才难”并存的两难局面。其二，大学生普遍能了解行业发展趋势，但是不能根据具体职业所需要的能力要求及时充实自己、整合信息、优化资源。比如，大部分学生对行业进行了详细的分析，了解国家对该行业的政策扶持，但是对涉及行业发展潜力以及可能从事的具体职业的工作性质、内容、环境以及任职条件，分析较少，最终导致毕业时“专业不对口”的不对称现象。其三，大学生对职业世界缺乏感性认识。据调查，目前大学生了解职业信息主要还是通过间接渠道，如互联网、大众传媒、就业指导课程以及相关讲座等。尽管信息量很大，加上大学生社会实践缺乏职业的方向性，遍地开花，注重量的积累而忽视了质的要求，实际上大学生不能切身体验职场的真实状态。

各种环境因素对大学生职业生涯发展的影响很大。所以，大学生在进行职业生涯规划时，要分析环境的特点、环境的发展变化情况、自己与环境的关系、自己在这个环境中的地位、环境对自己提出的要求以及环境对自己有利的条件与不利的条件等。只有对这些环境因素充分了解，才能做到在复杂的环境中避害趋利，使职业生涯规划具有实际意义。环境因素很多，既有宏观上的，如政治、经济、文化，全球的、国家的、地区的；又有微观上的，如职业、组织、家庭等。对于一名大学生来说，很多环境因素是无法改变的，但是可以被利用、被选择的。适者生存，只有适应环境，确定适宜的职业生涯发展目标，并根据各种因素的变化，对职业生涯规划作出适当的调整，才能顺利发展职业生涯。

## 一、家庭环境的认知

中国社会是以“伦理本位”为特征的“乡土社会”，社会关系在资源配置中发挥重要作用。家庭则是大学生社会资本的主要来源。家庭是大学生的第一所学校，它既是人生活的重要场所，也是造就个人素质和影响生涯规划的重要因素。人的社会化，实际从出生时就已经开始了。一个人在幼年时期，就开始受到家庭潜移默化的影响，使人逐渐形成一定的价值观和行为模式。许多人还会长期受到家庭成员的教诲和影响，自觉不自觉地习得某种职业知识和技能。在家庭环境下习得的价值观、行为模式、职业知识和技能必然影响一个人的职业理想和职业目标，影响其职业选择的方向和种类。因此，家庭的经济状况、家人期望、家族文化等因素都会对大学生的职业生涯规划产生影响。正确而全面地评估家庭环境，才能有针对性地设计适合自己的职业规划。对家庭环境的认知主要包括以下三个方面。

### （一）家庭经济状况

家庭经济状况可以影响到大学生的价值观、人生观与其他信仰，甚至会在很大程度上决定青年人未来的人生方向。贫困家庭中的大学生在进行职业生涯规划时可能更多考虑工作的稳定性，而富裕家庭中的大学生更倾向于关注自己的兴趣发展、能力提升以及挑战自己的机会。大学生在进行家庭环境分析时必须考虑到家庭的经济情况能否支持自己的职业生涯规划目标。例如，“我的家庭有房有车，有较好的经济收入，能对我的创业给予经济上的支持。”

### （二）家人期望

家人期望是家人基于子女过去的经验和目前情况而对其未来的预料或预想。家人期望对大学生职业生涯规划的影响作用不容小觑。当自我期望与家人期望相近时，职业选择过程会更顺畅；当自我期望与家人期望发生矛盾时，职业选择过程则会受阻。因此大学生在进行职业生涯规划时必须考虑家人期望与自我期望的相关性。例如，“父母对我的期望比较大，对我各方面的发展都抱支持的态度，物质上能满足我在学业上的深造，精神上也能给予足够的支持。我有意往教师这个职业方向发展，他们给我 100% 的支持，并鼓励我在各方面发挥自己的特长。”

### （三）家族文化

家族是中国社会的基本组织，在其基础之上家族成员逐渐形成认同感与责任感即家族文化。家族文化中的精华部分通过家族教育进行传承与发展，反之，家族文化在无形中对于家族教育进行了塑造。在父母等长辈长期有意识的灌输和家庭环境的熏陶下，子女在潜移默化、耳濡目染的互动过程中，自觉或不自觉地接受了家庭和社会所承认或提倡的价值观念和行为规则，并有意识或无意识地将这些价值观念和行为规则融入自己的行为结构和人格结构之中。例如，“我父亲十分要强，也造就了我不轻易服输的性格。在家中我是老大，被视为榜样，这就促使我更加严格地要求自己。父亲是个出色的企业管理人员，我的大伯、大舅也在电信部门担任要职。他们的成功和浓厚的家庭氛围让我对管理产生了强烈的兴趣。”

## 二、学校环境的认知

学校是个体从自然人向社会人过渡的中间环节。学校的教育模式、教学优势、教学特色和教师行为等，直接影响着个体综合素质的形成，直接影响学生的职业选择。学校教育，尤其是高等教育，注重培养学生明确的职业发展目标与职业理想，引导学生正确认识自身的个性特质，客观评估个人目标与现实之间的差距，发现自身的潜在优势，帮助学生进行职业定位，寻找发挥个人潜力的职业机会。学校教育不仅培养学生掌握未来所从事职业的基本专业知识和专业技能，而且引导学生弘扬社会责任感、爱岗敬业、艰苦奋斗和集体主义精神，把握所学专业的现状和发展趋势，从而坚定职业理想、强化职业认知，对未来职业进行客观评价和合理选择。一般来说，学生职业选择受自身所学专业和职业指导水平的影响。对学校环境的认知主要包括以下几个方面。

### （一）学校的办学特色与优势

办学特色是学校在长期的办学实践中所形成的独特的个性风貌和品格，是一所学校的立校之基、强校之本、发展之源。办学特色主要涵盖了三个方面的内容：一是学校在思想观念、办学理念、价值规范上的特色；二是学校在制度、模式、结构等行为方式上的特色；三是学校在物质环境、校园建设、办学条件等方面的特色。学校的办学优势主要表现在人无我有、人有我优、人优我特。学校的终极目标在于培养国家需要的、符合社会需求的、满足学生就业意愿的各类人才。因此，分析学校的办学特色与优势主要是分析学校的办学历史、办学条件、师资队伍建设、教学改革、人才培养模式改革、专业建设、校园文化建设等方面的特色和优势。例如，“我院办学成就辉煌，2006 年获教育部人才培养工作水平评估优秀等级，2008 年被确定为湖南省示范性高职院校建设单位，2013 年获‘全国职业院校魅力校园’称号；师资力量雄厚，具有副高以上职称的专业技术人员近 400 人，专任教师队伍中具有双师资格的教师近 400 人；专业门类齐全，开设涵盖汽车、制造、资源、农林牧渔、土建、电子信息、财经、医药护理等大类的 39 个专业；专业紧贴市场需要，突出职业特色；培养模式先进，致力于'校企融合、工学结合'的人才培养模式创新；设施条件优越，有 12 个实训中心，实验实训室 264 个。"

### （二）学校环境对职业技能的提升

职业技能提升既是高校人才培养的重要内容，也是学生专业知识、专业理论学习深化的必然要求，更是学生专业素养、职业素质提升的必由之路。分析学校环境对学生职业技能提升主要是分析专业教学模式、专业实训、顶岗实习、专业技能竞赛等对职业技能训练的影响。例如，"学校以技术应用能力培养为主线，着重强化学生基本技能、专业技能、综合技能的培训，探索与实践'学历证书与职业资格证书相结合、传统技术与实用新技术学习相结合、学校教育与企业实践相结合、技术教育与人文素质教育相结合'制造业高素质高技能人才培养模式。学校每年都会举办学习节，组织各个专业的学生开展技能比武，选拔优秀学生参加全国、省、市的各种技能大赛，提升学生的职业技能水平。"

### （三）学校环境对职业价值观的影响

高校是大学生学习生活的场所，大学生职业价值观很大程度上受就读高校的风气的影响。学校环境对大学生职业价值观的影响主要表现为校风、学风、校园文化等因素对学生职业抉择的作用。学校日常的职业生涯规划教育、常规管理以其鲜明的导向性和广泛的参与性潜移默化地影响大学生的职业价值观；良好的校风可以激励学生对未来职业理想的追求；优良的学风可以使学生在学习中形成做事的态度和习惯；校园文化的长期浸润可以影响学生的价值观念、思维方式和行为准则。例如，"学校的得天独厚的地理环境，让我与社会零接触，增加了跟社会接轨的机会；学校的管理严格，造就了我吃苦耐劳、坚强笃行、积极向上的优良品质；学校对道德教育的重视，塑造了我积极向上的心态，乐于助人、坚忍不拔的精神。"

### （四）学校声誉对大学生求职择业的影响

随着高等教育的大众化、国际化以及教育需求的多样化，现代高校之间的竞争已日益从“粗放型”的数量、规模的竞争，转为“集约型”的以质量、品牌和特色为特征的声誉竞争。社会声誉问题已成为高校发展过程中不可忽视的动力因素，影响到高校的生存和可持续发展。

高校的社会声誉的形成是一个公众认知变化的心理过程，良好的社会声誉本身即是高校的无形资产。对于大学生而言，能够在一所社会声誉较高的高校中学习，实际上也就意味着在未来的人才市场竞争中处于相对的优势地位。因为名校的声誉价值附着于个人价值内，可以在一定程度上实现个人价值的增值。现实中学校名气和社会认可度已成为大学生求职择业的一块招牌。在招聘活动中，有的单位在招聘条款中设置“院校门槛”，有的甚至明文规定只要“985”“211”高校毕业生。这种“院校门槛”在地方政府、国有企业的招聘信息中尤为明显。一些好点的单位，连报名、投简历的机会都没有，更别指望与名校毕业生公平竞争了。

## 三、社会环境的认知

人脱离不了社会，因此对社会环境进行了解和分析也是职业生涯规划的内容之一。所谓社会环境分析，就是对我们所处的社会政治环境、经济环境、法制环境、科技环境、文化环境、教育环境、历史环境等宏观因素的分析。社会环境对我们的职业生涯乃至人生发展都有重大影响。通过对社会大环境包括国际、国内与所在地区三个层次的分析，了解国际、国内和自己所在地区的政治、经济、科技、文化、教育、历史、法制建设、政策要求与发展方向，以便寻找各种发展机会。

### （一）经济全球化

经济全球化，欧盟的发展，东盟的发展，亚太经合组织的发展等，尤其是中国的一带一路战略，这一切都表明经济的全球化在不断加剧，加速了中国经济和世界经济的接轨。这个时期社会环境中的流行元素、工作价值观、经济形势、产业结构的变动等因素，都对大学生的职业选择产生很深的影响。职业导向的时代特征最直接的体现是职业地位排行榜，每年的职业地位排序对学生高考志愿和就业选择具有强劲指导力。随着经济全球化，很多大学生不理性分析自身情况，盲目追随热门职业，导致热门职业高失业率现象出现。所以，在知识经济时代，我们要把握时代潮流，把握社会发展的主动脉是非常必要的。在分析国际经济形势、经济增长率、市场竞争状况的同时，在国际化企业或正在走向国际化的企业中寻求个人职业生涯发展，把握更有利的条件和更多的机遇。但是，我们也不应盲目追随潮流，根据自己的实际情况适时适地充电，紧追热门，还不如瞄准潜力。总体来说，经济全球化使得人才流动即将进入一个新的活跃时期，这要求大学生在做生涯规划时必须注重培养外语应用能力、文化的沟通能力、信息处理能力、创新能力以及良好的心理素质等。

### （二）社会环境的新变化

我们现在面临着一个非常好的宏观环境：社会安定，政治稳定，经济发展迅速，并与全球一体化接轨；法制建设不断完善，文化繁荣自由；尖端技术、高新技术突飞猛进。因此，在这个大前提下，大学生进行职业生涯规划时需要特别注意的是职业环境的变化。

1. 政治环境

政治环境包括政治与政策的变动、体制的变动、国际政治关系的变化、国家对劳动就业相关的法律规定等等，这些对大学生职业生涯规划以及组织的人力资源管理产生很大的影响。现在国家对劳动者就业的年龄、性别、民族等歧视都做了明确的禁令，这对职业生涯的发展创造了有利的政治法律环境。国家对劳动就业中的劳动合同、最低工资、健康与安全、福利等法律规定也对职业生涯的管理规划提供了新的条件。以大学生创业为例，为支持大学生创业，国家各级政府出台了许多优惠政策，涉及融资、开业、税收、创业培训、创业指导等诸多方面。对打算创业的大学生来说，了解这些政策，才能走好创业的第一步。根据国家和上海市政府的有关规定，上海地区应届大学毕业生创业可享受免费风险评估、免费政策培训、无偿贷款担保及部分税费减免四项优惠政策，这可能对要创业的大学生提供了职业生涯发展的条件。

2. 社会其他因素的变化

（1）社会转型的影响。目前，我国正处在经济体制转轨、产业结构调整、高等教育扩招、就业制度改革、价值观念变迁等社会转型背景下，新旧体制磨合、利益分化重组、文化冲突碰撞、价值取向多元等各种矛盾凸显，整个社会结构都在深刻变革。改革开放的深入、经济体制的转轨、产业结构的调整、社会资源的重新分配，诸多的社会变革引起了社会物质关系和思想关系的深刻变迁，由此导致了人们思想观念、生活方式、价值标准、社会规范以及文化心理等的快速变化。这些都会直接或间接地表现为在观念领域对人们价值的争夺，强化了社会价值观的多样性和价值观的冲突，使人们产生价值选择和整合上的困难，导致价值追求上的困惑和徘徊，进而影响着人们对工作的感受、职业的评价与就业的取向。

（2）科学技术的发展。科技的发展会带来理论的更新、观念的转变、思维的变革、技能的补充等，知识经济时代到来，使知识上升到社会经济发展的基础地位。知识成了最重要的资源，“智能资本”成了最重要的资本，在知识基础上形成的科技实力成了最重要的竞争力。国家的富强、民族的兴旺、企业的发达和个人的发展，无不依赖于对知识的掌握和创造性的开拓与应用。而知识的生产、学习、创新，则成为人类最重要的活动，知识已成了时代发展的主流。尤其是以高科技信息为主体的知识经济体系，迅速扩展，令世人瞩目。

### （三）职业的新发展

职业是人类社会发展到一定阶段的产物。随着政治、经济、文化、科技的发展和社会的进步，社会职业也在不断地发生变化，如何把握、分析不同职业的特点、职业发展趋势及其对人才的素质要求，是职业定位的前提。职业发展的趋势主要体现在职业分类增多，新职业的出现加快，职业的专业化增强，出现综合化和多元化的趋势；第三产业的职业数量增加以及社会职业结构变化的速度加快，脑力劳动的职位在社会职位总额中所占的比重加大。富兰克林曾经说：“具有最高投资回报率的就是知识。”新世纪的职业发展，越来越离不开科技含量和学习能力的提升。企业和产品的竞争，核心在科技，关键是人才。作为未来职业人的大学生来说，应从六个方面努力塑造自我：以实用为导向的职业知识，以专业为导向的职业技能，以价值为导向的职业观念，以敬业为导向的职业态度，以结果为导向的职业思维，以生存为导向的职业心理素质，以此来提升职业发展的潜力和竞争力。

### （四）组织环境的变迁

进入 21 世纪，社会组织的发展特色呈现出组织关系将趋于网络化，组织结构趋于扁平化，组织规模小型化，组织的边界模糊和虚拟化，组织的职务设计趋于团队化，组织形式将趋于多样化的特点，这必将对大学生职业生涯规划提出新的要求。组织的扁平化结构是一种通过减少管理层次，压缩职能机构、裁减人员而建立起来的一种紧凑而富有弹性的新型团体组织，改变了过去强调个人，权、责、利分明的直线式管理组织逐渐向相互交织的网状组织发展，提高了组织的灵敏性和工作效率。但是这种结构减少了个人向上发展的空间，可能导致离职频繁，这是大学生在做规划时必须把握预测性的重要因素之一。

## 四、行业环境的认知

行业环境分析包括对目前从事或拟从事的目标行业的环境分析。其内容应包括行业的发展状况、国际和国内重大事件对该行业的影响、目前行业的优势和问题、行业发展趋势等。

在分析行业环境时，一定要结合社会大环境的发展趋势。由于科学技术的飞速发展，会使某些行业如同夕阳坠落，逐渐萎缩、消亡；更有许多极具发展前途的朝阳行业不断出现、发展起来。同时还要注意国家政策的影响，要了解国家对某一行业是支持、鼓励和引导，还是限制、控制和制约。要尽量选择那些有前景、发展空间较大的行业。例如，我国近年来狠抓环境保护，推行可持续发展战略，保护生物多样性，在农业生产中控制化学制品的使用，开发“绿色食品”等，使环境保护产业如初生朝阳，充满生机，导致环保设备生产、环保技术咨询等行业迅速发展，提供了大量就业岗位。而这时如果不了解情况，为了一时利益，盲目进入那些污染后果严重的行业谋职，必将会给自己的职业生涯造成严重的不良后果。

行业的整体发展状况会直接影响到个体的职业发展，大学生在进行职业生涯规划时有必要对自己的目标行业进行全方位的解读。行业环境分析的主要内容包括以下几个方面。

### （一）行业发展现状与前景

分析一个行业的发展现状与前景，首先就要看国家的政策大方向，看这个行业所处的大环境。如 2017 年“两会”期间，李克强总理提到要大力改造提升传统产业，深入实施《中国制造2025》，加快大数据、云计算、物联网应用，以新技术新业态新模式，推动传统产业生产、管理和营销模式变革。把发展智能制造作为主攻方向，推进国家智能制造示范区、制造业创新中心建设，深入实施工业强基、重大装备专项工程，大力发展先进制造业，推动中国制造向中高端迈进。完善制造强国建设政策体系，以多种方式支持技术改造，促进传统产业焕发新的蓬勃生机，发展智能制造是我国传统制造业改革的主攻方向。行业的发展离不开国家政策的支持，所以分析行业环境时，一定不可离开这个行业所处的政策环境。“站在风口浪尖上，猪都会飞”，就是这个道理。大学生在进行行业环境分析时，可以多关注国家发改委官网、国家产业政策网站、人民网、各财经网站，了解国家的一些产业政策。

### （二）行业的规模

做行业环境分析，必须思考这个行业的规模。行业圈子越大（比如服装、医药），意味着这个行业可以无限深入扩张，你的选择机会就越大，在这个行业有更多的发展机会。行业越小，一旦你离开某个公司或者某个地区，你的选择机会就小很多。判断一个行业的规模，可以看这个行业所服务的用户群是大众用户还是某一类特殊用户群，还可以看这个行业是否有地域限制。一般来说，分析某个行业的产值规模，可以关注有关机构公布的相关数据。

### （三）行业人才需求状况

了解行业人才需求状况是通过对人才行业的供给状况、需求状况以及进出口状况研判行业的供需平衡状况，以期掌握行业市场饱和程度。大学生可以关注相关网站或者调查报告，分析行业人才的需求状况。如中国人民大学中国就业研究所与中国领先的职业发展平台“智联招聘”每年每季度会联合发布《中国就业市场景气报告》。这个报告采用智联招聘全站数据分析，通过不同行业、城市职位供需指标的动态变化，来反映就业市场上职位空缺与求职人数的比例的变化，从而起到监测中国就业市场景气程度以及就业信心的作用，同时对劳动者的个人选择也起到指引作用。

## 第三节 大学生职业生涯定位与规划

对大学生而言，职业生涯设计与定向关系着大学生今后的发展方向，也决定着大学生的校园生活与学习的重点。生涯不确定的大学生经常会出现焦虑、目标与兴趣模糊不定、缺乏求学动机，学生角色投入不足、学业成绩偏低等现象，进而不能适应今后的发展。据全国首届大学生职业生涯规划的调查显示，92%的大学生认为自己有择业困惑，仅有8%的大学生觉得自己没有困惑。其中，有过三成的大学生在大一开始困惑，而超过五成的学生源于不明白自己所适合的职业。段鑫星、赵玲（2006）研究表明，大学生生涯规划定向模糊的情形较为普遍和严重，相当一部分大学生缺乏清楚、明确的生涯及职业发展方向，甚至对未来职业的选择感到陌生和困难。曹虹（2007）对大学生在选择专业、制订学习计划、有效规划大学四年的学习生涯等方面所做的调查发现，11.4%的学生生涯方向是定向而明确的自主决定型，17.4%的学生生涯方向是由父母或他人决定的他主决定型，12.6%的学生生涯决定属于延迟、逃避的迷失方向型，还有58.53%的学生处于生涯未定向的情况；对于个人未来五年计划，很清楚的10.4%，清楚的占22.7%，不清楚的占58.1%，根本不清楚的占2.85%。这容易使大学生职业路径设计陷入两种误区：一种是“单级”设计，发展主路径单一，职业目标单一化；另一种是“多级”设计，准备了多条（至少三条）以上的发展路径，而这些路径的结果悬殊较大，路径之间也缺乏内在联系。发展方向和路径的模糊不清，势必导致在实际选择中的犹豫不决，不利于核心职业目标的实现。

### 一、大学生个体的SWOT分析

综合前面的自我认知和职业认知这两部分的内容，给自己做一个SWOT分析。SWOT分析是市场营销管理中经常使用的功能强大的分析工具：S代表strength（优势），W代表weakness（弱势），O代表opportunity（机会），T代表threat（威胁）。其中，S、W是内部因素，O、T是外部因素。SWOT分析是检查个人技能、能力、职业喜好和职业机会的有用工具。如果对自己做个细致的SWOT分析，就会很明确地知道自己的个人优点和弱点在哪里，并且会仔细地评估出自己所感兴趣的不同职业道路的机会和威胁所在。

### （一）SWOT分析

1. 优势（S）分析

优势是我们求职就业制胜的法宝。我们要找出自己与众不同的地方，形成鲜明的自我定位。

（1）个人优势，是指纯粹属于个人的、不随外界因素变化的优势。比如有些人智商高，有些人外貌出众，有些人口才很好，有些人交际能力强，有些人酒量特别厉害，有些人具备某些文艺体育类的特长，有些人很容易在第一印象给人以信赖感；而有些人大学时系列地读过一些书，形成了某一领域较系统的知识……这些都是优势，也比较显性，我们很容易自己就把握到；还有一些优势就相对隐性，如对数字很敏感，逻辑能力强，善于搜集信息情报，在团队中有很强的煽动力等。不管对职业有无帮助，先罗列出来再说。如果担心自己看得不够全面，还可以请同学们帮忙，互相提醒。

一般大学生都有这些通用优势：年轻、有好奇心并愿意尝试与接受新鲜事物，渴望挑战，学习能力较强，受过较系统的专业训练，连续几年的集体生活养成了较好的集体意识，等等。

（2）资源优势，包括的因素也很多，包括人力资源、财力资源、品牌资源、知识资源等。比如父母亲戚中有些很有背景的人物，比如自己认识一些有能力的朋友，比如家里有家族的资源给我们作投资创业；比如所在学校是名牌大学，口碑很不错；比如所学的专业刚好市场稀缺；比如有些比较独立的同学，不想借助家族的资源而想真正仅凭个人努力去获取成功，说明他们拥有了一项很重要的个人优势资源：独立意识和挑战欲望。其实学生最重要的资源，还是知识资源。我们每个人寒窗苦读十多年，知识资源自然是每个大学生的最大资本。

（3）注意之点：对于自己的优势，要善于从中总结，真正化为自己的智慧；要善于利用过去的经验选择，推断未来的工作方向与机会。千万不要以为自己毫无优势，关键在于我们是否认真挖掘。想办法将自己学习的专业、参加过的活动等重新解读一下，或许会有豁然开朗的感觉，将其适度放大，就可能成为我们的资源优势。如果觉得自己的优势不够显著，可以从现在就开始有意识地训练自己，积累资源优势。

2. 劣势（W）分析

劣势是相对于优势的各个角度而言，恰恰是自己很欠缺的地方。找出劣势，对于职业规划的意义非常重大。在了解自己能做什么之前，应该先了解自己最好不能做什么、可能遇到什么麻烦。在懂得做加法之前，应学会做减法，这样可以帮我们减少挫败的概率。很多人都不喜欢直面自己的缺点和短处。讳疾忌医，是许多人的通病。其实，劣势并不总是一无是处。知道自己的劣势，不至于使自己盲目自信、趾高气扬；分析自己的劣势，不至于使自己因为劣势而无端自卑、垂头丧气。

过度自信和过度自卑都可能影响我们的判断力。所以，不要把“没有优势”就直接看作“劣势”，在某方面没有优势仅仅说明还不够出众，如果妄自菲薄为“劣势”，就可能真的成为劣势了。多严格、客观地做自我剖析，反正也不用告诉他人。如：不善言语、害羞，粗枝大叶、急躁，知识贫乏，学校比较差毫无品牌可言，专业冷门或太过热门，等等。分析劣势的目的不是使自己变得更沮丧，而是使自己了解该如何避开这些劣势，使自己在职业路上变得更顺利些，更具有特色。我们可以扬长避短，也可以积极地应对这些劣势，及时地“补短板”，坚信“一切皆有可能”。

大学生也有些比较通行的劣势，需提醒自己注意。比如：缺乏经验，自我期望较高并因此造成职业的不稳定性，学校的知识很可能比较陈旧而不适用于社会需要，现代大学生活可能养成了许多不良习气（如懒散、易抱怨、不关心他人及其他基本素质方面的问题）以及性格的弱点，等等。

对于自己的缺点关键要有正确的认识，认真对待，尽量寻找弥补、克服的办法，使自我趋于完善。

3. 机会（O）分析

机会主要指外界而言，当然也包括学校可能提供的诸如“出国”“进修”“考研”“推荐工作”“对口实习”等机会。机会的分析其实需要很广的视角，宏观上包括国家的经济形势、产业政策、法律法规、各区域的产业发展态势、行业趋势等；微观上包括搜集到的来自各企业、政府部门、人才市场、学校或学长们提供的各类有利的信息。尤其要关注新生的、高增长预期的职业领域，以及和自己专业或自身优势有关的边缘性、复合型职业领域，不断关注国家强烈倾向的人才政策等利好信息。机会总是经过装扮俏立在我们不注意的角落，不把眼珠子多扫动几圈难免会漏掉有价值的信息，而且机会稍纵即逝。所以我们要尽力抓住每一次机遇，更加珍惜每次的机会。

4. 威胁（T）分析

没有任何一个职业不存在挑战因素。威胁包括人才市场竞争激烈，人才需求饱和，所学专业领域过缓地增长甚至衰退，新的低成本竞争者（甚至是技术上的替代者），人才需求方过强的谈判优势，不利的政策信息，新提高的职业门槛，等等；也包括来自自身的因素，比如身体健康隐患、家庭不稳定因素、糟糕的财务状况及还款压力等。当然，普遍存在的各类威胁也可能成为我们参与社会竞争的有力工具。大学生们还要特别注意的一个威胁是，因很多不好的先例造成的企业普遍对应届大学生的先入为主的不良印象。人生中干扰我们自身的因素太多了，我们唯有充分地认识这些挑战因素，抓住机遇，积极地迎接挑战。

### （二）寻求解决方案

1. 经营好自己的人脉资源

我们的人脉决定我们的财脉，我们的人脉决定我们的命脉。人脉是一种潜在的无形资产，是赢得成功的第一要素，也是获得财富的第一把钥匙。商界有句名言“有钱比不过‘有人’”！这就充分说明了人脉资源在创业过程中的重要程度。生活中，为什么一些有高学历、有专业技能、有资金的人，却总是遭遇事业上的失败，无法获得大的成功呢？究其原因，就是没有好的人脉，或者说他们不懂得经营自己的人脉。如何构建自己的人脉关系网？从家族关系、姻亲关系、同事（同学）关系、社会关系等多方面入手，学会沟通与自我推销。盛世传媒集团的董事长张鑫龙先生生意遍布海内外，如今固定资产过亿元。实际上，十多年前，他还只是一个进城打工的穷学生。从走上社会开始，张鑫龙就非常善于积累人脉，想办法认识各类朋友。为了认识更多的朋友，他走到哪里都会带着自己的名片。带名片出门已经成为他的习惯，如果哪天出门忘记带名片，他会浑身不自在，就像自己没有带钱包。所以，我们要从一点一滴开始积累人脉，经营人脉，拓展人脉，整合人脉，诚信交友，领悟机遇，靠人脉走出困境，走向辉煌未来。

2. 利用好自己的金脉

金脉是指人们获取和创造财富的潜在现实可能性，以及对财富恰当的把握、理解与应用，通俗点说，就是个人或家庭拥有的薪资所得、有价证券、基金、外币、定期存款、财产（动产、不动产）、个人信用等。作为即将走入社会的大学生，首先应该努力学习提高自己的能力，这是打造自己金脉的资本。其次，应该合理地认识金脉的价值，真正利用好金脉的工具性价值意义，实现个人乃至重要他人以及社会群体的终极价值整合。如：家里有钱愿意投资自己创业，但不愿意拿钱去挥霍；家庭经济条件较好可以不必为生活费、学费奔波，就要静心学习，多读点书；家里没钱的同学可以利用国家的助学贷款、助学金、奖学金完成学业；如果有好点子可以申请国家的创业基金，开展创业。最后，就是要学会为人处世，扩展自己的人脉，经营好自己的人脉，诚实守信。人脉也会变成我们自己的金脉。

3. 打造自己的知脉

知脉就是我们的知识力、技术力、资讯力、企划力、预测（洞察）力、敏锐力等。打造自己的知脉，就是把自己培养成一个有知识、有能力的智慧人。所有的一切都是有价的，都能失而复得，只有智慧才是永远相伴相随的无价之宝，拥有了它，也就拥有了一切。

如何打造自己的知脉？首先要做好时间管理，安排学习计划。智者在全力完成一天的学习之后才能休息，而庸者总是把今天的事情留到明天再做；智者用完善的计划迎接新的一天，庸者则爱他们的床或游戏不亚于爱自己；智者随时迎接周围的挑战，庸者每天都是懒懒散散的；智者勇敢地将理想付诸实践，而庸者总是在等待中消磨时光。其次要有顽强的意志力。智者会克服他们实现梦想的一切困难；庸者却常感疲倦，他们活着就是为了享福和等死。工作对于智者来说是实现理想的工具，对庸者来说却是远观而不去碰这件“圣物”。

对于大学生来说，获得智慧要上课、听讲座、进修、组织内轮调、多做事、反复练习、经常做笔记、做模拟计划等，在学习中不断尝试，勇于尝试，并不断总结，才能增长见识，增加智慧。

综合以上各方面因素，为自己做一个 SWOT 分析，可以列成表 5 - 6 的形式，将各个最重要的因素至少列举 10 个左右，然后开始分析，寻求解决方案。

表5-6 我的SWOT分析

| Strengths（优势） | Weaknesses（劣势） | 解决方案 |
| --- | --- | --- |
| 1. 吃苦耐劳<br>…… | 1. 比较情绪化<br>…… | 1. 遇事多与其他人商讨<br>…… |
| Opportunities（机会） | Threats（威胁） | |
| 1. 家在张家界，处于旅游胜地<br>…… | 1. 文凭不高，竞争激烈<br>…… | 1. 参加百考，提高学历<br>…… |

## 二、个体职业生涯定位

### （一）定位职业生涯发展目标

在准确地对自己和环境做出了评估之后，我们可以确定适合自己、有实现可能的职业发展目标。在确定职业发展的目标时要注意自己性格、兴趣、特长与选定职业的匹配，更重要的是考察自己所处的内外环境与职业目标是否相适应，不能妄自菲薄，也不能好高骛远。合理、可行的职业生涯目标的确立决定了职业发展中的行为和结果，是制定职业生涯规划的关键。

1. 定向选择

人生在世，最紧要的不是我们现在所处的位置，而是我们迈出下一步的方向。方向定错了，则南辕而北辙，距离目标会越来越远，还要重新走回头路，付出较大的代价。因此，职业生涯决策，决不能犯“方向性错误”。

通常情况下，职业方向由本人所学的专业确定。但现实的情况是，很多人毕业后，并不能完全按照自己所学的专业来选择工作，有的甚至与原专业风马牛不相及。“学非所用”“用非所学”“专业不对口”的情况比比皆是，已不足为怪。因此，我们要去努力发现自己最正确的发展方向，这种方向不一定是最佳的，但却一定是最适合我们的，最能够实现自身价值的方向。有些学子在学校里读了双学位，拿了几种职业等级证书，就业时就比别人多了几个机会，显得高人一筹。

2. 定点选择

定点就是选定职业发展的地点。比如有些人毕业后选择去东南沿海，有些选择到北上广一带发展；有的则选择去边疆、大西北，选择到祖国最需要的地方去；有人选择去远方发展，也有人坚守家乡小地方。这些都无可非议。俗话说“人各有志”。但应该综合多方面因素考虑，不可一时冲动，心血来潮，感情用事。定点后要时时关注那个地方的发展，收集各方面的资料，包括薪资水平、政治经济环境、文化教育、风土人情等。那里不仅是工作的地方，也可能是将来安家落户的地方。有人毕业去了南方，认为那里是改革开放的前沿，经济发达，工资较高；但忽略了竞争激烈、观念差异与心理承受能力，结果时间不长又跳槽离开。频繁更换地点，今年在这，明年到那，对职业生涯成长肯定弊多利少。所以，选准了方向，就可以在一个地方、围绕一个职业长期稳定发展，对自己的资历和经验都会有助益和长进。时间加努力，有望成为某一领域的资深人士。

3. 定位选择

择业前要对自己知识水平、能力、薪资期望、心理承受度等进行全面分析，做出较准确的定位。既不可悲观，把自己定位过低；更不要高估自己，导致期望值过高，免得不能如愿时，失望也就越大。刚毕业就被知名大公司选中，而且薪资福利不菲，当然是你的运气。如果没有碰上这种好机遇，也无须气馁。不要过分在意公司的名气、薪资的高低。只要这家公司、这项专业岗位适合自己，是自己所向往和追求的，就应该去试一试，争取被录用。确立从基层做起、从基础做起，逐步积累经验，循序渐进，谋求发展的思想理念，这可能对你的一生都会有好处。

4. 定心

心神不定，朝三暮四，怎么能准确地“定向、定点、定位”！无论做什么，都需要“定心”，不然，老百姓怎么会说“心不定，钱没命”呢？

从哲学角度来看，这四定实际上就是解决职业生涯设计中“干什么”“何处干”“怎么干”“如何干好”的问题。这四个问题解决好了，职业生涯发展就会比较顺利确定志向。志向是事业成功的基本前提，没有志向，事业的成功也就无从谈起。俗话说：“志不立，天下无可成之事。”立志是人生的起跑点，反映着一个人的理想、胸怀、情趣和价值观，影响着一个人的奋斗目标及成就的大小。所以，在制订生涯规划时，首先要确立志向。这是制订职业生涯规划的关键，也是你的职业生涯规划中最重要的一点。

### （二）选择职业生涯发展路线

在职业目标选定后，就要确定自己职业发展的路线：是向行动管理路线发展，还是向专业技术路线发展？是向经商路线发展，还是自主创业？不同发展路线对从业者的素质要求不同，影响到今后的发展阶梯也不同。因此，在职业生涯规划中，必须作出抉择，以便使自己的学习、工作以及各种行动措施沿着自己的生涯路线或预定的方向前进。当然，人生的发展并非就是沿着一条路线发展，也可以先沿一条路线走，发展一个时期后，再转入另一条。例如，先沿着专业技术路线发展，然后再转入行政管理路线，或有了资金和技术后自己当老板，等等。

如何选择自己的职业生涯路线，主要考虑涉及职业生涯要素的四个问题：

1. 希望向哪条路线发展

主要是根据个人的爱好兴趣、价值观、理想和成就动机等因素，计划出自己希望朝哪条路线发展，如是向专业方向发展还是向行政管理方向发展，以便确定自己的目标取向。

2. 适合往哪条路线发展

分析个人适合向哪一条路线发展，主要考虑自己的性格、经历、特长、学历、家庭影响等一些客观条件对职业路线选择的影响，确定自己的能力取向。

3. 能够朝哪条路线发展

个人能够朝哪一条路线发展，主要考虑自身所处的社会环境、经济文化环境、政治环境和组织环境等，从而确定自己的机会取向。

4. 哪条路线可以取得发展

选择自己希望和适合的发展道路后，进一步综合分析各方面的因素，判断自己的这条职业目标的实现路线是否可以取得发展。

职业生涯发展路线包括一个个职业阶梯，我们可以由低向高逐步上升。如大学老师的职业生涯发展路线通常是：助教—讲师—副教授—教授。而在企业中，财务人员的职业生涯发展路线可以是：会计员—主管会计师—高级会计师—注册会计师—公司财务总监。选择自己的职业生涯发展路线，一定要结合实际，综合考虑自己的个性、价值观、兴趣、能力以及社会与组织环境条件，权衡确定。

## 三、职业生涯规划与行动

### （一）设定职业生涯阶段目标

职业生涯目标的设定，是职业生涯规划的核心。一个人事业的成败，很大程度上取决于有无正确适当的目标。没有目标如同驶入大海的孤舟，四顾茫茫，没有方向，不知道自己走向何方。只有树立了目标，才能明确奋斗方向，犹如海洋中的灯塔，引导你避开险礁暗石，走向成功。目标的设定，是在继职业选择、职业生涯路线选择后，对人生目标作出的抉择。其抉择是以自己的最佳才能、最优性格、最大兴趣、最有利的环境等信息为依据。

人们常说："有志者事竟成。""天下无难事，只怕有心人。"可是现实情况却往往并非如此。的确，"想干什么"与"能干什么"不是一回事，每个人的能力、天赋和悟性都有所不同。我们确立了一个目标，也未必一定就能够百分百达到。但是，如果我们没有一个目标，我们更加不容易获得成功。国外有句谚语说得好："如果连你自己也不知道你要到哪里，往往你哪里也到不了。"中国有句古语："欲得其中，必求其上；欲得其上，必求上上。"所以，不管我们制定的目标是否一定能够达到，目标对我们的成功都有着重要的积极意义。

我们要敢于梦想，敢于制定富有挑战性的目标，我们内心深处那个勇敢、坚定、执着、不畏艰险的我才会走出来，我们才能最大限度地激发自己的潜能，更好地迎接人生路上的各种挑战，更加容易在未来的职场上获得成功。

**【资料导读】**

**哈佛关于人生目标的跟踪调查**

哈佛大学曾经进行了一个关于人生目标对人生影响的跟踪调查。他们在一群智力、年龄、学历、环境等客观条件都差不多的年轻人中调查，有以下发现。

3% 的人，有清晰而长远的目标；

10% 的人，有清晰但比较短期的目标；

60% 的人，目标模糊；

27% 的人，根本没有目标。

25 年后，哈佛再次对这群学生进行了跟踪调查。结果发现：

3% 的人，25 年间他们朝着一个方向不懈努力，几乎都成为社会各界的成功人士，其中不乏行业领袖、社会精英。

10% 的人，他们的短期目标不断地实现，成为各个领域中的专业人士，大都生活在社会的中上层。

60% 的人，他们安稳地生活与工作，但都没有什么特别成绩，几乎都生活在社会的中下层，事业平平。

剩下 27% 的人，他们的生活没有目标，过得很不如意，并且常常在抱怨他人、抱怨社会，抱怨这个“不肯给他们机会”的世界。

### （二）职业生涯行动措施

在确定了职业生涯阶段目标后，行动便成了关键的环节。没有达成目标的行动，目标就难以实现，也就谈不上事业的成功。这里所指的行动，是指落实目标的具体措施，主要包括学习、工作、训练、教育、轮岗等方面的措施。例如，为达成目标，在学习工作方面，要计划采取什么措施提高自己学习工作效率；在业务素质方面，要计划学习哪些知识、掌握哪些技能，提高自己的业务能力；在潜能开发方面，要采取什么措施开发自己的潜能，等等。这些都要有具体的计划与明确的措施，并且这些计划要特别具体，以便于定时检查。

为了一步步接近目标，我们可以对照自己行动计划将职业目标进行分解，即分解为短期目标、中期目标和长期目标。其中，短期目标可分为日目标、周目标、月目标、年目标；中期目标一般为三至五年，长期目标为五至十年。分解后的目标有利于跟踪检查，同时可以根据环境变化制订和调整短期行动计划，并针对具体计划目标采取有效措施。职业生涯中的措施主要指为达成既定目标，在提高工作效率、学习知识、掌握技能、开发潜能等方面选用的方法。行动计划要对应相应的措施，要层层分解、具体落实，细致的计划与措施便于进行定时检查和及时调整。

为了实现自己的职业目标，不仅要细分目标，写出详细的行动计划，而且计划应是明确的、具体的、可量化的，可以实现的。

【案例】

## 大学生职业生涯行动计划

1. 短期目标（大学期间）

总目标：充分利用校园环境及条件优势，认真学好专业知识、技能，培养学习、工作、生活能力，全面提高个人综合素质，取得毕业证和相关资格证书，并做好就业准备。

分目标：

大一：以适应大学生活为主，了解所在大学对学生的学习、纪律等父母的要求，学会自我管理，必须为自己的时间做好合理的安排；学好基础课程，计算机、英语过级；初步了解自己的专业和职业，提高人际沟通能力，建立起自己的朋友圈。

大二、大三：争取通过计算机和英语的更高级别；学好专业知识，掌握专业技能，取得奖学金；抓住机会锻炼自己的各方面能力；利用寒暑假、节假日参加多种形式的社会实践活动；慎重考虑毕业以后继续学习深造还是直接就业。

大三（专科）、大四（本科）：扎实学习专业技能，同时，充分利用校内外资源及网络信息，开阔视野，扩展知识范围；增加与社会接触的机会，开展与专业或未来职业有关的社会实践活动，为自己的就业打下坚实的基础；用最短的时间完成自己大学的学业任务；积极参加招聘活动，在实践中检验自己的积累和准备是否充分，或做好继续深造的准备。

2. 中期目标

大学毕业后五年，工作开始，进入社会、职场的适应期。

总目标：选择职业，适应环境，初步找到适合自身发展的工作环境、岗位。扩大自己的社交范围，结识更多的朋友，丰富自己的人生阅历，恋爱结婚提上日程，或进一步学习深造（边工作边学习）。

分目标：

（1）学历、知识结构：提升自身学历层次，专业技能熟练；开始接触社会、工作，熟悉工作环境。

（2）个人发展、人际关系：在这一期间，主要做好职业生涯的基础工作，加强沟通，虚心求教，在职场立足。

（3）生活习惯、兴趣爱好：适当交际的环境下，尽量形成比较有规律的良好个人习惯，并参加健身运动，如散步、跳健美操、打羽毛球等。

(4) 个人生活：扩大生活圈、人际圈，恋爱结婚正当时。

3. 长期目标

毕业工作后十到十五年，进入工作稳定期。

总目标：在单位努力工作，团结同事，提高修养；不断拼搏创新，开拓更广的思维，多作贡献，工作步步高升；稳定自己的工作和收入，争取机会得到升职的空间。

……

## 第四节　大学生职业规划的评估与调整

计划往往赶不上变化，由于大学生自身及外部环境条件的变化，职业生涯规划也要随着时间的推移而变化。大学生正处在对自己、对社会的认识之中，自身的价值观也处于形成时期，加上不可测因素的存在，原来的职业选择、生涯路线以及制定的职业生涯目标可能会与实际情况有所偏差，实施措施与计划强度不高，等等，这就需要大学生实行“镜像检验”，在目标实施中根据目标要求进行自我检查和自我分析，及时把握目标实施的进度、质量和存在的问题，及时对规划做出调整与变更，加强自我控制，从而保证个人的职业生涯规划行之有效。

在评估环节中，大学生存在两个问题。第一，部分大学生根本就没有评估调整这个步骤，每天晚上没有评估自己的计划执行情况、布置第二天的任务；甚至没有在一段时期阶段性地回顾自己的行为、检验自己的目标。其实，大学生应该坚持在每天晚上反省一天的行为，在实施过程中每一阶段将预期目标与现实情况进行比较，评估自己的职业生涯规划。而不能将这部分内容简单化或者省略化。第二，计划与备用方案之间缺乏内在联系。很多大学生认为备选方案应多多益善，忽略前面的种种分析，又是准备考公务员，又是准备考研，又参加不同职业的岗位招聘，看起来似乎很保险，实际上是浪费时间。因为，公务员要求知识涉猎要广，而考研要求专业知识要深，至于不同的工作岗位要求就更不一样了。所以大学生应根据自我发展变化与社会需求的变化，与时俱进，灵活调整，不断调整，优化职业生涯规划，主动适应各种变化，及时纠正最终职业目标与阶段目标的偏差，达到发展的阶段性与终身性的统一。

## 一、职业生涯规划的评估

### （一）评估的内容

1. 职业生涯目标评估（是否需要重新选择职业）

（1）假如一直无法找到我们所希望的学习机会或工作，那么将根据现实情况重新选择职业生涯目标。

（2）如果一直无法适应或胜任我们设计的职业生涯目标，在学习工作中得不到应有的发展，导致我们长期压抑、不愉快，我们将考虑修正和调整职业生涯规划。

（3）如果结婚后，职业给家庭造成极多的不便，或者家人反对所从事的职业，将考虑修正和调整职业生涯规划。

（4）如果单位福利不好，或者工资水平与其他同等单位差距悬殊时，会选择离开，寻求新的发展。

（5）如果单位面临破产倒闭，会提前选好新的出路，做好准备。

2. 职业生涯路径评估（是否需要调整发展方向）

当出现更适合自身发展和职业生涯发展的机会或选择，而原定发展方向缺少发展前景的时候，就尝试调整发展方向。例如：

（1）在大学阶段时，假如发现自己并不适合从事外贸工作时，会选择走金融方向的路线，进入银行工作，并重新制订职业生涯规划。

（2）在工作初期，假如发现自己并不适合从事外贸工作，会考取研究生或者公务员，谋求新的发展方向。

（3）在工作中期时，假如发现自己并不适合从事管理工作，争取机会，进修 MBA 课程，增加自己的管理能力。

（4）在工作后期，如果发现自己并不适合从事高层管理工作，会选择提前退休，或者到新的公司就职。

3. 实施策略评估（是否需要改变行动策略）

（1）如果在其他地方可以找到一份令自己和家人都十分满意的工作，就前往该地。

（2）如果家人无法在自己工作的地方定居、工作，在征询父母意见后，将考虑改变已定计划，前往他地。

（3）如果在已定区域和职业选择上实在得不到发展，将考虑改变行动策略。

4. 其他因素评估

因为身体、家庭、经济状况以及机遇、意外情况做出的及时评估。

（1）假如身体出现重大疾病时，会选择辞职，等调理好身体之后，再考虑就业。

（2）假如家庭发生重大变故，如需要大量资金时，应酌情选择工资较高的公司就职，或者是抵押贷款；如需要长时间陪伴家庭时，应选择辞职，陪伴家庭渡过难关。

（3）经济状况不足以维持整个家庭的开支时，应该尽量缩减开支，同时寻找第二份职业填补家用。

### （二）评估的方法

1. 反思法

对职业生涯规划实践的回顾：职业生涯规划中计划的学习时间达到了没有？学习上有什么收获？还有哪些问题？方法上有何体会？

2. 调查法

大学生生涯规划在每一近期目标实现后，对下一步的主客观环境、条件做些调查、分析，看看条件是否变化，哪些变好、哪些变坏、总体如何。要心中有数，然后根据变化了的情况，恰如其分地修改下一步拟定的计划。

3. 对比法

每个人有自己追求的方法，所以在职业生涯规划时应多比、多思、多学，吸取别人科学的方法。对别人职业生涯规划的分析，往往有助于自己对职业生涯规划进行修改。

4. 求教法

自己应把职业生涯规划、追求公告于知己学友，让他们思考自己，注意自己。往往自我反思十分困难，但别人能从旁观者角度清楚地看到自己的弱点。虚心、主动、积极、经常地征求别人对自己计划的看法及修改意见，往往会受益匪浅。

### (三) 评估注意的问题

评估可以参照各类短期、中期预定目标和实际结果比照而行。一般来说，任何形式的评估都可以归结为自我素质和行为对现实环境的适应性判断，分析自己现值，特别是针对变化的环境，找出偏差所在，并作出修正。

1. 抓住最重要的内容

在职业生涯的某一阶段，总有一个最重要的目标，其他目标都是指向这个核心的。我们完全可以通过优先排序，重点评估那些可能达到这个核心目标的主要策略执行的效果。

2. 分离出最新的需求

针对变化了的内外环境，要善于发掘最新的趋势和影响。面对新的变化和需求，要搞清怎样的策略才是最有效而且最有新意的。

3. 找到突破方向

有时候，在某一点上取得突破性的进展，将对整个局面产生意想不到的改变。想一想，先前职业生涯规划中的策略方案，哪一条对于目标的达成应该有突破性的影响？达到了吗？为什么没达到？如何寻求新的突破？

4. 关注弱点

管理学中有个著名的木桶理论，即一只沿口不齐的木桶，其容量的大小不取决于最长的那块木板，而取决于最短的那块木板。在反馈评估过程中，当然要肯定自己取得的成绩与长处。但更重要的是切合变化的环境，发现自己的素质与策略的“短木板”，然后想办法修正，或者把这块短木板换掉，或者接补增长。唯有如此，我们的职业生涯这只桶才能有更大的容量。一般来说我们的短木板可能存在于以下四个方面：观念差距、知识差距、能力差距、心理素质差距。

## 二、职业生涯规划的调整

为了适合新的情况和要求，职业生涯规划需要不断地进行调配和安排。一个好的职业生涯规划，需要具备可行性，需要有实施计划的具体措施和时间。

但是，职业生涯规划做得过细、过于严格，会束缚自己的手脚，可能丧失随时到来的种种机会，又会因为不切合实际而丧失可操作性。在影响职业生涯的许多因素难以预料的这种情况下，要使职业生涯行之有效，就必须使职业生涯规划具有足够的弹性，在实践中不断进行评估和调整。这就需要我们在实践中定时定期地去检验目标完成的情况和评估环境的变化，从而做出正确的调整。

### （一）调整的目的

通过反馈评估和调整，应该达到下列目的：

1. 对自己的强项充满自信。
2. 对自己的发展机会有一个清楚的了解。
3. 找出关键的有待改进之处。
4. 为这些有待改进之处制订详细的行为改变计划。
5. 以合适的方式答复那些给予反馈的人，并表示感谢。
6. 实施你的行动计划，确保你能取得显著的进步和成就。

### （二）调整需要考虑的因素

1. 考虑环境因素

包括社会环境、政治环境、经济环境、科技环境、自然环境、法律环境等。从宏观层面认识到职业生涯发展的局限和可能，个人只能适应而不可改变。

2. 考虑组织因素

包括组织规模、组织结构、组织文化、组织发展状况、人力资源规划、人力资源管理系统类型、晋升政策、人际关系等一切与职业生涯发展有关的组织因素。要改变组织因素非常困难，但个人可以选择到最适合自己发展的组织中工作。

3. 考虑个人因素

年龄、性别、学历、工作经历、家庭背景、人格等。一方面你要正确认识自己；另一方面要不断完善自己。

组织和个人只能适应环境因素，正确认识和分析组织因素和个人因素，寻求个人发展和组织发展的最佳匹配。

### （三）调整的内容

职业生涯规划需要调整的内容包括：职业的重新选择、职业生涯路线的选择、阶段目标的修正、实施措施与行动计划的变更等。

1. 职业生涯的定位调整

成功的职业生涯需要不断地调整定位，而一个合理的职业生涯定位则基于对自己有一个清晰的认识、准确的判断和合理的把握。比如：你属于哪种人？你的性格特征、兴趣爱好适合做哪一类职业？是什么使你在职场中受挫？又是什么使你的职业定位产生了偏差？只有讲求实际，合理准确地评估自己，并不断地加以调整，才能合理定位职业生涯方向，才能每天朝着这个方向努力前进。尤其在职业发展的初期，就应该给自己制订出合理的职业规划以及相应的职业定位，并不断地加以调整。很多大学生由于缺乏对自己职业生涯的合理定位，从而陷入盲目找工作的误区，越是急于想找到工作，却越是找不到。一旦有了就业机会，不管是否适合自己，先就业了再说。但回过头来发现，现在的工作失去了自己的优势。这时应该冷静下来，及时地调整职业发展的方向，找到自己知识技能资质与市场需求的契合点，并能降低择业标准，应聘适合自己的工作岗位。所以，降低期望值，对自己的职业合理定位，并不断地加以调整，致力于能够实现也容易实现的计划，以充分获取收益，并在这些收益的滋润中一步步健康成长。暂时降低眼前的目标，并不等于是说不需要长远目标。长远的目标是一条主线，要保持它的稳定，在这条主线上，需要一些现实目标，在现实目标的实现中壮大自己。因为前面不远处，就是自己的未来。目标低了，就容易成功。一个人有了成就感，就能够培养自信，也能够有良好心境去对待面前的问题。

2. 实施措施与行动计划的调整

（1）实行差距管理

差距指的是一个人现有思想观念、知识经验、心理素质以及能力素质等要素与其目标实现所需要的条件、要求之间的距离。实现目标的过程是缩小两者之间的距离的过程。我们要分析目前的状况与目标实现所需要的要素的差距，主动学习和借鉴先进，在弥补差距中发展自己。

①寻找差距

思想观念的差距。思想观念是对人、对事的一种价值观，不同的观念会导致不同的行为方式。仔细思考一下，你现在所拥有的思想观念是什么？你的目标实现所需要具备的思想观念又是什么？你能否达到？比如：基层管理人员的主要任务是把事情做对；高层管理人员的主要任务是决定做对的事情。

知识的差距。现代社会是知识经济时代，知识更新的速度十分迅猛。据资料，在马克思生活的时代，知识总量翻一番需要 150 年；在今天，知识总量翻一番只需要 3 到 5 年。一个人在校期间的学习是短暂的，是不够的。“学历”只代表过去所获取的知识，要想跟上社会发展的步伐，只有不断获得新的知识。所以，需要经常问自己：现在所拥有的知识或文化程度，能否达到你所定目标的要求？如果不能，还有多大的差距？你所定目标的实现所需要的知识是什么？

心理素质差距。心理素质是一个人性格品质、心理能力、心理动力、心理健康状况及心因性行为的水平或质量的综合体现。也就是说，衡量一个人心理素质应从其性格品质的优劣、心理能力的强弱、心理动力的大小、心理健康状况的好坏，以及由心理因素引起的行为表现的社会适应与否这五个方面来全面评估。心理素质涉及：自己的毅力如何，面对变故和挫折时个人心理承受能力怎样，自己的情绪智力（情商/EQ）有多少。比如，要做科研型的职业，就要耐得住寂寞；要做飞行员，必须有很强的抗压素质，等等。要继续问：自己的目标所要求达到的心理素质是什么？为此自己做好心理准备没有？

能力差距。不同行业对从业人员能力要求的侧重点不同。人们在职业生涯甚至日常生活中必需的，并能体现在具体职业活动中的最基本的八种核心能力，影响辐射到整个行业领域，能为个体提供最广泛的从业能力和终身发展基础，对人的终身发展和终身成就影响极其深远。我们特别要开发和培育大学生以下八项核心能力。

交流表达能力。通过口头或者书面语言形式以及其他适当形式，准确清晰表达主体意图，和他人进行双向（或者多向）信息传递，以达到相互了解、沟通和影响的能力。

数字运算能力。运用数学工具，获取、采集、理解和运算数字符号信息，以解决实际工作中的问题的能力。

革新创新能力。在前人发现或者发明的基础上，通过自身努力，创造性地提出新的发现、发明或者改进革新方案的能力。

自我提高能力。在学习和工作中自我归纳、总结，找出自己的强项和弱项，扬长避短，不断自我加以调整改进的能力。

与人合作能力。在实际工作中，充分理解团队目标、组织结构、个人职责，在此基础上与他人相互协调配合、互相帮助的能力。

解决问题能力。在工作中把理论、思想、方案、认识转化为操作或工作过程和行为，以最终解决实际问题、实现工作目标的能力。

信息处理能力。运用计算机技术处理各种形式的信息资源的能力。

外语应用能力。在工作和交往活动中实际运用外国语言的能力。

②缩小差距

加强教育培训，充分利用在校学习的时间，为自己补充所需的知识和技能。包括参与社会团体活动、广泛阅读相关书籍与选修、旁听相关课程、报考技能资格证书等；充分利用公司给员工提供的培训机会，争取更多的培训机会。

加强讨论交流，在校期间多和老师、同学讨论交流，毕业后选择和其中某些人经常进行交流；在工作中积极与直接上司沟通、加深了解；利用校友众多的优势，参加校友联谊活动，经常和他们接触、交流。

加强实践锻炼，锻炼自己的注意力，在嘈杂的环境里也能思考问题，正常工作。在大而嘈杂的办公室里有意识地进行自我训练；养成良好的锻炼、饮食、生活习惯。每天保证睡眠 6—8 小时，每周锻炼三次以上；充分利用自身的工作条件扩大社交圈，重视同学交际圈、重视和每个人的交往，不论身份贵贱和亲疏程度。

（2）问题处理

在我们生涯发展的过程中也会出现这样或那样的问题，如当与社会发展发生冲突时、当与职业发展发生冲突时、当与个人兴趣爱好发生冲突时，职业生涯规划本身就要在发展中不断再调整。所以当我们在学习工作中出现以下问题时，生涯规划需要调整。

①怀疑自己不合格。如果我们工作学习感到痛苦，这可能是自己表现不佳而又不愿正视问题。应该扪心自问：自己到底做得如何？也可以请老师、同学或同事帮助分析，或测试一下自己是否出现了学习倦怠或工作倦怠、倦怠的程度如何。

②学习或工作过于轻松。如果自己闭着眼睛都能完成学习工作任务时，这可能表明我们的能力已远远超越我们的职位而自己却不知道。我们可以问自己几个问题：我们仍然能够从工作中学习别的东西吗？想进一步发展自己正在使用的技能吗？

③与周围人不合拍。我们可以问问自己：与他们相处时感觉如何？是自在放松还是紧张不安？当自己与他们交往时，是否觉得格格不入？是否对引起他们兴趣的话题感到乏味和无聊？如果是这样的话，那大学生可能已陷入一个无法展现自己的环境。

随着社会生产力的进步和社会分工的高速发展，职场需要也在发生着迅速的变化。大学生必须随时关注职场发展，调整职业方向，弄清职场供求变化规律，补充达到目标所需措施，修正职业生涯发展规划，紧随时代，紧随市场。这样，才会以自己的聪明才智和良好的职业素质，为自己今后的职业生涯开拓出宽广而又通畅的发展道路，将职业生涯发展机遇牢牢掌握在自己手中。

## 参考文献

[1] 郭凤莲. 大学生职业生涯规划 [M]. 天津：南开大学出版社，2014.

[2] Robert D. Lock. 把握你的职业发展方向 [M]. 钟谷兰等译. 北京：中国轻工业出版社，2006.

[3] 黄坚. 职业发展与素质训练教程 [M]. 北京：清华大学出版社，2011.

[4] 王建庄，胡雅宁. 职业生涯规划 [M]. 北京：教育科学出版社，2015.

[5] 曹虹. 当前大学生职业生涯规划存在的主要问题及其对策探讨 [D]. 华中师范大学，2007.

[6] 雷骅宇. 全国首届职业生涯规划调查大学生调查报告 [J]. 中国大学生就业，2006 (7) .

[7] 周瑜弘. 试谈大学生职业生涯规划的反馈修正与调整 [J]. 现代农业科学，2008 (6) .

[8] 王庆龙. 从《职业岗位分类词典》看加拿大的职业技术教育 [J]. 职

教论坛，1994（7）.

[9] 江求川，张克中. 中国劳动力市场中的“美貌经济学”：身材重要吗？[J]. 经济学（季刊），2013（4）.

[10] 姜明伦等. 大学生职业生涯规划行为选择及影响因素分析——基于宁波市6所高校的调查分析 [J]. 高教探索，2015（2）.

[11] 赵辉. 大学生职业生涯规划及影响因素分析 [J]. 教育与职业，2011（9）.

[12] 徐艾学. 大学生职业生涯规划影响因素的调查与研究 [J]. 教育与职业，2016（12）.

[13] 李迎雪. 法民调称四成求职者找工作遭歧视外貌因素居首 [EB/OL]. www. chinanews. com/gj/2013/10－08/5350522. shtml .

[14] 华政. 世界经济论坛发布《2016 年全球性别差距报告》 [EB/OL]. http：//news. xinhuanet. com/politics/2016－10/26/c_ 129337297. htm.

# 第六章　大学生职业发展与基本素质培养

一名大学生的基本素质如何，将决定其在未来职业选择的自由度和获得职业岗位的层次。求职择业的准备是一段漫长的时间，尤其想选择一个理想的职业，就更需要为之付出艰辛的努力，机遇总是垂青有准备、有远见的人。所以，建立合理的专业知识结构，培养自己的生存技能和学习能力，全面提高自身的综合素质是非常必要的。这不仅有助于大学生们进入职场后的适应与发展，更有助于大学生未来的职业发展。

## 第一节　职业素养

职业取向是人们进入社会生活领域前所必需进行的一种重要行为，它是人们选择职业前对所青睐的职业的种类、方向进行的挑选和确定。一定的职业取向，一方面有助于相应的职业素养的形成，另一方面又与实际的职业素养存在差距。大学生的职业取向在多大程度上转化为相应的、实际的职业素养，是检验高等教育、教学效果的重要标准，是衡量培养目标是否实现的重要标志，也是毕业生是否受到用人单位欢迎的一个条件。

### 一、职业素养及其重要性

#### （一）职业素养

职业素养是指职业内在的规范和要求，是在职业过程中表现出来的综合品质，包含职业道德、职业技能、职业行为、职业作风和职业意识等方面。很多业界人士认为，职业素养至少包含两个重要因素：敬业精神和合作的态度。敬业精神就是在工作中将自己作为组织的一部分，不管做什么工作一定要做到最好，发挥出实力，对于一些细小的错误一定要及时地更正。敬业不仅仅是吃苦耐劳，更重要的是“用心”去做好组织分配的每一项工作。态度是职业素养的核心，好的态度比如负责的、积极的、自信的、建设性的、欣赏的、乐于助人等态度，都是决定职业生涯成败的关键因素。

### （二）职业素养的重要性

职业素养是人类在社会活动中需要遵守的行为规范。个体行为的总和构成了自身的职业素养，职业素养是内涵，个体行为是外在表象。职业素养是一个人职业生涯成败的关键因素。职业素养量化而成“职商”。英文 career quotient 简称 CQ，也可以说一生成败看职商。众多职场成功者认为，真正决定个人成败的不在于能力、学识，甚至也不是理想，而是职商，职业素养是最关键的因素。职商一般涉及基本智力、动机、人格、社交技能、领导力、道德、价值观、业务技能等要素。工作中缺少这些关键的素养，一个人将一生庸庸碌碌，与成功无缘。拥有这些素养，会少走很多弯路，以最快的速度通向成功。

职业素养具有十分重要的意义。从个人的角度来看，适者生存，个人缺乏良好的职业素养，就很难取得突出的工作业绩，更谈不上建功立业。从社会组织的角度来看，唯有集中具备较高职业素养的人员才能实现求得生存与发展的目的，他们可以帮助组织节省成本，提高效率，从而提高组织在社会的竞争力。从国家的角度来看，国民职业素养的高低直接影响着国家经济的发展，是社会稳定的前提。

## 二、大学生职业素养的构成

根据“素质冰山”理论，我们把个体的素质看作为水中漂浮的一座冰山，水上部分的形象、资质、知识、技能等仅仅代表表层的特征，不能区分个体绩效优劣；水下部分的动机、特质、态度、责任心才是决定个体行为的关键因素，可以鉴别个体是绩效优秀者还是一般者。

大学生的职业素养也可以看成是一座冰山：冰山浮在水面以上的只占冰山

的八分之一，代表着大学生的形象、资质、知识、职业行为和职业技能等方面，是人们看得见的、显性的职业素养，这些可以通过大学生取得的各种学历证书、职业证书来证明，或者通过专业考试来验证。而冰山隐藏在水面以下的部分占冰山的八分之七，代表着大学生的职业意识、职业道德、职业作风和职业态度等方面，是人们看不见的、隐性的职业素养。显性职业素养和隐性职业素养共同构成了所应具备的全部职业素养。由此可见，大部分的职业素养是人们看不见的，也正是这7/8的隐性职业素养决定、支撑着外在的显性职业素养。显性职业素养是隐性职业素养的外在表现。因此，大学生职业素养的培养应该着眼于整座“冰山”，并以培养显性职业素养为基础，重点培养隐性职业素养。

## 三、大学生职业素养的培养

### （一）职业道德的培养

#### 1. 职业道德

职业道德是指人们在职业生活中应遵循的基本道德，即一般社会道德在职业生活中的具体体现。它是职业品德、职业纪律、专业胜任能力及职业责任等的总称，属于自律范围，它通过公约、守则等对职业生活中的某些方面加以规范。职业道德既是本行业人员在职业活动中的行为规范，又是行业对社会所负的道德责任和义务。道德是人生的第一道防线，要靠个人的自律来遵守。

#### 2. 大学生职业道德的现状

大学生的职业道德素养较低，就业市场对大学生职业道德有着许多的非议：

（1）责任心不强，做事我行我素，不善于接受他人意见。

（2）常常表现出对工作环境、同事、老板的种种不满情绪，自己能力不够却总认为自己受到埋没、不受重视。

（3）有些学生不安心本职工作，工作的同时依然在天天寻求另一份工作。一旦找到一个待遇较高的工作，毫不犹豫跳槽到其他单位，打乱原单位的工作计划，耽误工作进度，造成损失。

#### 3. 大学生职业道德的培养

美国一项心理学调查研究发现，致使一些聪明人事业失败的重要原因是：虽然这些聪明人个人才华、学识出色，但是无法弥补他们态度中更为致命的缺陷——缺乏敬业的投入，缺乏对其所在单位的忠诚以及在责任感中激发出来的主动性。许多成功人士的体会可以进一步验证，良好的职业道德，正面积极的职业心态和正确的职业价值观意识，是一个成功职业人必须具备的核心素养。

我们要引导大学生从身边小事做起，从一点一滴做起，形成优秀的品质，既要立足现实，又要胸怀抱负。对待任何工作都要有一个认真的态度，都要积极主动去完成每一项工作。大学生职业道德的培养一定要融入到学生学习生活的方方面面，从课堂延伸到课外，从基础课到专业课，从校内实验实训到校外社会实践。高等院校构建全员培养、全程培养、全方位培养的局面。重点从以下四个方面培养：

（1）爱岗敬业，是从业人员应该具备的一种崇高精神，是做到求真务实、优质服务、勤奋奉献的前提和基础。从业人员，首先要安心工作、热爱工作，献身所从事的行业，把自己远大的理想和追求落到工作实处，在平凡的工作岗位上作出非凡的贡献。从业人员有了尊职敬业的精神，就能在实际工作中积极进取，忘我工作，把好工作质量关。对工作认真负责，把工作中所取得的成果，作为自己的天职和莫大的荣幸；同时能够认真分析工作的不足和积累经验。

（2）诚实守信是为人之本、从业之要，诚实守信是一切职业道德的立足点。首先，做人是否诚实守信，是一个人品德修养状况和人格高尚的表现。其次，做人是否诚实守信，是能否赢得别人尊重和友善的重要前提条件之一。各行各业的从业人员都能在各自的职业中培养诚实守信的观念，忠诚于自己从事的职业，信守自己的承诺。不隐瞒自己的真实思想，不掩饰自己的真实感情，不说谎，不作假，不为不可告人的目的而欺瞒别人。讲信用，讲信誉，信守承诺，忠实于自己承担的义务，答应了别人的事一定要去做。能够正确对待利益，开阔自己的胸襟，培养高尚的人格，树立进取精神和事业意识。

（3）办事公道。就是指我们在办事情、处理问题时，要站在公正的立场上，对当事双方公平合理、不偏不倚，无论对谁都是按照一个标准办事。办事公道是职业活动必须遵守的道德要求。每个从业人员都必须做到办事公道。如一个服务员接待顾客不以貌取人，无论对于那些衣着华贵的大老板还是对那些衣着平平的乡下人，对不同国籍、不同肤色、不同民族的宾客，都一视同仁，同样热情服务。

（4）乐于奉献是从业人员职业道德的内在要求。市场经济的发展，对从业人员的职业观念、态度、技能、纪律和作风都提出了新的更高的要求。高校要培养大学生的高度责任感和使命感，热爱工作，献身事业，树立崇高的职业荣誉感。要克服任务繁重、条件艰苦、生活清苦等困难，勤勤恳恳，任劳任怨，甘于寂寞，乐于奉献。要适应新形势的变化，刻苦钻研。加强个人的道德修养，处理好个人、集体、国家三者关系。树立正确的世界观、人生观和价值观，把继承中华民族传统美德与弘扬时代精神结合起来，坚持解放思想、实事求是，与时俱进，勇于创新，淡泊名利、无私奉献。

**【资料导读】**

## 优秀员工必备的职业素养

1. 像老板一样专注

作为一个一流的员工，不要只是停留在“为了工作而工作，单纯为了赚钱而工作”等层面上。而应该站在老板的立场上，用老板的标准来要求自己，像老板那样去专注工作，以实现自己的职场梦想与远大抱负。

以老板的心态对待工作。

不做雇员，要做就做企业的主人。

第一时间维护企业的形象。

2. 学会迅速适应环境

在就业形势越来越严峻、竞争越来越激烈的当今社会，不能够迅速去适应环境已经成了个人素质中的一块短板，这也是无法顺利工作的一种表现。相反，善于适应环境却是一种能力的象征，具备这种能力的人，手中也握有了一个可以纵横职场的筹码。

不适应者将被淘汰出局。

善于适应是一种能力。

适应有时不啻一场严峻的考验。

做职场中的“变色龙”。

3. 快乐地来面对压力

压力，是工作中的一种常态，是一种态度的体现，对待压力，不可回避，要以积极的态度去疏导、去化解，并将压力转化为自己前进的动力。人们最出色的工作往往是在高压的情况下做出的，思想上的压力，甚至肉体上的痛苦都可能成为取得巨大成就的兴奋剂。

别让压力毁了你。

积极起来，还有什么压力不能化解?!

生机活力 PK 压力。

4. 善于表现自己

在职场中，默默无闻是一种缺乏竞争力的表现，而那些善于表现自己的员工，却能够获得更多的自我展示机会。那些善于表现自己的员工是最具竞争力的员工，他们往往能够迅速脱颖而出。

善于表现的人才有竞争力。

把握一切能够表现自己的机会。

善于表现而非刻意表现。

5. 低调做人，高调做事

工作中，学会低调做人，你将一次比一次稳健；善于高调做事，你将一次比一次优秀。在“低调做人”中修炼自己，在“高调做事”中展示自己。这种恰到好处的低调与高调，可以说是一种进可攻、退可守，看似平淡，实是高深的处世谋略。

低调做人，赢得好人缘。

做事要适当高调。

将军必起于卒伍。

6. 设立工作目标，按计划执行

在工作中，首先应该明确地了解自己想要什么，然后再去致力追求。一个人如果没有明确的目标，就像船没有罗盘一样。每一份富有成效的工作，都需要明确的目标去指引。缺乏明确目标的人，其工作必将庸庸碌碌。坚定而明确的目标是专注工作的一个重要原则。

目标是一道分水岭。

工作前先把目标设定好。

确立有效的工作目标。

目标多了等于没有目标。

7. 做一个时间管理高手

时间对每一个职场人士都是公平的，每个人都拥有相同的时间。但是在同样的时间内，有人表现平平，有人则取得了卓著的工作业绩，造成这种反差的根源在于每个人对时间的管理与使用效率上是存在着巨大差别的。因此，要想在职场中具备不凡的竞争能力，应该先将自己培养成一个时间管理高手。

谁善于管理时间，谁就能赢。

8. 学会统筹安排

把你的手表调快10分钟。

自动自发，主动就是提高效率。

自动自发的员工，善于随时准备去把握机会，永远保持率先主动的精神，并展现超乎他人要求的工作表现。他们头脑中时刻灌输着“主动就是效率，主动、主动、再主动”的工作理念，同时他们也拥有“为了完成任务，能够打破一切常规”的魄力与判断力。显然，这类员工才能在职场中笑到最后。

不要只做老板交代的事。

工作中没有“分外事”。

不是“要我做”，而是“我要做”。

想做“毛遂”就得自荐。

9. 服从第一

服从上级的指令是员工的天职。“无条件服从”是沃尔玛集团要求每一位员工都必须奉行的行为准则。强化员工对上司指派的任务都必须无条件地服从。在企业组织中，没有服从就没有一切。所谓的创造性、主观能动性等都在服从的基础上才能够产生。否则，公司再好的构想也无从得以推广。那些懂得无条件服从的员工，才能得到企业的认可与重用。

像士兵那样去服从。

不可擅自歪曲更改上级的决定。

多从上级的角度去考虑问题。

10. 勇于承担责任

德国大众汽车公司认为：“没有人能够想当然地‘保有’一份好工作，而要靠自己的责任感去争取一份好工作!”世界上也许没有哪个民族比得上德国人更有责任感了。而他们的企业首先强调的还是责任，他们认为没有比员工的责任心所产生的力量更能使企业具有竞争力的了。显然，那些具有强烈责任感的员工才能在职场中具备更强的竞争力！

工作就是一种责任。

社会组织青睐具备强烈责任心的员工。

（来源：http：//blog. sina. com. cn/s/blog_ 7082242a01019zsk. html）

### （二）团队合作精神的培养

1. 团队合作精神

团队合作精神是建立在正确的世界观、人生观、价值观基础之上的一种协同工作精神。团结就是力量，合作就是能力。团结合作是个体的生存方式，具有团结合作意识是现代人的重要素质。心理专家阿德勒深刻地指出："所有失败者的共同特点就是合作能力极低。"一个人的价值是在人群中得以体现的，当别人觉得没有你不行时，这时的你才是有价值的。人总是生活在一定群体之中，如家庭、公司、政府、学校等，因此成就动机最终要通过与他人的合作而实现。崇高的目标，人性化的合作，加上适合个人的专业，才能使成功成为一种可能。如果一个人，满脑子升官发财、成名成家、个人奋斗，必然会导致他在工作中不择手段、唯利是图，把别人当工具，最终一定逃不过孤家寡人的凄凉悲惨境地。真正在事业中成功的人，都是给他人、公司和社会带来欢乐，带来提高、帮助、财富的人，绝不会是毫不利人专门利己的人。如果别人不能从与你的合作中得到益处，那么你对别人就是一个没有价值的人。

2. 大学生团队合作精神的现状

目前，一些大学生存在着自私冷漠、个性过强、功德意识差等问题。很多大学生是独生子女，他们在父母的溺爱和娇宠中长大，这使得他们从小就以自我为中心，集体观念淡薄，缺少互相帮助及协作精神，没有团队合作意识。这些大学生在毕业后往往很难融入社会，缺乏社会竞争力。虽然如此，但大多数大学生已经意识到团队合作精神的重要性，这为进一步做好培养大学生团队精神的工作提供了坚实的基础。同时，有近四分之一的大学生对团队合作精神的重要性认识不足，认为团队合作精神是一种不承认个人利益、抹杀个性的精神。

3. 团队合作的要求

任何团队是由所有员工所组成的一个利益共同体，由大家来维护、创造，又给每人带来了生活的经济利益与精神生活维护团队的声誉和利益，个体应正确处理个人与个人、个人与团队之间的关系，从大局出发，不说诋毁团队的话，不做损害团队的事。保守团队的商业秘密；积极主动地做好团队中自己的工作，及时提出有利于企业发展的合理化建议；尊重和服从领导，关心与爱护同事；建立团队内部的协作，开展有效、健康的部门、同事之间的合作竞争，互为平台、互通商机，共同进步。

4. 团队合作精神的培养

现代社会大生产和快节奏的社会生活方式要求人们有高度的合作意识和团队精神。从篮球比赛到载人航天工程的成功都是最好的例子。增强大学生团结合作意识从如下几个方面着手。

（1）在学习中引导大学生在学习科学文化知识的同时，学做人，学做事，培养学生的集体意识和集体荣誉感。在所有的课程教学、课程设计、社会实践活动、专业技能训练、实训练习中应有意识增加模拟团队工作的场景，教师扮演指导角色，引导各成员分工协作，提高学生的团队合作意识和团队协作能力。

（2）在良好班风的班集体建设中，围绕共同的目标和相同的集体荣誉感，培养大学生团结互助、平等互利、协同工作的团队合作精神。可通过定期召开班会、团支部会，开展“我的团日，我做主”自主团日活动、班级集体活动等，加强学生之间的沟通、交流、协作，从而提高学生的集体意识和集体荣誉感。

（3）在校园文化活动中注重团队协作活动的开展。如举办多人制球类比赛、团体知识竞赛、合唱比赛、拔河比赛、辩论赛等群体类项目，既能丰富大学生的课余生活，提高校园文化水平，又能有效促进大学生团队合作能力和集体荣誉感的提高。

（4）在大学生社团活动中强化学生的团队意识、协同工作能力、提高学生的综合素质。大学生社团活动内容丰富多彩，涵盖文化、学术研究、科普、文艺、体育、发明创造、公益、志愿服务等方面。各类社团均由一群有着共同兴趣爱好、具有一定的组织协调能力、乐于奉献、能够自律、有良好团队精神的学生组建起来的，推动社团的发展，能为更多的学生提供参与团队合作的机会，有效促进大学生合作意识的提高。

（5）通过开展心理健康讲座、趣味心理知识竞赛、心理影片赏析、日常心理咨询、心理图片展览等活动，有针对性地培养大学生良好的心理素质和自尊、自爱、自律、自强的优良品质，增强学生承受挫折、克服困难的能力，促进他们互相关爱、相互理解、友好协作，消除沟通、交往上的障碍，建立良好的人际关系。

### （三）时间管理能力的培养

1. 时间管理的意义

时间是最宝贵的财富，合理地利用它们，你就可以创造财富、爱情、成功、健康等。时间是一种最重要、最宝贵的资源。时间管理可以帮助我们减少对时间的浪费，抛弃陋习，引进新的工作方式和生活习惯（如订立目标、妥善计划、分配时间、权衡轻重、权力下放），从而通过自我约束、持之以恒等措施，事半功倍地实现主要目标。时间供给无弹性，无法储存、无法取代、无法再生，但又最有伸缩性，时间管理可以发挥最大的效力。所以，时间是潜在的资本，时间管理是对金钱的管理、对效益的管理，是职业成功的源泉。

时间管理是指通过事先规划并运用一定的技巧、方法与工具实现对时间的灵活以及有效运用，从而实现个人或组织的既定目标。时间管理的目的就是将时间投入与你的目标相关的工作，达到“三效”，即效果、效率、效能。效果，是确定的期待结果；效率，是用最小的代价或花费所获得的结果；效能，是用最小的代价或花费，获得最佳的期待结果。

2. 浪费时间的十大原因

浪费时间的原因很多，有主观的原因，也有客观的原因。主观原因是一个人浪费时间的根源，我们调查发现大学生浪费时间的十大主观原因有：做事目标不明确；作风拖拉；缺乏优先顺序，抓不住重点；过于注重细节；做事有头无尾；没有条理，不简洁，简单事情复杂化；事必躬亲，不懂得授权；不会拒绝别人的请求；消极思考，盲目行动；简单事情复杂化。

3. 时间管理的方法

一个人要想获得成功，管理好自己的时间是一个很重要、很关键的因素。在大学除了正常地学习专业知识以外，大学生还应学会自我学习，自我管理，合理有效地安排时间，逐渐养成一个良好的时间观念。

（1）要有明确的目标和良好的习惯。如果没有明确的目标，那时间是无法管理的；要有好的习惯，如不乱放东西、要勤奋、办事不拖拉等，这是高效利用时间必备的行为。

(2) 要有一个明确的计划，这是根据目标来定的。也就是你必须要把每学年、每学期、每月、每周、每天、每小时所要做的每一件事情都列出来。详细的计划将有助于提高你的工作效率。

(3) 做事要有技巧，把事情分出轻重缓急、有主有次，按照一定的规律和顺序去完成。确定优先次序，从最重要的事情开始做起，重要紧急的事马上做；其次是做重要而不紧急的事；紧急但不重要的事，要学会放弃，能放就放；对于不重要也不紧急的事，尽量不去做。在所要做的事情中，先做最有价值的事情。

(4) 每天给自己一个不被干扰的时间，专心做自己的事，想想自己该做的事情。这个的时间应该是质量最好的时间，一般以早上起床后的时间为最好，因为这时头脑是最清醒、最清静的时候，容易把事情想好、办好、想全、办全。这样时间安排是比较合理的。因此作为大学生，养成每天早起床的习惯对学习的帮助很大。

(5) 要用个人的价值观来决定自己的目标，把主要的时间和精力放在自己最重要的事情上，适当兼顾他人的要求。要让自己周围的环境更加和谐些，同时也让自己处在与自己价值观相同或相近的人群之中，这样能保持个人较好的情绪，做起事来效率会高一些。

(6) 任何事情，争取一开始就要把它做对、做好；能一次做完的事情一定要一次做完，决不拖拉。重复和反复做同一件事情是很浪费时间的，也就是说两个小时的事情，一次用两个小时做完和分两次各做一个小时是不一样的，要有时间成本的概念。

(7) 除了不果断、办事拖拉是明显浪费时间的现象外，还必须控制你的电话时间、上网时间，这是不经意中最容易浪费时间的。在电脑上做事，没必要时不要打开 QQ，以防别人不知情的干扰；有时尽管你是隐藏的，但在好友登录时也会让你分心。

(8) 学会向知名人士学习，向专业内的顶尖人士学习，向师长、学长学习，拷贝他们成功的经验和失败的教训，保存自己值得学习的地方，删除不适合自己的方面。这也是一种学习方法，是一种节省时间的学习方法。

### （四）职业技能的培养

1. 职业技能

职业技能是指在职业环境中合理、有效地运用专业知识、职业价值观、道德与态度的各种能力，包括智力技能、技术和功能技能、个人技能、人际和沟通技能、组织和企业管理技能等。职业技能是标志着一个从业者的能力因素能否胜任工作的基本条件，由专业技术能力和专业知识两方面组成。专业技术能力是指从事职业活动所必需的知识和技能，以及运用已经掌握的知识和技能解决生产实际问题的能力。专业知识是指从事某一专业工作所必须具备的知识，一般具有较为系统的内容体系和知识范围。掌握专业知识是培养专业技能的基础。

2. 职业技能的重要性

职业技能是做好一个职业应该具备的专业知识和能力。各个职业有各职业的知识技能，每个行业还有每个行业知识技能，学习提升职业知识技能是为了让我们把事情做得更好。俗话说“三百六十行，行行出状元”，没有过硬的专业知识，没有精湛的职业技能，就无法把一件事情做好，就更不可能成为“状元”了。所以要把一件事情做好要必须坚持不断地关注行业的发展动态及未来的趋势走向；还要有良好的沟通协调能力，懂得上传下达，左右协调从而做到事半功倍；更要有高效的执行力，有研究发现：一个企业的成功30%靠战略，60%靠企业各层的执行力，只有10%的其他因素。中国人不缺少战略家，缺少的是执行者！执行能力就是解决问题的能力，也是每个成功职场人必修炼的一种基本职业技能。当然还有很多需要修炼的基本技能，如职场礼仪、时间管理及情绪管控等。

3. 职业技能的培养

职业行为和职业技能等显性职业素养比较容易通过教育和培训获得。高等教育的培养目标要求我们的一切工作都必须服务于大学生的专业知识和职业能力的提高。大学专业建设、课程建设、师资队伍建设、实验实训基地建设、培养方案的优化都要紧紧围绕大学生职业技能的不断提高来进行，加强学生对专业的认知和知识的运用，并使学生获得学习能力、培养学习习惯。大学生应该积极配合学校的培养计划，认真完成学习任务，尽可能利用学校的教育资源，包括教师、图书馆等获得知识和技能，作为将来职业需要的储备；大学生更要利用寒暑假、节假日锻炼自己的职业技能。

## 心理测试6-1：团队合作精神

员工有无合作精神是衡量一项工作成功与否的关键因素之一，也是个人价值的一个体现，通过合作产生一加一大于二的效果。

1. 如果某位中学校长请你为即将毕业的学生举办一次介绍公司情况的晚间讲座而那天晚上恰好播放你“追踪”的电视连续剧的最后一集，你是（　　）。

A. 立即接受邀请　B. 同意去但要求改期　C. 以要约在先为由拒绝邀请

2. 如果某位重要客户在周末下午5：30打来电话说他们购买的设备出了故障，要求紧急更换零部件，而主管人员及维修师均已下班，你是（　　）。

A. 亲自驾车去30公里以外的地方送货

B. 打电话给维修师，要求他立即处理此事

C. 告诉客户下周才能解决

3. 如果与你竞争最激烈的同事向你借一本经营管理畅销书，你是（　　）。

A. 立即借给他

B. 同意借给他，但声明此书无用

C. 告诉他书被遗忘在火车上了

4. 如果某位同事为自己方便自己出去旅游而要求与你调换休息时间，在你还未决定如何度假的情况下，你是（　　）。

A. 马上应允

B. 告诉他你要回家请示夫人

C. 拒绝调换，推说自己已经参加旅游团了

5. 如果在急匆匆驾车去赴约途中看到你秘书的车出了故障，停在路边，你是（　　）。

A. 毫不犹豫地下车帮忙修车

B. 告诉她你有急事，不能停下来帮她修车，但一定要帮她找修理工

C. 假装没有看见她，径直驶过去

6. 如果某位同事在你准备下班回家时，请你留下来听他“倾吐苦水”，你

是（　　）。

A. 立即同意

B. 劝他等第二天再说

C. 以夫人生病为由拒绝他的请求

7. 如果某位同事因要去医院探望夫人，要你替他去接一位乘夜班机的大人物，你是（　　）。

A. 立即同意

B. 找借口劝他另找别人帮忙

C. 以汽车坏了为由拒绝

8. 如果某位同事的儿子想选择与你同样的专业，请你为他做些求职指导，你是（　　）。

A. 马上同意

B. 答应他的请求，但同时声明你的意见可能已经过时，他最好再找些最新资料作参考

C. 只答应谈几分钟

9. 你在某次会议上发表的演讲很精彩，会后几位同事都向你索取讲话纲要，你是（　　）。

A. 同意——并立即修复

B. 同意——但并不十分重视

C. 同意——但转眼即忘记

10. 如果你参加了一个新技术培训班，学到了一些对许多同事都有益的知识，你是（　　）。

A. 返回立即向大家宣布并分发参考资料

B. 只泛泛地介绍一下情况

C. 把这个课程贬得一钱不值，不泄露任何信息

**评分及解读自我：**

全部回答“A”：你是一位极善良、极有爱心的人，但你要当心，千万别被低效率的人拖后腿。

大部分回答“A”：很善于合作，但并非失去个性。认为礼尚往来是一种美德，在商业生活中亦不可或缺。

大部分回答“B”：以自我为中心的人，不愿意为自己找麻烦，不让自己的生活规律、工作秩序受到任何干扰。

大部分回答“C”：是一个名副其实的孤家寡人。

（来源：https：//wenku. baidu. com/view/0b985610af45b307e9719724. html）

## 心理测试6－2：你会管理自己的时间？

根据日常生活与学习中你对待时间的方式与态度，在A、B、C中选择最适合你的一种答案。

1. 星期天，你早晨醒来时发现外面正在下雨，而且天气阴沉，你会怎么办？

A. 接着再睡　B. 在床上呆着　C. 按照生活规律，穿衣起床

2. 吃完早饭，上课之前，你还有一段自由时间，怎样利用？

A. 无所事事，根本没有考虑去学点什么，不知不觉地过去了

B. 准备学点什么，但又不知道学什么好

C. 按照预先订好的学习计划进行，充分利用这一段时间

3. 除每天上课外，对所学的各门课程，在课余时间里怎样安排？

A. 没有任何学习计划，高兴学什么就学什么

B. 按照自己最大的能力来安排复习、作业、预习，并紧张地学习

C. 按照当天所学的课程和明天要学的内容制订计划，严格有序地学习

4. 你每天晚上怎样安排第二天的学习时间？

A. 不考虑

B. 心中和口头做些安排

C. 书面写出第二天的学习安排计划

5. 我为自己拟定了“每日学习计划表”，并严格执行。

A. 很少如此

B. 有时如此

C. 经常如此

6. 我每天的作息时间表有一定的灵活性，以便留出拥有一定时间去应付预料不到的事情。

A. 很少如此

B. 有时如此

C. 经常如此

7. 当你学习忙得不可开交，而又感到有点力不从心时，你怎样处理？

A. 开始泄气，认为自己脑袋笨，自暴自弃

B. 有干劲和用不完的精力，但又感到时间太少，仍拼命学习

C. 开始分析检查自己的学习时间分配是否合理，找出合理安排学习时间的方法，在有限的时间里提高学习效率

8. 在学习时，常常被人干扰打断，你怎么办？

A. 听之任之

B. 抱怨，但又毫无办法

C. 采取措施防止外界干扰

9. 当你学习效率不高时，你怎么办？

A. 强打精神，坚持学习

B. 休息一下，活动活动，轻松一下，以利再战

C. 把学习暂时停下来，转换一下兴奋中心，待效率最佳的时刻到来，再高效率学习

10. 阅读课外书籍，怎样进行？

A. 无明确目的，见什么看什么，并常读出声来

B. 能一边阅读一边选择

C. 目的明确地阅读，运用快速阅读法，加强阅读能力

11. 你喜欢什么样的生活？

A. 按部就班，平静如水

B. 急急忙忙，精神紧张

C. 轻松愉快，节奏明快

12. 你的手表或书房的闹钟经常处于什么状态？

A. 常常慢

B. 比较准确

C. 比标准时间快一些

13. 你的书桌井然有序吗？

A. 很少如此

B. 偶尔如此

C. 常常如此

14. 你经常反省自己处理时间的方法吗?

A. 很少如此

B. 偶尔如此

C. 常常如此

**评分及结果分析:**

选 A 计 1 分，选 B 计 2 分，选 C 计 3 分，计算总分。

35—45 分：有很强的时间管理能力。在时间管理上，是一个成功者，不仅时间观念强，而且还能有目的、有计划、合理有效地安排学习和生活时间，时间的利用率高，学习效果良好。

25—34 分：比较善于对时间进行自我管理，时间管理能力较强，有较强的时间观念，但是，在时间的安排和使用方法上还有待进一步提高。

15—24 分：时间自我管理能力一般，在时间的安排和使用上缺乏目的性，计划也较差，时间观念较淡薄。

14 分以下：不善于时间管理，时间观念淡薄，不能合理地安排和支配学习、生活时间，需要好好地训练，逐步掌握时间管理的技巧。

(来源:《当代劳模》2010 年 10 月。)

## 第二节 身心素质

现代社会，人们的生活、工作节奏大大加快，人们之间的交往日渐频繁，竞争越来越激烈，致使许多人患有这样或那样的身心疾病，对社会、家庭、个人造成了一定的影响。因此，如何正视身心健康，如何拥有身心健康，是人生价值的一个重要课题，也是人生质量的内涵。

身心素质是身体素质与心理素质的合称，身体素质是心理素质的基础。身体素质是指大学生应具备的健康的体格，全面发展的身体耐力与适应性，合理的卫生习惯与生活规律等。心理素质是指大学生应具备稳定向上的情感力量、坚强恒久的意志力量、鲜明独特的人格力量。

## 一、大学生身体素质及自我保健

身体素质一般是指人体在运动、劳动和日常活动中，在中枢神经调节下，各器官系统功能的综合表现，如力量、耐力、速度、灵敏、柔韧等机体能力。身体素质是一个人体质强弱的外在表现，是衡量一个人体质状况的重要标志之一。一个人身体素质的好坏与遗传有关，但与后天的营养和体育锻炼的关系更为密切，通过正确的方法和适当的锻炼，可以从各个方面提高身体素质水平。

### （一）身体素质的内容

1. 身体形态

身体形态指身体的外部形状和特征，主要包括体形、身体姿势、营养状况及身体成分等方面，反映了人体的生长发育水平。一般通过测量身高、体重、胸围、皮下组织等来进行考察身体形态发育水平，其中身高、体重、胸围是衡量身体形态最基本的三项发育指标。良好的身体素质在这一点上表现为体形匀称、姿势正确、营养状况良好等。

2. 生理机能

生理机能是指人体在新陈代谢作用下各器官系统工作的能力。其常见的衡量指标有脉搏、血压、肺活量等。脉搏是指心脏收缩时，由于输出血液的冲击引起动脉的跳动。通过测量脉搏频率，可以间接了解心脏的活动状况。血压是指血液在血管内流动时对血管壁产生的侧压力，它是反映心血管系统机能状态的重要指标。肺活量是指人体一次尽全力吸气后，再尽全力呼气时，所呼出的气体总量。它是反映呼吸机能的主要指标，也是反映人体生长发育水平的重要机能指标之一。

3. 运动素质和运动能力

（1）运动素质

运动素质是指人体在从事体力劳动或体育运动时各器官系统表现出的各种机能能力。它主要包括速度、力量、耐力、灵敏和柔韧等方面。

速度是指在单位时间里完成动作的次数或是身体快速位移的能力，可以反映人体中枢神经系统的机能状态和神经与肌肉的调节机能，也可以综合地反映人体的爆发力、灵敏、反应、柔韧等素质。其表现形式有反应速度、动作速度和中期性运动中的位移速度。测试指标有50米跑、4秒冲刺跑等。

力量是指整个身体或身体某个部分肌肉在收缩和舒张时所表现出来的能力，是肌肉耐力增长和增加跑速的一个重要因素，有助于灵敏性的发展。测试指标有跳远、仰卧起坐、引体向上、俯卧撑、握力、背肌力、腹肌力、腿肌力等。

耐力是指人体长时间进行肌肉活动的能力，也称抗疲劳能力。耐力素质体现了肌肉耐力、心肺耐力和全身耐力的综合状况，它与肌肉组织的功能、心肺系统的功能以及身体其他基础系统功能的提高密切相关。耐力的训练能促进心血管系统机能的改善和肌肉耐力的增强。测试指标有1000米（男）、800米（女）等。

灵敏性是一种复杂的素质，是人体活动中的综合表现，指人体在复杂多变的条件下，对刺激做出快速、准确的反应，灵活完成动作的能力。灵敏性是一种综合性的能力，需要速度、平衡能力、柔韧性等多种能力要素的共同协调作用才能达到一定的水平。测试指标有立卧撑、4×10米往返跑、反复横跨等。

柔韧性是人体各个关节的活动幅度、关节周围组织（跨过关节的韧带、肌腱、肌肉、皮肤及其他组织）的弹性和伸展性的表现，是人体运动时加大动作幅度的能力。它对掌握运动技术、预防受伤的预感性和可能性、保持肌肉的弹性和爆发力、维持身体姿态等方面都具有很重要的意义。柔韧性的好坏，不仅取决于结构方面的特点，而且也取决于神经系统支配骨骼肌的机能状态。测试指标有坐位体前屈、纵劈叉等。

（2）运动能力

运动能力是指人体在运动时所表现出来的能力，具体又可以划分为一般运动能力和竞技运动能力。前者主要是指人们在日常生活、劳动及一般运动中所表现出来的走、跑、跳、投掷、攀登、爬越等基本能力，后者则是为了完成某项竞技比赛所具备的运动能力。

### （二）健康体质特点

健康体质的人具有以下特点：

形体肥瘦适中，男性肌肉健壮；女性皮下脂肪适中，不过肥，不过瘦。

面色滋润，红白适中，细腻而有光泽，而且神采奕奕。

健康体质的人胃口好，不厌食，不贪食；不易饿，不到开饭时间不饥饿；不易饱，不是稍食即有饱胀感。

健康体质的人排便正常有规律，大便每天一次，或隔天一次，不干不稀，呈条状，畅通无阻；小便每天 3 ~ 4 次，色微黄而清，畅通无阻，不痛不涩，尿后无余沥不尽感。

健康体质的人冬天不怕冷，夏天不怕热，能适应季节与气候。

### （三）现代大学生的体质现状

1. 大学生体质令人担忧

据报道，北京大学2011 级学生两周军训期间，近3500 名学生累计看病超过6000 人次，特别是第一周，晕倒者众多。2012 年 9 月，北京大学军训一天内705 人生病，且这种情况并非北京大学个别校情。

2010 年国民体质监测从身体形态、生理机能、身体素质、健康状况等 4 个方面的 24 项指标对全国学生体质进行测试，其中大学生爆发力、力量、耐力等身体素质水平进一步下降，近视率提高。

大学生体质健康下降，特别是测试项目长跑、立定跳远、女生仰卧起坐较差，尤其是男生的引体向上成绩更不理想。

事实上，北大军训“6000 人次看病”的病根早在中小学阶段就已种下。天津市教科院对天津中小学生体质健康状况的调查结果显示，许多孩子不是“豆芽菜”就是“小胖墩”，仅三成中小学生的体重为正常，且年级越高的学生体质健康水平越差，突出表现在肺活量、速度、力量等方面都难以“达标”。在体质测试中，有超过 95% 的初中男生引体向上不及格。

2. 大学生存在的不良生活方式

（1）饮食没有规律、营养搭配不合理。进入大学后，大学生的日常饮食由学生自己掌握。据调查，大学生普遍缺乏营养知识，营养不良率较高，很多同学的生活习惯极不科学，多数大学生日常饮食没有规律，一日三餐的食量和时间经常不固定，很多人不重视吃早饭，但是吃夜宵、吃零食的现象比较普遍，饮酒、吸烟等问题日益突出；饮食结构不合理，营养素摄入不足，谷类食物和蛋白质的供能比低，钙、铁、锌和维生素 A 等微量营养素缺乏普遍存在；三餐分配不合理，各餐热量摄入量的分布不均匀，很多大学生喜吃冷饮，嗜糖现象明显，在高热量、高脂肪食物面前经不起诱惑，还经常以喝饮料代替牛奶和水果，经常暴饮暴食，等等。

（2）上网时间过长，睡觉、休息时间不足。大学课程较少，随着科学技术的发展，手机媒体的发展尤为迅速，课堂上、餐桌上、寝室里，随处可以看见大学生手握一部智能手机，或与好友聊天，或用手机上网玩游戏，或用手机打电话……大部分学生彻夜坐在电脑前面，长时间保持坐姿，体内食物不易消化，食物中食物营养物质无法吸收，容易导致颈椎病、视力下降等亚健康疾病。据调查，大学生变身“夜猫子”，逾五成大学生睡眠时间不足 7 小时，睡前多上网玩手机，一半以上学生认为超过 24 时才是晚睡。

（3）宅的时间过长，体力活动不足。“宅族”已经升温成大学生口里的“热词”，大学生开始以“宅男”“宅女”互称和自称，“宅在宿舍”“宅在家里”“宅在网吧里”成了大学生叙述自我行为习惯时的常态化表述。大学生的“宅”主要表现为课余时间均居于室内，足不出户，渐成一种习惯性行为。据调查，14.3% 的大学生认为很严重，51.09% 的人认为较严重，认为不严重的为 26.09%，另外 8.70% 的人表示不知道。有宅行为的学生已经超过了 73%，可见“宅”现象较为普遍，已经成为一个不容忽视问题。在大学生宅男宅女的生活中，上网成为他们生活中不可或缺的组成部分，平均每天上网时间能达 10 小时，主要是游戏、论坛、聊天、看电影、网购等。“御宅族”的饮食、睡眠极不规律，经常吃零食、泡面，叫外卖，或让舍友带饭。他们玩累了就睡，醒了继续玩，经常昼夜颠倒。长时间沉迷网络，导致与人交往能力下降，使得他们对人际交往恐惧、刻意回避人群，以及部分学生自身性格内向，加重了社交障碍。

（4）体质下降，且缺乏健康意识。近年来我国大学生的多项体质监测结果呈逐年下降趋势，普遍存在不同程度的亚健康状态，身体状况令人担忧。大学课程任务较轻，学生思想放松，约束相对减少，养成不良的作息制度；许多学生有沉迷上网的习惯，经常通宵达旦，致使身体素质急剧下降；加之多数大学生的饮食习惯的不科学、不规律，营养状况堪忧。很多大学生体质健康意识淡薄，健康知识严重贫乏，缺乏危机意识和对疾病的预防。大部分家长和学生认为他们年轻，对于身体暂时出现的感冒发烧等不适症状没有引起足够的重视。殊不知这些问题积累到一定程度就会爆发出来。

### （四）大学生身体素质下降的原因

《2010 年国民体质监测公报》结果显示，我国成年人、老年人的身体机能水平有所回升，中小学生爆发力、柔韧性、力量、耐力等身体素质指标连续 20 多年下降的趋势得到遏制，但大学生的身体素质却出现了继续下滑。导致大学生身体素质下降的原因主要有以下三个方面。

1. 健身意识淡薄

大学生身体素质继续呈现缓慢下降，与他们在中学尤其是高中阶段忽视体育锻炼有直接关系。高考的压力让孩子们基本上没了锻炼时间，身体素质下降。到大学阶段，他们延续了高中的惯性，对体育锻炼仍不重视。体育意识特别是运动锻炼观念的淡薄，是导致当代大学生身体素质持续下滑的重要因素。很多学生进入大学后，生活变得散漫、无规律，部分学生的生物钟是完全颠倒的，凌晨两三点甚至三四点睡觉，到了第二天中午才起床，常常是课都不去上。加之现在的大学生中宅男宅女比例增多，教室、宿舍和网络几乎是他们生活的全部，缺少了体育运动锻炼，缺少了必要的体力活动，他们的身体机能和素质很难靠谱。这些都是造成大学生身体素质下降的因素。

2. 体育课设置不尽合理

不少高校在体育课程设置上的不尽合理，也在客观上造成了大学生群体身体素质的下滑。目前绝大多数本专科院校通常只在一、二年级开设体育课，且体育课每周只有一次，体育锻炼时间明显不足。没有了体育课后，学生的体质状况就又会出现下滑。另外，由于现在很多大学体育教育都采取俱乐部制，很多项目是选修，大学生参加体育锻炼全凭兴趣和爱好，势必会让他们偏门偏科，身体素质得不到全面的、均衡的锻炼和提高。比如说，长跑项目是很好的耐力锻炼科目，引体向上是很好的力量锻炼科目，体操是很好的柔韧锻炼项目。且选修的体育项目又有不少大学生没有坚持锻炼到底。

3. 运动场地和体育设施严重不足

近年来，全国高校持续扩招，造成大学体育场地和器材的严重缺乏，人多地少，高密度的大学校园也在很大程度上影响了大学生体质的改善。现在很多大学的学生人数增加了一两倍，但每所大学的体育场地却没有增加。这也是造成一部分大学生即使有参加课外体育活动的想法也很难实现的原因。

### （五）促进大学生自我保健的措施

1. 树立正确的健康观

通过多种媒体大力宣传和普及科学的教育观、人才观和健康观，通过选修课及宣传栏向大学生普及正确的营养、健康知识，营造全社会关心健康的氛围，提高大学生的健康意识，树立正确的健康观，使大学生真正认识到健康是第一位的，“身体是革命的本钱”，没有健康就没有一切。

2. 学习自我保健

学校开设有关体育运动项目的公共选修课，使学生学习体育运动知识和训练技巧；加强营养教育，普及营养知识，关注养生，懂得饮食营养卫生，指导并帮助大学生建立自我保健意识，保持促进健康的行为，消除危害健康的行为，具有基本的对自身疾患的判断能力、自我治疗能力和自我预防能力。

3. 养成良好的生活习惯

良好的生活习惯影响着我们的身体健康，而且还关系到我们正常的工作和生活。良好的生活习惯从以下三个方面养成。

（1）合理的饮食习惯。合理分配三餐，一日三餐的食量分配要适应生理状况和工作需要。最好的分配比例应该是3：4：3，也就是早晚要适度，中午可稍多。还有一种比较形象的说法：早上吃的像皇帝，中午吃的像平民，晚上吃的像乞丐；荤、素搭配适当；不挑食和偏食；不暴饮暴食。

（2）良好的睡眠习惯。睡眠是生命的基本需要，是人类赖以生存的基本生活方式，是保持人体健康的基础。人的身心疲劳主要是靠充分的睡眠来恢复，要把握好睡眠的时间，做到睡前“三宜三忌”，提高睡眠质量。三宜是：睡前宜散步；睡前宜足浴，睡前烫脚，胜服安眠药；睡前刷牙。三忌是：忌饱食；忌娱乐过度；忌饮浓茶、咖啡和酒。

（3）良好的卫生习惯

良好的卫生习惯是提高生活质量和生命质量的不可缺少的内容之一。

包括环境整洁、个人卫生习惯、饮食卫生、穿着卫生、生活用具卫生等，防止病从口入，不吃不清洁、腐败变质的食品，餐具的消毒和饭前洗手，防止病毒细菌感染传播。洗澡是一项促进体质增强的方法，勤洗澡，勤换衣服。保持环境卫生，不随地吐痰，不随地丢弃垃圾。

4. 坚持体育锻炼

（1）每天坚持跑步或散步，早上进行中长跑训练20分钟，晚上进行10分钟的中长跑训练，每天保证运动1小时，锻炼肺活量和耐力。只有好的体能才能适应高强度的工作、生活。

（2）周末可以出去爬山、逛街，参加校内社团活动，到图书馆看书。积极参加体育活动，例如羽毛球、篮球、排球、乒乓球等。

## 二、大学生心理素质及提升策略

### （一）心理素质及其组成

心理素质是指一个人的心理承受能力，是先天因素与后天因素的“合金”。一个人的心理素质是在先天素质的基础上，在后天环境、教育、实践活动等因素的影响下逐步发生、发展起来的心理潜能、能量、特点、品质与行为的综合。心理素质包括人的认识能力、情绪和情感品质、意志品质、气质和性格等个性品质诸方面，是人的整体素质的组成部分。

心理素质由以下五个方面组成：

1. 心理潜能

每个人生来都具有一定的潜能，每个人都亟欲把自己的潜能发挥出来或得到实现，每个人只要自己努力都可以充分发挥或实现自己的潜能。潜能并不神秘，它是人的心理素质乃至社会素质赖以形成与发展的前提条件或某种可能性。或者说，正因为人具有一定的潜能，所以就能把他们培养成为真正的人，而动物没有此种潜能，所以虽然花费九牛二虎之力，也不能使它们向着人的方向发展。

2. 心理能量

亦称心理力量或心理能力。世界上的万事万物（包括精神）都有一定的能量，人亦如此。人由身体与心理两个子系统构成，前者为体力即身体之能力，后者为心力即精神之能力。这种心理能量乃是人的心理素质的体现，也是用意识来调节的能量作用，其大小强弱能够反映出一个人的心理素质水平。心理能量是生命力的源泉，心理能量的产生，有两种形式：一种是在适当的心理状态下，心理能量自发产生；另一种是在激发了某种本能时，会激发与这种本能有关形式的心理能量。

3. 心理特点

人在认识客观事物和改造客观事物的过程中，不仅有认识、情感、意志等各种心理过程，还会表现出每个人心理活动的独特性，这便是人的心理特点。人的所有不同的心理特点，就构成了人们心理上的差异。人们在日常生活中形成的那些稳固而经常出现的心理特点，就叫个性心理特征。个性心理特征包括能力、气质和性格，其中以性格为核心。这些心理特征反映出一个人的基本精神面貌和意识倾向，并体现出个人心理活动的独特性。心理特点也是心理素质的具体标志。

4. 心理品质

心理品质与心理特点有联系，但二者也有区别，不能混为一谈。它并非心理活动本身所固有，而是后天习得。品质有两个方面的含义：一是个别差异，即人与人之间各具有不同水平的心理品质；另一是培养标准，即要求人们的心理所应当达到的水平。几乎每一种心理现象都具有一定的品质，如记忆的敏捷性、持久性、准确性、备用性，思维的灵活性、深刻性、独立性、批判性，情感的倾向性、多样性、固定性、功效性，意志的自觉性、果断性、坚持性、自制性，等等。心理品质的优劣最能表现出人的心理素质的水平。

5. 心理行为

人们无论简单的行为还是复杂的行为，归根结底都受人的心理的支配，都是人的心理的外部表现。因此，从这个意义上说，人的一切行为都可以称为心理行为。这种心理行为是心理素质的标志，通过它可以检验心理素质水平的高低。而且，前述心理素质的四个组成因素如心理潜能、能量、特点、品质等，也都会明显地或不明显地在行为上反映出来。可见，心理行为是构成心理素质的一个重要成分。

心理潜能、心理能量、心理特点、心理品质与心理行为的有机结合，称为心理素质，而这五个方面又都蕴含在智力因素与非智力因素之中。也就是说，所谓培养心理素质，就是要发挥、发展、培养、提高、训练智力与非智力因素的潜能、能量、特点、品质与行为。

### （二）心理素质良好的标准

马斯洛认为良好的心理素质表现在以下几个方面：

1. 具有充分的适应力；
2. 能充分地了解自己，并对自己的能力做出适度的评价；
3. 生活的目标切合实际；
4. 不脱离现实环境；
5. 能保持人格的完整与和谐；
6. 善于从经验中学习；
7. 能保持良好的人际关系；
8. 能适度地发泄情绪和控制情绪；
9. 在不违背集体利益的前提下，能有限度地发挥个性；
10. 在不违背社会规范的前提下，能恰当地满足个人的基本需求。

### （三）提升大学生心理素质的策略

1. 树立正确的人生观，始终保持开阔的心胸，提高对心理冲突和挫折的忍受能力，热爱生活，热爱学习。

2. 充分认识自己，正确估价自己，有自知之明，不自卑、不自负。

3. 积极交友，宽容待人，善于与他人交流思想、感情，相互帮助，相互学习。

4. 积极培养自己的各种兴趣爱好，如琴棋书画，参加有益的娱乐活动，积极参加各种体育活动。

5. 多读优秀的文学、艺术作品，如《钢铁是怎样炼成的》《红岩》等，陶冶情操，树立远大的理想。

6. 学会思考，爱动脑筋，学会全面分析复杂问题，要有遭受挫折的思想准备。

7. 要积极参加劳动，在劳动中吸取教训，接受艰苦的磨炼。

8. 学生首先从尊敬长辈、尊敬教师做起，懂得尊重他人的劳动成果，爱护财物，养成勤俭节约的品质。

其实心理素质的提高是一种经验的积累，只有通过现实生活中不断发生的事情来获得。因此，多参与生活中的一些事情，多参加一下社交活动对提高心理素质是一个很好的方法。

## 心理测试6-3：健康情绪自测

情绪稳定一般被看作是一个人心理成熟的重要标志。如果现在你已经能够积极地调节和控制自己的情绪，那么将有助于你以平稳的心态从容面对人生的挑战。你的情绪是稳定的吗？如果你希望知道结果，不妨完成下面的题目。

1. 我有能力克服各种困难。(　　)

A. 是的　B. 不一定　C. 不是的

2. 猛兽即使是关在铁笼里，我见了也会惴惴不安。(　　)

A. 是的　B. 不一定　C. 不是的

3. 如果我能到一个新环境，我要（　　）。

A. 把生活安排得和从前不一样　B. 不确定　C. 和从前相仿

4. 整个一生中，我一直觉得我能达到所预期的目标。(　　)

A. 是的　B. 不一定　C 不是的

5. 我在小学时敬佩的老师，到现在仍然令我敬佩。(　　)

A. 是的　B. 不一定　C. 不是的

6. 不知为什么，有些人总是回避我或冷淡我。(　　)

A. 是的　B. 不一定　C. 不是的

7. 我虽善意待人，却常常得不到好报。(　　)

A. 是的　B. 不一定　C. 不是的

8. 在大街上，我常常避开我所不愿意打招呼的人。(　　)

A. 极少如此　B. 偶尔如此　C. 有时如此

9. 当我聚精会神地欣赏音乐时，如果有人在旁高谈阔论我会感到恼怒。(　　)

A. 我仍能专心听音乐　B. 介于A与C之间　C. 不能专心并感到恼怒

10. 我不论到什么地方，都能清楚地辨别方向。(　　)

A. 是的　B. 不一定　C. 不是的

11. 我热爱我所学的知识。(　　)

A. 是的　B. 不一定　C. 不是的

12. 生动的梦境常常干扰我的睡眠。(　　)

A. 经常如此　B. 偶尔如此　C. 从不如此

13. 季节气候的变化一般不影响我的情绪。(　　)

A. 是的　B. 介于A与C之间　C. 不是的

计分表:

| 题号 | 1 | 2 | 3 | 4 | 5 | 6 | 7 | 8 | 9 | 10 | 11 | 12 | 13 | 合计 |
|---|---|---|---|---|---|---|---|---|---|---|---|---|---|---|
| A | 2 | 0 | 0 | 2 | 2 | 0 | 0 | 2 | 2 | 2 | 2 | 0 | 2 | |
| B | 1 | 1 | 1 | 1 | 1 | 1 | 1 | 1 | 1 | 1 | 1 | 1 | 1 | |
| C | 0 | 2 | 2 | 0 | 0 | 2 | 2 | 0 | 0 | 0 | 0 | 2 | 0 | |

结论与忠告:

★17—26分:情绪稳定

你的情绪稳定,性格成熟,能面对现实;通常能以沉着的态度应付现实中出现的各种问题;行动充满魅力,有勇气,有维护脱节的精神。

★13—16分:情绪基本稳定

你的情绪有变化,但不大,能沉着应付现实中出现的一般性问题。然而在大事面前,有时会急躁不安,不免受环境影响。

★0—12分:情绪激动

你情绪较易激动,容易产生烦恼;不容易应付生活中遇到的各种阻挠和挫折;容易受环境支配而心神动摇;不能面对现实,常常急躁不安,身心疲乏,甚至失眠等。要注意控制和调节自己的心境,使自己的情绪保持稳定。

(来源:《人生与伴侣(月末版)》2008年第01期。)

## 心理测试6-4:心理素质测试一

每题只能有一个选择,然后根据括号内的分数累加起来,看看总分是多少,就能大致了解你的心理素质和应付能力。

1. 你骑车闯红灯,被警察叫住。后者知道你急着要赶路,却故意拖延时间,你(　　)。

a. 急得满头大汗,不知怎么办才好

b. 十分友好地、平静地向警察道歉

c. 听之任之,不作任何解释

2. 在朋友的婚礼上，你未料到会被邀请发言，在毫无准备的情况下，你（　　）。

a. 双手发抖，结结巴巴说不出话来

b. 感到很荣幸，简短地讲几句

c. 很平淡地谢绝了

3. 你在餐馆刚用过餐，服务员来结账，你忽然发现身上带的钱不够，此刻，你会（　　）。

a. 感到很窘迫，脸发红

b. 自嘲一下，马上对服务员实话实说

c. 在身上东摸西摸，拖延时间

4. 假如你乘坐公共汽车时忘了买票，被人查到，你的反应是（　　）。

a. 尴尬，出冷汗

b. 冷静，不慌不忙，接受处理

c. 强作微笑

5. 你独自一人被关在电梯内出不来，你会（　　）。

a. 脸色发白，恐慌不安

b. 想方设法自己出去

c. 耐心地等待救援

6. 有人像老朋友似的向你打招呼，但你一点也记不起他（她）是谁，此时你（　　）。

a. 装作没听见似的不答理

b. 直率地承认自己记不起来了

c. 朝他（她）瞪瞪眼，一言不发

7. 你从超市里走出来，忽然意识到你拿着忘记付款的商品。此时一个很像保安人员的人朝你走过来，你会（　　）。

a. 心怦怦跳，惊慌失措

b. 诚实、友好地主动向他解释

c. 迅速回转身去补付款

8. 假设你从国外回来，行李中携带了超过规定的烟酒数量，海关官员要求你打开提箱检查，这时你会（　　）。

a. 感到害怕，两手发抖

b. 泰然自若，听凭检查

c. 与海关官员争辩，拒绝检查

心理素质测试题计分方法与分析：

选 a 得 0 分，选 b 得 5 分，选 c 得 2 分

1. 0—25：分你承受压力的心理素质比较差，很容易失去心理平衡，变得窘促不安，甚至惊慌失措。

2. 25—32：分你的心理素质比较强，性情还算比较稳定，遇事一般不会十分惊慌，但有时往往采取消极应付的态度。

3. 32—40：分你的心理素质很好，几乎没有令你感到尴尬的事。尽管偶尔会失去控制，但对你来说，你的应变能力很强，是一个能经常保持镇静、从容不迫的人。

（来源：http：//www.xinli001.com/ceshi/388/start）

## 心理测试 6 -4：心理素质测试二

请仔细阅读，在你认为与自己最接近的状况下选择“是”或“否”。测试请不要过多思考，凭自己的第一印象回答即可。

1. 我认为自己太大众化了。
2. 当我注意自己的照片时，总觉得很不满意。
3. 有时我怕别人嘲笑或批评而隐瞒自己的意见。
4. 我觉得自己不可能赢得别人的关注。
5. 获取称赞是非常困难的事。
6. 与身边的人相比，我觉得自己不够好。
7. 在社交场合中我感到害羞，并且自觉意识到这种害羞。
8. 我常常把自己设想得比实际更好。
9. 直到现在我认为自己没有成功过。
10. 我常常觉得自己是失败者。
11. 总的来说，我认为自己自信不够。
12. 近来，我感到情绪低落。

13. 我时常无缘无故地觉得自己很悲惨。

14. 以前感兴趣的事情，我现在一点兴趣也没有。

15. 我现在比以前更容易生气激动。

16. 一切事情我很难作出决定。

17. 无缘无故感到疲乏。

18. 一个人的时候想哭泣或有哭泣的冲动。

19. 觉得自己是个多余的人，没有人需要我。

20. 近来，感到做任何事情都很费力。

21. 我时常有无能为力的感觉。

22. 我担心会随时丢到自己的工作。

23. 我做任何事都不想承担责任。

24. 作任何决定，都令我内心十分痛苦。

25. 我自己的健康而担心。

26. 有时我担心会失去自己心爱的人。

27. 我恐惧与陌生人相处。

28. 我时常关心别人对我的印象。

29. 我对具有威慑力的人物总是感到害怕与苦恼。

30. 我对无害的动物也感动恐惧。

31. 我比一般人更容易脸红。

32. 为了一些事情我经常失眠。

33. 我觉得自己有许多无法克服的困难。

34. 我总是感到生活非常紧张。

35. 面对艰难的任务，心中充满担心。

36. 我常无缘无故地为一些不现实的东西而担心。

37. 如果事情没有按照原计划进行，我常感到手足无措。

38. 当我和别人谈话时，并特别想给人留下深刻印象时，我的声音常会变得颤抖。

39. 公共场合说错了话，会使我很长时间不敢与人接触。

40. 我经常服用镇静剂。

41. 又是一个念头总在脑中反复出现，我想打消它，但怎么也办不到。

42. 我时常为了一些细枝末节的消失而烦恼。

43. 我常担心抽屉、窗户、门是否锁好。

44. 我会为东西放错了地方烦躁难受。

45. 如果我的生活被一些预料外的事打乱，我感到非常不快。

46. 我常把自己描述成一个完美的人。

47. 做事必须做得很慢，以保证正确。

48. 做事必须反复检查。

49. 我是一个万事不求人的人。

50. 我常花大量的时间整理自己的东西，这样我可以在需要的时候找到。

51. 我认为很多人的心理都不正常，只是他们不愿意承认而已。

52. 我常常怀疑那些出乎我意料的、对我过于友善的人的诚实动机。

53. 我认为有人会幸灾人祸，希望我遇到困难。

54. 我总担心与我一起工作的同事会把工作搞砸。

55. 我有忽冷忽热的感觉。

56. 我常感到心悸。

57. 我感到别人想占我的便宜。

58. 身体一有不适，我就担心自己是否有病。

59. 我无法影响和我一起工作的同事，使他们能协助我实现我所计划的目标。

60. 我认为很少有人值得我信赖。

计分方法：

以上60题，每选择一个“是”得1分。请将得分按以下6类分别计算。

测试结果分析：

1. 自卑：第1—10题。如果你的得分在5分以上，说明你陷入了自卑的泥淖：你认为自己事事不如人，自惭形秽，丧失信心，进而悲观失望，不思进取。

2. 忧郁：第11—20题。如果你的得分在5分以上，说明你受到一定程度忧郁的困扰，常常表现为兴趣减退、情绪低沉、自我谴责，睡眠差，而且缺乏食欲。

3. 恐惧：第21—30题。如果你的得分在5分以上，说明你时常具有恐惧感，可以说你有点懦弱，常常过多地自寻烦恼，杞人忧天。其实怕祸害比祸害本身更可怕。有时你明知恐惧没有必要，可你就是无法控制自己。

4. 焦虑：第31—40题。如果你的得分在5分以上，说明你受到焦虑的困扰，表现常常出汗、心悸，总是担心某事发生，甚至伴有尿急、头痛等症状。

5. 强迫：第41—50题。如果你的得分在5分以上，说明你具有一定程度的强迫症：你总是想不该想或不愿想的事，或者控制不住做无意义的动作，比如每次出门后总是反复回来检查门是否锁好。更为严重的是，这些想法或动作已影响了你的正常工作、生活。

6. 怀疑：第51—60题。如果你的得分在5分以上，你的疑心较重，不信任别人，与别人相处常常斤斤计较，不顾别人利益。

整个60题，你选择“是”的题目在5题以下，说明你的心理素质较好，你有较强的适应性、承受能力、自信心和意志力，你会拥有奋进、快乐、幸福的人生。

（来源：https：//baike. so. com/doc/2355764 – 2491201. html）

## 第三节　人文素质

### 一、人文素质的内涵

#### （一）人文素质

广义上的人文素养指的是做人应具备的基本品质和基本态度，包括正确处理自己和他人、社会及自然的关系，是一种为人处世的基本的“价值观”和“人生哲学”，追求人生和社会的美好境界，主张思想自由和个性解放。而狭义上的人文素养是指人所具有的文学、史学、哲学和艺术等人文学科知识和由这些知识系统所反映出来的精神在心理上的综合体现，它包括人文知识的素养和人文精神的修养。

人文素质是关于“人类认识自己”的学问。“做人的根本在于品质培养”，发展人文素质就是“学会做人”，引导人们思考人生的目的、意义、价值，发展人性、完善人格，启发人们做一个真正的人，做一个智慧的人，做一个有修养的人。

良好的人文素质表现为：追求崇高的理想和优秀道德情操，向往和塑造健全完美的人格，热爱和追求真理，有严谨、求实的科学精神、儒雅的风度气质等。

### （二）人文素质的内容

人文素质包括4个方面的内容：

1. 具备人文知识

人文知识是人类关于人文领域（主要是精神生活领域）的基本知识，如历史知识、文学知识、政治知识、法律知识、艺术知识、哲学知识、宗教知识、道德知识、语言知识等。

2. 理解人文思想

人文思想是支撑人文知识的基本理论及其内在逻辑。同科学思想相比，人文思想有很强的民族色彩、个性色彩和鲜明的意识形态特征。人文思想的核心是基本的文化理念。

3. 掌握人文方法

人文方法是人文思想中所蕴含的认识方法和实践方法。人文方法表明了人文思想是如何产生和形成的。学会用人文的方法思考和解决问题，是人文素质的一个重要方面。与科学方法强调精确性和普遍适用性不同，人文方法重在定性，强调体验，且与特定的文化相联系。

4. 遵循人文精神

人文精神是人文思想、人文方法产生的世界观、价值观的基础，是最基本、最重要的人文思想、人文方法。人文精神是人类文化或文明的真谛所在，民族精神、时代精神从根本上说都是人文精神的具体表现。人文素质是国民文化素质的集中体现。在人文素质四个方面的内容中，人文精神是核心。人文精神主要表现为在处理人与自然、人与社会、人与文化的关系时，突出人是主体的原则。

## 二、大学生人文素养的现状

良好的人文素质是一个现代大学生文明程度的综合体现。总体来看，我国大学生的人文素养是值得肯定的，但是也存在一些不容乐观的情况。

### （一）学习专业知识放首位，人文素养较差

市场经济下，当代大学生有两极分化的趋势，一类是只注重学习，忽视综合能力提高的“技能学生”“学术学生”；一类是不学习、不作为，虚度大学生活的“颓废学生”。介于这两者之间缺乏目标但不得不学习的学生也不乏其人。他们表现为人文知识缺乏、人文思想误解，导致人文素养较差。有的大学生文、史、哲知识涉猎甚少；有的艺术知识匮乏，没有基本的艺术鉴赏能力；有的学生精神生活空虚，生活品位很低。

1. 专业知识的掌握程度关系到学生今后就业及未来的发展。大学对专业人才的要求固然很高，重点大学为主的本科院校有着浓厚的学术氛围。这强化了学生对专业知识学习的重视，同时更容易忽视对人文素养等其他方面的塑造，使学生对提高综合人文素养的重要性了解不够。

2. 以高职院校和理工科院校为主的大学生把高等教育简单地理解为单纯的职业教育和寻求谋生或谋取高薪职业的一种手段。调查显示，有近 40% 的高职大学生和理工科生不清楚或不知道人文素养的内涵，他们虽然总体上认识到人文素养的重要性，但更倾向于技能培养，且表示对提高人文素养的途径并不明确。

### （二）学校人文氛围不够浓厚，缺乏塑造人文素养的外部环境

1. 许多学校学生自身人文素养基础相对薄弱，表现为缺乏人文方法、人文精神，导致人格“残疾”。而作为人文氛围营造中的主体兼客体，学生人文素养的状况直接影响学校人文氛围的营造。

2. 学校营造人文氛围缺少充足的师资力量及资源。学校的校园文化氛围不浓厚等客观条件，直接制约着学校人文氛围的营造。

3. 学校人文建设主要以选修课、定期讲座、交流活动为主，形式和内容单一，虽多而不精，往往达不到预期效果，造成资源浪费。同时，学生社团活动缺乏持续有效的组织性。

4. 学生作为参与者，本身的主动性没有被充分调动。学校对学生重视自身人文素养的宣传和引导不足。

### （三）人文素养塑造的目的性不明确

1. 我国正处于社会转型时期，传统与现代、东方与西方之间的文化交流融合加快，日益丰富的信息资源使大学生对文化的选择渠道常因判断力、价值观的不成熟而产生困惑，不知选择哪些途径、利用哪些资源更能有效提高自身素养。

2. 当代大学生多为90后，在当代竞争激烈的社会大环境下，面临着学习被动、理想缺失、未来目标不明确等问题，直接制约着学生对提高人文素养的方向的选择。

## 三、大学生人文素质的培养

人文素质不仅可以使大学生的情感得以陶冶、心灵得以升华，也可以给大学生直接或间接的人生体验和人生感悟，还可以增加大学生的社会责任感。因此，提高大学生人文素质既是促进大学生全面发展的重要途径，更是社会发展的需要，对大学生个体的发展和成才有重要的作用。无论是高校方还是学生自身，都应注重并加强学生人文素养的提高。社会更要营造人文大环境，承担起人文素质教化的责任。

### （一）学校人文氛围的营造

高校是校园人文环境建设的主要推行者，在校园人文环境的建设过程中起着不可替代的主导作用。高校应重新树立“科学教育与素质教育并重的双重教育目标”，以培养“德才兼备”的大学生为准绳。在传授给大学生专业知识的同时，重在进行精神引领和人格教化。高校引导学生学习人文知识，提高自身人文素质，具体可从以下几点入手。

1. 加强校园文化建设

加强校园文化建设，可以为教师和学生提供一个轻松舒适的教学学习环境。一方面是硬件设施的加强，可增加学校图书馆的藏书量，特别是人文社会科学类、传统文化类的书籍；可突出校园人文景点建设，建设文化走廊等一系列设施。另一方面是培养和塑造学校精神，把求真务实的校风贯彻和落实下去，使之进一步融入到学生的学习与生活中去。

2. 淡化专业划分界限

树立“以人为本”的教育理念，淡化专业界限，摒除专业分工过细、厚此薄彼的弊端，逐步“治愈”高分低能的“偏瘫症”。高校要转变教育理念，淡化专业界限，厚基础，宽口径，更好地实现智育与德育的统一、做事与做人的统一、学业与修养的统一。

3. 重视开设人文课程

为了适应社会对全面发展的人的需求，高校应重新审视自己，提高人文课程在学生所修课程中的比重，使课程的设置科学、合理。以必修课或选修课的方式增设文、史、哲、美学类、艺术类课程，促使学生掌握扎实的人文基础知识，不断提升大学生的人格、气质、修养等内在品质，培养大学生的创新精神，教育引导大学生正确处理好人和人、人和社会、人和自然的关系。

4. 打造校园精品人文活动

各高校都有一些传统特色的文化活动。这些活动对繁荣校园文化，活跃校园气氛，增进师生沟通，增强集体主义的凝聚力和爱校的向心力，培养锻炼学生能力，丰富校园生活，都有着无形和独特的作用。因此，高校可以针对学生的爱好和时代特点，根据学校的需要，举办一些校园文化的特色活动，把它作为学校的传统固定下来，以引导校园文化的走向，不断打造，争取出精品，创品牌。

5. 积极发挥学生社团的载体作用

实践证明，学生社团举办社团活动是开展人文素质教育的有效载体，在大学生素质教育中发挥着重要的作用。学校和教师对待学生社团的态度会直接影响社团发展的规模和育人的效果。高校要重视人文类学生社团的建设，积极鼓励和支持学生社团开展有益于身心健康的人文活动，培育浓厚的校园人文氛围。

6. 加强校园网络建设，充分利用网络教育

《中共中央国务院关于进一步加强和改进大学生思想政治教育的意见》中指出“要全面加强校园网的建设，使网络成为弘扬主旋律、开展思想政治教育的重要手段”。网络的迅速性、交互性、虚拟性和多元性确实受到大学生的青睐。学校应积极借助网络这一途径，采用灵活多样、新潮的方式向学生提供文史哲等类型的文化信息。

### （二）学生自身人文素养的加强

人文素质的培养起始于人性的自觉，注重人的心灵自悟、灵魂陶冶，着眼于情感的潜移默化，重在培养涵养，培养人性、情感、欲望、情绪、人际关系等做人方面的素质。

1. 提高自身对人文素养的认识

大学生一定要充分认识到人文素养在成长过程中的重要作用，重视人文素养的培养与提高。人文素质是人在社会化过程中即自我完善的过程中起支配作用的核心素质，是大学生在社会生活和工作中最具竞争优势的素质。人文素养的培养提高是大学生全面成长中不可缺少的一部分。大学生自身要有意识、有目的、有计划地培养和提高自身的人文素养。

2. 充分利用学校现有资源

学校自身已经拥有各种充足的文化资源（如教师、图书、系列讲座等），为提高学生的人文素养也已经采取了多项措施，学生一定要充分利用这些资源来发展和提高自身的人文素养。用博览群书的方法推动大学生群体人文素质的提升。学生一定要主动向老师请教学习，积极参加学校或社团组织的人文讲座。

### （三）创建社会人文环境

社会大环境与大学生的人文素质是根系与繁枝的关系，只有根系发达，一棵树才会枝繁叶茂。提高大学生人文素质修养不只是一个说法的问题，它需要我们通过社会大环境去具体实践。社会应从多方位、多途径、多渠道来宣扬人文素质的重要性，惩恶扬善，树立楷模。社会应该以一种守望者的精神、入世的态度，勇敢地承担起人文素质教化的责任。当前，社会要发扬、提炼出属于这个时代的人文精神，不断提升人文素质的社会地位与重要性。

加强当代大学生的人文知识、提高其人文素质及修养是十分迫切和必要的，只有通过社会、学校、学生的共同努力，多渠道、全方位地提升大学生的人文素质，才能使其真正成长为集“真、善、美”于一身的高素质、综合型人才。

# 第四节　创造力

在这个大众创业、万众创新的时代，抓创新就是抓发展，谋创新就是谋未来。一个创新型社会更具有活力，而这个活力要求社会个体人具有创造力，创造力将要成为人的基本素养。教育事业快速发展，特别是高等教育步入大众化阶段，大学生群体普遍接受了良好的国民教育，具备了创新创业的知识储备和基本素质，创业群体已从精英小众转变为社会大众。当前，崇尚创新、宽容失败、鼓励个性的社会氛围日益浓厚，创新创业得到了越来越多的理解与认同，必将呈现出强大生命力。

## 一、创造力及其构成

### （一）创造力

创造力，是人类特有的一种综合性本领。一个人是否具有创造力，是一流人才与三流人才的分水岭。创造力是由知识、智力、能力及优良的个性品质等复杂多因素综合优化构成。创造力是指产生新思想，发现和创造新事物的能力。它是成功地完成某种创造性活动所必需的心理品质。例如创造新概念、新理论，更新技术，发明新设备、新方法，创作新作品，都是创造力的表现。创造力是一系列连续的复杂的高水平的心理活动。它要求人的全部体力和智力的高度紧张，以及创造性思维在最高水平上进行。

真正的创造活动总是对社会产生有价值的成果，人类的文明史实质是创造力的实现结果。对于创造力的研究日趋受到重视，由于侧重点不同，出现两种倾向：一是不把创造力看作一种能力，认为它是一种或多种心理过程，从而创造出新颖和有价值的东西；二是认为它不是一种过程，而是一种产物。一般认为它既是一种能力，又是一种复杂的心理过程和新颖的产物。

### （二）创造力的构成

1. 知识

作为基础因素的知识，包括吸收知识的能力、记忆知识的能力和理解知识的能力。吸收知识、巩固知识，掌握专业技术、实际操作技术、积累实践经验，扩大知识面、运用知识分析问题，是创造力的基础。任何创造都离不开知识，知识丰富有利于更多更好地提出创造性设想，对设想进行科学的分析、鉴别与简化、调整、修正，并有利于创造方案的实施与检验，而且有利于克服自卑心理、增强自信心。这些是创造力的重要内容。

2. 以创造性思维为核心的智能

智能是智力和多种能力的综合，既包括敏锐、独特的观察力，高度集中的注意力，高效持久的记忆力和灵活自如的操作力，也包括创造性思维能力，还包括掌握和运用创造原理、技巧和方法的能力等。这是构成创造力的重要部分。

创造性思维是指人们在创造性活动过程中所具有的思维方式，是一种高度灵活、新颖独特的思维方式，是一个由发散思维、聚合思维、直觉思维与逻辑思维等组成的复合思维。创造性思维是以感知、记忆、思考、联想、理解等能力为基础，以综合性、探索性和求新性为特征的高级心理活动，需要人们付出艰苦的脑力劳动。一项创造性思维成果往往要经过长期的探索、刻苦的钻研甚至多次的挫折方能取得，而创造性思维能力也要经过长期的知识积累、素质磨砺才能具备。至于创造性思维的过程，则离不开繁多的推理、想象、联想、直觉等思维活动。

3. 创造个性品质

创造个性品质包括意志、情操等方面的内容。它是在一个人生理素质的基础上，是在一定的社会历史条件下通过社会实践活动形成和发展起来的，是创造活动中所表现出来的创造素质。优良素质对创造极为重要，是构成创造力的又一重要部分。

优良的个性品质如永不满足的进取心、强烈的求知欲、坚忍顽强的意志、积极主动的独立思考精神等，是发挥创造力的重要条件和保证。总之，知识、智能和优良个性品质是创造力构成的基本要素，它们相互作用、相互影响，决定创造力的水平。

## 二、创造力的行为表现特征

创造力的行为表现有三个特征：

### （一）变通性

变通性有时也叫灵活性，对于同一问题情境，能从不同类型角度去考虑。思维能随机应变，触类旁通，举一反三，不易受功能固着等心理定式的干扰，因此能产生不同寻常的构想，提出新观念。变通性表现为在对待同样的问题上，能够用许多不同的办法和途径，一旦思维出现困难能主动改变思路，从其他的角度重新考虑问题。因此，变通性不仅表现为产品的数量，而且还主要表现为产品之间的不同性质。

### （二）流畅性

流畅性指个人对于同一问题情境，能从各种可能性角度去考虑，在规定的时间内产生较多的观念，即反应迅速且数量多，代表思维活跃、流畅。在短时间内产生的观念多，思维流畅性大；反之，思维缺乏流畅性。吉尔福特把思维的流畅性分为四种形式：用词的流畅性，是指一定时间内产生含有规定的字母或字母组合的词汇量的多少；联想的流畅性，是指在限定的时间内能够从一个指定的词当中产生同义词（或反义词）数量的多少；表达的流畅性，是指按照句子结构要求能够排列词汇的数量的多少；观念的流畅性，亦即能够在限定的时间内产生满足一定要求的观念的多少，也就是提出解决问题答案的多少。前三种必须依靠语言，后一种既可借助语言也可借助动作。

### （三）独特性

独特性是指个人面对问题时，能独具慧心，产生不寻常的反应，打破常规，对事物具有不寻常的独特见解。此外还有重新定义或按新的方式对我们的所见所闻加以组织的能力。例如，在吉尔福特的“命题测试”中，向被试提出一般的故事情节，要求他们按照自己的意思给出一个适当的题目。富有创造力的人给出的题日较为独特，而缺乏创造力的人常常被禁锢在常规思维之中。当然，创造性思维者还要对新颖独特的观念具有高度的敏感性，具有及时把握它们的能力。

另外，创造力与人格特征也有密切关系。综合多人研究的结果表明，高创造力者具有以下一些人格特征：兴趣广泛，语言流畅，具有幽默感，反应敏捷，思辨严密，善于记忆，工作效率高，从众行为少，好独立行事，自信心强，喜欢研究抽象问题，生活范围较大，社交能力强，抱负水平高，态度直率、坦白，感情开放，不拘小节，给人以浪漫印象。

## 三、大学生创造力的培养

### （一）从个人本身的因素来看

作为当代大学生，要紧跟时代的步伐，接受先进的科学文化知识，拓宽视野，多角度看问题，培养自己的创新意识和创新能力。

1. 激发求知欲和好奇心

创造性强的人对个人已有的认知结构是不满足的，对客观事物的矛盾与变化有着强烈的好奇心和探求欲望，对已知论点或论据要求从新的角度进行分析。因而高度创造性的科学家和艺术家，都有丰富而独特的联想，创作观念非常灵活。否则，科学家就无法想象新的实验设计，音乐家就不能谱写新的乐章，作家就不能描绘新的人物形象。联想的独特性和新颖性是在冲破传统习惯的约束，抓住重要线索时产生的。大学生要培养自己敏锐的观察力和丰富的想象力，特别是创造性想象，以及培养善于进行变革和发现新问题或新关系的能力。

2. 培养个性的独立性

具有创造性的人不受旧的习惯思维的束缚，不受传统的文化知识和环境的限制，敢于尝试采用新的方法，提出新的问题来加以研究。在现实面前，不以目前的条件为满足，能主动地想办法革新。遇到困难与挫折也不轻易改变自己的观点，能坚持己见。当发现自己选择的方法有错误或观点有不正确之处时，思维转换迅速，改正得也快。在研究问题时，目标明确，能以问题为中心进行思考，不以自我情绪为转移，能批判性地分析问题的各个方面，作出自己的评价与判断。个性的独立性在思维表现上，不随便赞同一种观点，也不随便否定一种观点，这是个性的不顺从性。但经过分析判断又能肯定一种观点，坚持正确的方面，表现了个性对真理的顺从性。因而，具有独立性的人兼有首创性和自信心的特点。

3. 不怕犯错误

在创造过程中，一个在思想上和行动上都有独立性和革新精神的人是不怕犯错误的。创造的开始阶段需要以松弛、沉着的态度，广泛地选择解决问题的办法，不能过多地顾虑犯错误的可能性。从错误中吸取教训是创造者或发明家达到成功的必经阶段。从前一阶段的选择解决办法过渡到第二阶段采用适当的办法或方案，就要从容忍错误转变为严防错误的发生，严格地审查，检验方法的正确性，采取准确无误的措施。

4. 树立科学的价值观

具有创造力的科学家、发明家都从创造中感到对物质世界奥秘认识的喜悦与欢乐，把为人类造福看作是自己毕生最大的愿望。当我们面临着报酬、专利、荣誉、贡献等一系列问题时，能淡泊名利，才能越走越远。

### （二）情境因素

1. 提供创造的环境与条件

从教育环境来看，要给学生提供一个有科学研究气氛的环境与条件。如果在教育内容与教育方法上侧重知识学习，片面地追求学业成绩，而忽视科研能力的培养，那么，这就会造成一种死读书的气氛。英国剑桥大学和牛津大学采取鼓励和发展创造力的环境。如卡文迪许实验室的作风是强调每个人尽量利用现有设备想办法，仪器也不是理想的，给学生造成一种印象：现行书本上的东西并未完善地描述所有的物理过程。从教与学的关系来看，培养学生创造力的必要条件，要求教师本身有创造力，教师应富有研究的兴趣。只有在研究的环境里，学生才能体会到为什么要创造，激起创造的愿望与动机。

2. 解除专业的束缚与紧张的压力

高等学校各门学科的内容和范围，随着科学的发展正在成倍地增加。学生学习本专业的工作量也很大，特别是入学的头几个学期，主要是在本专业狭窄的范围内活动，无暇学习边缘学科或相邻学科的知识。这样就限制了学生的科学视野，堵塞了创造力的发挥。在学习时间上，也给予学生一种压力，使思维活动受到严格的限制。在规定时间内，学生习惯于完成熟练的学习技能，而无暇思考更多的问题，这样就难以发挥创造力。

3. 集体气氛与社会创造力

当前科学研究有一种向综合发展的趋势，有些课题不是个人力量所能完成的，很多重要的研究项目需要一个研究集体联合攻关。为了培养这种社会创造力，就必须形成一个共同讨论、共同协作开展研究的集体氛围。要鼓励学生经常了解社会，向社会学习。摆脱个人单干的最好方式是在集体中工作，培养为他人服务和研究的热情。

4. 刺激模式与功能固着

在问题情境中物体或事件在空间的排列，可能有利于或妨碍问题的解决。如果改变刺激模式使它适合于研究的需要，就能够提高思维的效率。单纯的刺激物或事件在时间或空间中的接近，容易使人理解它们的因果关系。这种对因果关系的原始的解释，往往是错误的。

在问题情境中，每一种物体或工具都有它的固定功能，一种功能解决一种问题。但问题情境很复杂，物体或工具与解决问题所需要的条件有着新的关系时，必须改变物体或工具固有的用途来适应新的需要。

## 心理测试6－5：你的创造力

在每一句话后面，用一个字母表示你同意或不同意：同意的用A，不同意的用C，吃不准或不知道的用B。回答必须准确、忠实，不要猜测。

1. 我不做盲目的事，也就是我总是有的放矢，用正确的步骤来解决每一个具体问题。
2. 我认为，只提出问题而不想获得答案，无疑是浪费时间。
3. 无论什么事情，要我发生兴趣，总比别人困难。
4. 我认为，合乎逻辑的、循序渐进的方法，是解决问题的最好方法。
5. 有时，我在小组里发表的意见，似乎使一些人感到厌烦。
6. 我花费大量时间来考虑别人是怎样看待我的。
7. 做自认为是正确的事情，比力求博得别人的赞同要重要得多。
8. 我不尊重那些做事似乎没有把握的人。
9. 我需要的刺激和兴趣比别人多。
10. 我知道如何在考验面前保持自己的内心镇静。

11. 我能坚持很长一段时间解决难题。

12. 有时我对事情过于热心。

13. 在无事可做时，我倒常常想出好主意。

14. 在解决问题时，我常常单凭直觉来判断“正确”或“错误”。

15. 在解决问题时，我分析问题较快，而综合所收集的资料较慢。

16. 有时我打破常规去做我原来并未想到要做的事。

17. 我有收藏癖。

18. 幻想促进了我许多重要计划的提出。

19. 我喜欢客观而又理性的人。

20. 如果要我在本职工作之外的两种职业中选择一种，我宁愿当一个实际工作者，而不当探索者。

21. 我能与自己的同事或同行们很好地相处。

22. 我有较高的审美感。

23. 在我的一生中，我一直在追求着名利和地位。

24. 我喜欢坚信自己的结论的人。

25. 灵感与获得成功无关。

26. 争论时，使我感到最高兴的是，原来与我观点不一的人变成了我的朋友。

27. 我更大的兴趣在于提出新的建议，而不在于设法说服别人接受这些建议。

28. 我乐意独自一人整天“深思熟虑”。

29. 我往往避免做那种使我感到低下的工作。

30. 在评价资料时，我觉得资料的来源比其内容更为重要。

31. 我不满意那些不确定和不可预言的事。

32. 我喜欢一门心思苦干的人。

33. 一个人的自尊比得到他人敬慕更为重要。

34. 我觉得那些力求完美的人是不明智的。

35. 我宁愿和大家一起努力工作，而不愿意单独工作。

36. 我喜欢那种对别人产生影响的工作。

37. 在生活中，我经常碰到不能用“正确”或“错误”来加以判断的问题。

38. 对我来说，“各得其所”“各在其位”是很重要的。

39. 那些使用古怪和不常用的词语的作家，纯粹是为了炫耀自己。

40. 许多人之所以感到苦恼，是因为他们把事情看得太认真了。

41. 即使遭到不幸、挫折和反对，我仍然能对工作保持原来的精神状态和热情。

42. 想入非非的人是不切实际的。

43. 我对“我不知道的事”比“我知道的事”印象更深刻。

44. 我对“这可能是什么”比“这是什么”更感兴趣。

45. 我经常为自己在无意之中说话伤人而闷闷不乐。

46. 纵使没有报答，我也乐意为新颖的想法而花费大量时间。

47. 我认为，“出主意没什么了不起”这种说法是中肯的。

48. 我不喜欢提出那种显得无知的问题。

49. 一旦任务在肩，即使受到挫折，我也要坚决完成。

50. 从下面描述人物性格的形容词中，挑选出10个你认为最能说明你性格的词。

| | | | |
|---|---|---|---|
| 精神饱满的 | 有说服力的 | 实事求是的 | 虚心的 |
| 观察力敏锐的 | 谨慎的 | 束手束脚的 | 足智多谋的 |
| 自高自大的 | 有主见的 | 有献身精神的 | 有独创性的 |
| 性急的 | 高效的 | 乐意助人的 | 坚强的 |
| 老练的 | 有克制力的 | 热情的 | 时髦的 |
| 自信的 | 不屈不挠的 | 有远见的 | 机灵的 |
| 好奇的 | 有组织力的 | 铁石心肠的 | 思路清晰的 |
| 脾气温顺的 | 可预言的 | 拘泥形式的 | 不拘礼节的 |
| 有理解力的 | 有朝气的 | 严于律己的 | 精干的 |
| 讲实惠的 | 嗅觉灵敏的 | 无畏的 | 严格的 |
| 一丝不苟的 | 谦逊的 | 复杂的 | 漫不经心的 |
| 柔顺的 | 创新的 | 实干的 | 泰然自若的 |
| 渴求知识的 | 好交际的 | 善良的 | 孤独的 |
| 不满足的 | 易动感情的 | | |

计分方法

| 题号 | A | B | C | 题号 | A | B | C | 题号 | A | B | C | 题号 | A | B | C |
|---|---|---|---|---|---|---|---|---|---|---|---|---|---|---|---|
| 1 | 0 | 1 | 2 | 14 | 4 | 0 | -2 | 27 | 2 | 1 | 0 | 40 | 2 | 1 | 0 |
| 2 | 0 | 1 | 2 | 15 | -1 | 0 | 2 | 28 | 2 | 0 | -1 | 41 | 3 | 1 | 0 |
| 3 | 4 | 1 | 0 | 16 | 2 | 1 | 2 | 29 | 0 | 1 | 2 | 42 | -1 | 0 | 2 |
| 4 | -2 | 0 | 3 | 17 | 0 | 1 | 2 | 30 | -2 | 0 | 3 | 43 | 2 | 1 | 0 |
| 5 | 2 | 1 | 0 | 18 | 3 | 0 | -1 | 31 | 0 | 1 | 2 | 44 | 2 | 1 | 0 |
| 6 | -1 | 0 | 3 | 19 | 0 | 1 | 2 | 32 | 0 | 1 | 2 | 45 | -1 | 0 | 2 |
| 7 | 3 | 0 | -1 | 20 | 0 | 1 | 2 | 33 | 3 | 0 | -1 | 46 | 3 | 2 | 0 |
| 8 | 0 | 1 | 2 | 21 | 0 | 1 | 2 | 34 | -1 | 0 | 2 | 47 | 0 | 1 | 2 |
| 9 | 3 | 0 | -1 | 22 | 3 | 0 | -1 | 35 | 0 | 1 | 2 | 48 | 0 | 1 | 3 |
| 10 | 1 | 0 | 3 | 23 | 0 | 1 | 2 | 36 | 1 | 2 | 3 | 49 | 3 | 1 | 0 |
| 11 | 4 | 1 | 0 | 24 | -1 | 0 | 2 | 37 | 2 | 1 | 0 | 总分 | | | |
| 12 | 3 | 0 | -1 | 25 | 0 | 1 | 3 | 38 | 0 | 1 | 2 | | | | |
| 13 | 2 | 1 | 0 | 26 | -1 | 0 | 2 | 39 | -1 | 0 | 2 | | | | |

50. 下列每个形容词得 2 分：

精神饱满的　观察力敏锐的　不屈不挠的　柔顺的　足智多谋的

有主见的　有献身精神的　有独创性的　感觉灵敏的无畏的

创新的　好奇的　有朝气的　热情的　严于律己的

下列形容词每个得 1 分：

自信的　有远见的　不拘礼节的　不满足的

虚心的　机灵的　坚强的　一丝不苟的

其余的得 0 分。

将分数累计起来，分数在：

110—140 分　创造性非凡。　30—55 分　创造性一般。

85—109 分　创造性很强。　15—29 分　创造性弱。

56—84 分　创造性强。　21—14 分　无创造性。

（来源：http：//www. niwota. com/submsg/6767261，美国普林斯顿创造才能研究公司总经理、心理学家尤金·劳德塞所创。）

## 参考文献

[1] 中国就业培训指导中心编. 职业道德 [M]. 北京: 中央广播电视大学出版社, 2010.

[2] 燕国材. 素质教育概论 [M]. 广州: 广东教育出版社, 2008.

[3] 吴甘霖. 一生成就看职商 [M]. 北京: 机械工业出版社, 2006.

[4] 王建庄, 胡雅宁. 职业生涯规划 [M]. 北京: 教育科学出版社, 2015.

[5] 弗里奇. 科学研究的艺术 [M]. 北京: 科学出版社, 1979.

[6] 李泽尧. 创造力 [M]. 广州: 广东经济出版社, 2008.

[7] 黄聚云, 魏媛媛. 大学生宅族的行为特征及社会心态 [J]. 当代青年研究, 2015 (9).

[8] 李丽娟. 关于大学生人文素养现状的思考——以中国地质大学(武汉)为例 [J]. 西部科教论坛, 2010 (8).

[9] 王振槐. 人文素质教育的内涵 [N]. 安徽日报, 2004-08-30.

[10] 巩胜男, 大学军训首周晕倒者多 青少年缺乏运动体质差 [N]. 天津网城市快报, 2012-09-17.

推荐书目及视频:

[1] 何裕民, 倪红梅. 你会管理自己的健康吗——何裕民教授健康新宣言 [M]. 上海科学技术出版社, 2014.

[2] 北京电视台《养生堂》节目。

[3] 中央电视台社会与法频道《心理访谈》。